唐朝好啊

奋进初唐

周国宝　龚道军　著

U0966025

中国轻工业出版社

总序

读史使人明智。唐朝是我国历史上的鼎盛时期，有跌宕起伏的故事、千姿百态的人物、灿烂丰富的文化。大唐风华至今仍然是中华文化中一抹亮丽的风景，沁润着每个中国人的心田，植根于中华民族的血脉深处。从小读唐史，一定受益匪浅。

唐朝故事精彩，教我们学会思考

近 300 年的唐朝历史，精彩纷呈。立国之初群雄逐鹿中原，初唐、盛唐群英荟萃，创造了“贞观之治”“开元盛世”两大盛世。即使到了中晚唐，还有“元和中兴”“会昌中兴”“大中之治”三次中兴。此时，敢写疾苦的白居易、为民做主的杜牧等文人，在作品中记录下社会现状，为后人留下了精彩动人的诗篇。

本套书囊括了大量精彩的唐朝历史，从小与这些历史知识相伴，能知晓人生哲理、成语典故，可以扩大知识面，学会思考，从历史知识中汲取人生智慧。

唐太宗 | 万国来朝天可汗

唐朝英雄辈出，为我们提供榜样

唐朝人才辈出。比如“千古明君”唐太宗李世民、“千古第一谏臣”魏征、“军神”薛仁贵、“中华千古第一奇人”郭子仪、“大唐最后的荣耀”张议潮，再比如“诗圣”杜甫、“画圣”吴道子、“茶圣”陆羽、“乐圣”李龟年……阅读这些人物故事，可以帮助我们找到人生榜样，鞭策自己成长。

唐朝文化灿烂，给我们美的熏陶

唐朝是我国历史上诗歌创作的黄金时期，诗坛名家辈出，贺知章、李白、王维、杜甫、白居易、刘禹锡、李商隐等人可以说是家喻户晓。唐诗风格多样，充满着音韵美和意境美，至今仍然深受喜爱。唐代的散文在韩愈、柳宗元等人的带领下，也推陈出新，至今仍然是我们写作的楷模。

唐朝的书法、绘画、音乐、歌舞、雕刻等方面的艺术创作也有很大的成就。书法家欧阳询、颜真卿、柳公权的作品至今仍是楷书典范，怀素和张旭则是草书大家。阎立本和吴道子的绘画，对于推动我国人物画的成熟起了至关重要的作用。

从不同角度了解唐朝文化，能够更好地传承中华优秀文化，是提升我们艺术素养的重要途径。

丛书导读

两个维度读唐史

本书分为七册，从时间和人物两个维度讲述唐朝历史，在再现大唐近300年兴衰的同时，清晰地还原了历史细节，将唐朝真实的人和事带到小读者面前。

时间维度

618年　684年　755年　835年　907年

第一册
奋进初唐
晋阳起兵→高宗去世
隋朝末年天下大乱，李渊乘机占领长安称帝，建立唐朝，用七年时间扫平天下。唐高祖、唐太宗、唐高宗三位帝王励精图治，开创了繁荣的初唐景象，八方来朝。

第二册
豪气盛唐
武后称制→开元盛世
太后武则天大权在握，一步步成长为女皇帝，国家也稳步发展。唐玄宗即位后，整顿朝政，文武并治，内外兼顾，使唐朝国力空前鼎盛，迎来“开元盛世”。

第三册
动荡中唐
安史之乱→牛李党争
晚年的唐玄宗开始放纵享乐，最终导致了八年“安史之乱”，唐朝从此转衰。其后虽有唐宪宗勤勉政事，但朝臣间“牛李党争”激烈，宦官得势，朝政越发动荡。

第四册
悲壮晚唐
甘露之变→朱温灭唐
甘露之变后，宦官权势遮天。唐宣宗即位后国势渐有起色。但懿僖二帝昏庸无能，黄巢起义后李唐统治已名存实亡。节度使朱温于907年代唐称帝，唐朝至此灭亡。

人物维度

第五册
唐诗有韵
本册介绍的是唐朝诗坛最具代表性的13位大诗人。

第六册
唐艺无双
本册介绍的是唐朝著名的书法家、画家，共13位。

第七册
唐文百家
本册介绍的是唐朝13位文学家和科学家，以及他们的著作。

唐代名人速览

近300年的唐朝，人才济济。我们从时间、类型两个维度，挑选了54个人物，制成速览表，方便孩子们认识那些唐朝风云人物。

时间维度分为初唐、盛唐、中唐和晚唐四个时期。人物类型维度则综合职业、成就等要素。

类型	初唐人物	盛唐人物	中唐人物	晚唐人物
重要皇帝	唐太宗	唐玄宗	唐宪宗	唐宣宗
一流名将	李靖	高仙芝	郭子仪	张议潮
名臣＋文学家	虞世南	张九龄	韩愈	韦庄
名臣＋艺术家	褚遂良（书法家）	王维（诗人/画家）	颜真卿（书法家）	柳公权（书法家）
名臣	魏征	姚崇	刘禹锡（诗人）	李德裕
名臣	房玄龄	狄仁杰	元稹（诗人）	张濬
名臣	长孙无忌	张说	李光弼	李克用
文学家	王勃	李白	白居易	李商隐
文学家	陈子昂	杜甫	柳宗元	杜牧
艺术家	欧阳询（书法家）	吴道子（画家）	韩滉（画家）	温庭筠（诗人/音乐家）
科学家	孙思邈（医药学家）	僧一行（天文学家）	陆羽（茶学家）	陆龟蒙（农学家）
杰出女性	武则天	杨贵妃	薛涛	鱼玄机
特别人物	玄奘（佛学家）	高力士（太监）	安禄山（叛臣）	黄巢（起义领袖）
颠覆者	唐高祖（唐朝开创者）			朱温（唐朝终结者）

阅读指南

唐朝趣话

归纳与唐朝相关的专题 51 个，加深对唐朝的认识。

学历史长知识

分享和唐朝相关的文化知识，一边读历史，一边长知识。

唐朝趣话

凌烟阁二十四功臣

西汉宣帝令人画 11 名功臣像置于麒麟阁，开中国历史“图画功臣”之先河。此后，东汉有南宫“云台二十八将”，唐朝有“凌烟阁二十四功臣”，宋朝有“昭勋阁二十四功臣”，清朝有“紫光阁二百八十功臣”。

凌烟阁有三重：内层有功勋最高的宰辅之臣画像，中层有功高王侯之臣画像，外层有其他功臣画像。唐太宗时常前往怀旧。

学历史长知识

南园十三首 · 其五

（唐）李贺

男儿何不带吴钩，收取关山五十州。请君暂上凌烟阁，若个书生万户侯！

本图参照清代画家刘源的《凌烟阁功臣图》所绘。

宰辅之臣

01 长孙无忌：长孙皇后的哥哥，大唐第一功臣，文武兼备。
02 李孝恭：唐太宗的堂兄，平定南方的主要功臣。
03 杜如晦：唐太宗两大智囊之一，贞观之治的大功臣。
04 魏征：大唐第一诤臣，敢于犯颜直谏。
05 房玄龄：唐太宗两大智囊之一，贞观之治的大功臣。
06 高士廉：长孙皇后的舅舅，参谋玄武门之变，善于识人。
07 尉迟敬德：唐太宗的头号保镖，玄武门之变的主要功臣。
08 李靖：大唐第一名将，为唐朝立下赫赫战功。

功高王侯之臣

09 萧瑀（唐高祖时宰相）
10 段志玄（平王世充、窦建德的功臣）
11 刘弘基（攻取长安立大功）
12 屈突通（平王世充立大功）
13 殷开山（统一战争中立下不少战功）
14 柴绍（唐太宗的姐夫，屡立功勋）
15 长孙顺德（长孙皇后的堂叔，参与晋阳起兵）
16 张亮（为唐太宗夺位立下大功）

其他功臣

17 侯君集
18 张公谨
19 程知节
20 虞世南
21 刘政会
22 唐俭
23 李勣
24 秦叔宝

46

47

本册导读

唐朝是我国古代最辉煌的时代，对我国政治、经济、文化等方面的发展做出了巨大贡献。《你好啊唐朝》以轻松的笔调，有趣的插图，为读者勾画出唐朝的那些人和事。

本册讲述了初唐的历史，从李渊晋阳起兵到唐高宗李治去世这一时期。

隋朝末年，隋炀帝劳民伤财，全国各地起义不断，一群英雄人物在隋末反抗的浪潮中纷纷揭竿而起。其中唐国公李渊在晋阳起兵，于618年逼隋恭帝禅位，正式称帝，国号唐，自此开启了唐朝289年的历史篇章。

从唐高祖统一中原，到唐太宗贞观之治，再到唐高宗永徽之治，初生的唐朝在明君的带领下，一步步走向盛世。

目录

壹

短短一年变身皇帝 /11

贰

七年统一全国 /19

618 年　626 年

唐高祖　唐太宗

叁

争皇位老二获胜 /29

肆

太宗用心当明君 /37

伍

皇帝大臣座谈会 /47

陆

各族拥戴天可汗 /59

柒

被低估的唐高宗 /71

649 年　　唐高宗　　683 年

捌

东征西战开疆域 /81

玖

武后是个女强人 /91

李渊 唐高祖 — 李世民 唐太宗 — 李治 唐高宗

壹

短短一年变身皇帝

581年，隋文帝杨坚统一全国，建立隋朝，开创了一派欣欣向荣的景象。不料皇二代隋炀帝好大喜功，奢侈无度，导致全国各地都燃起了起义的烽火。此时远在太原的李渊，明面上坐山观虎斗，暗地里募集士兵、积蓄力量。最后，只花了一年的时间，就登上了皇帝宝座。他是如何做到的呢？

隋末变天一团乱

隋朝是个短命的王朝，第二代皇帝隋炀帝杨广，接手的是他老父亲隋文帝一手经营的盛世，却不懂好好珍惜，很快就败光了家底。

隋炀帝好大喜功，净干些“有面子”的大事。第一件是在洛阳旧城旁兴建了一座规模很大的新城，号称“东都”；第二件是修了一条从洛阳到涿郡和余杭的大运河，既方便把江南的粮食物品往北运，又方便了他坐豪华龙舟下江南游玩；第三件是三次远征辽东，迫使大量农民服兵役、当民夫。此外，他还张罗了修长城和驰道等大工程。虽然隋炀帝的所作所为在今天看来不全是“面子工程”，但在当时确实耗费了大量的人力物力，影响了民生和社会发展。

隋炀帝极尽奢华地招待四方酋长、各国商人，闹出了“丝绸缠树”这样的笑话。

隋炀帝干的大事不少，像开凿大运河对南北经济虽然有促进作用，但是太劳民伤财了，老百姓的日子没法过，怨声载道。终于在611年，有个叫王薄的人率先起来反抗，他振臂一呼，全国各地纷纷响应，短短几年就形成了多支起义大军。其中有三股势力最大，分别是翟（zhái）让和李密领导的瓦岗军、窦建德领导的河北起义军和杜伏威领导的江淮起义军。焦头烂额的隋炀帝，晚上睡觉时常常被惊醒。

各路英雄齐上阵

这瓦岗军的首领叫翟让，他身边聚集了好些像徐世勣（jì）、单雄信、程知节这样的英雄好汉，后来连有勇有谋、出身官宦世家的李密也加入了瓦岗军。

在李密的谋划下，瓦岗军翻山越岭，攻下了洛阳郊外的粮仓。他们开仓放粮，饥民们捧着黄澄澄（dēng dēng）的谷子，热泪盈眶，纷纷前来投军，瓦岗军的势力更大了。

瓦岗军乘胜攻打洛阳，隋炀帝忙派王世充率精兵救援，双方隔着洛水相望。王世充要过河与瓦岗军决战，让人在洛水上架桥。由于缺乏统一指挥，先架好桥的先过桥进攻，后架好桥的后过桥进攻，场面非常混乱。李密趁机率敢死队直攻王世充大营，王世充大败，损失惨重。

薛世雄也被隋炀帝派去讨伐李密，走到河北时，他准备顺手灭了窦建德领导的河北起义军。窦建德利用薛世雄的轻敌心理，带了280人的敢死队打头阵，大部队跟在后面，准备夜里偷袭薛世雄大营。趁着晨雾弥漫看不清人，敢死队突然发起攻击。薛世雄的3万精兵瞬间大乱，还没摸清楚是怎么回事，就稀里糊涂丢了性命，最终薛世雄只带了几百骑兵仓皇逃走。

被派去讨伐杜伏威的陈稜（líng），也是大败。杜伏威乘胜占领了江淮的广大地区，发展势头非常迅猛。

过关斩将成赢家

就在中原大乱的时候，远在太原的李渊也趁乱举兵了。李渊祖父、父亲都做过隋朝大官，他跟隋炀帝是姨表兄弟，是个地地道道的皇亲国戚。617 年正月，他被任命为太原留守（太原郡的正长官）。

北边的突厥人来侵扰太原，南边有一支起义军也打过来了。李渊自己带兵去跟起义军打，打赢了；副手高君雅去抵挡突厥，不幸失败，损失还挺大。远在江都（今江苏扬州）的隋炀帝要治李渊的罪。李渊的二儿子李世民气不过，劝父亲起兵反隋。

李渊其实早就想自立门户，见时机成熟，立即召在外地的大儿子李建成、四儿子李元吉、女婿柴绍回太原，与突厥的可汗达成协议，招兵买马，动手清理了反对派，夺取太原周边五郡。一切准备就绪后，617 年七月，李渊让李元吉留守太原，自己亲自率 3 万大军直奔长安。

李渊写信忽悠李密。

镇守长安的代王杨侑（yòu）得知消息，忙派大将宋老生守霍邑（今山西霍州）、大将屈突通守河东（今山西永济）抵御李渊，阻止他的队伍进入关中。

当时正赶上连绵大雨，粮食供应不上，北边突厥对太原也是虎视眈眈，李渊的军队内部很多人动摇了，想返回太原。李建成、李世民坚决反对，提出要智取霍邑。李渊采纳了两个儿子的计策，诱宋老生出城并断了他的后路，最终斩杀宋老生，攻下霍邑。

李渊大加封赏有功将士，又下令不准杀俘虏，更不准杀百姓。这么一来，不仅手下将士干劲儿十足，还有很多隋朝官员和将士都归顺了他。李渊得到了老百姓的拥护，队伍越来越大。

九月，李渊把部分将士留下来围攻河东，自己亲率大军绕道渡黄河西上，长安近在咫尺。十月，20 万大军将长安城团团围住，分分钟就攻陷了长安。李渊尊隋炀帝为太上皇，让杨侑做了个傀儡皇帝，就是隋恭帝。他自己当大丞相，晋位唐王，掌管一切。

618 年早春的一天，隋炀帝被部下宇文化及杀死了，宇文化及开始自己争天下。这年五月，隋恭帝禅让，李渊当了皇帝，就是唐高祖，国号叫“唐”，大唐正式建立。

李渊进攻长安线路图

太原
汾
水
西河郡
贾胡堡
宋老生
霍邑
临汾郡
绛郡
龙门
汾阳
李渊
黄
河
李世民
朝邑
河东郡
屈突通
河
黄
渭
水
泾阳
潼关
新丰
水
洛
长安
周至
杨侑
李建成

李渊
唐高祖

李世民
唐太宗

李治
唐高宗

贰

七年统一全国

短短一年内，就从太守变身皇帝的李渊，可谓运气爆棚。可皇帝的宝座并不好坐。要知道，当时天下群雄纷纷称王称帝，占据一方，哪一个都不好对付。为了真正坐稳江山，李渊父子又开始了长达六年的统一征战。这一时期，二殿下秦王李世民带领的手下精兵强将和智囊团队上演了一出出轰轰烈烈的征战人戏。

平西北稳定后方

虽然李渊已经在长安做了皇帝，可实际上唐朝的地盘仅仅在关中、河东一带，当时全国各地兴起大量的农民军、割据势力，他们谁也不服谁，各自称王称帝，李渊想起这些就头疼。

最让李渊头疼的，当属割据陇西（今甘肃东南部）的薛举、薛仁杲（gǎo）父子。薛举率兵来攻，李渊派李世民抵抗，薛举从背后突袭唐军，唐军大败。这时薛举突然暴病而亡，薛仁杲接替了父亲的位置。

薛仁杲为人残暴，手下部将都有些惧怕他。李世民坚守营垒不出战，耗了 60 来天，薛仁杲的队伍粮食吃完了，士兵连过冬的棉衣都没有，士气低落，多名部将投降唐军。李世民知道薛仁杲的将士离心离德，故意挑衅多次求战的薛仁杲，等薛仁杲来挑战时却又坚守不出，搞得薛仁杲疲惫不堪。李世民趁机集结大军，在夜色中南北夹击薛仁杲，很快将对方打得落花流水。

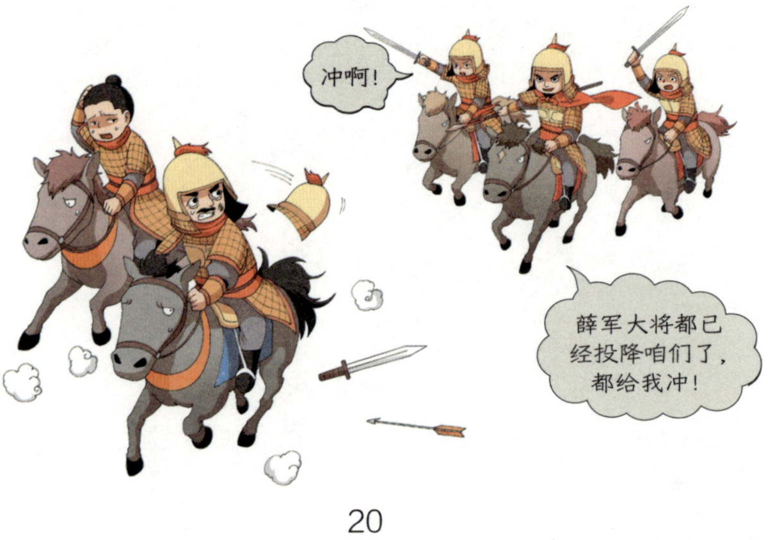

被唐军围在孤城里的薛仁杲走投无路，只好投降。就这样，陇西平定。

占据河西五郡的李轨不自量力，也称帝了。李渊派人劝他归顺大唐没成功，索性撺掇他的手下反叛，李轨被押送到长安斩首示众，河西走廊也平定了。自此，长安周围算是安定了。

李渊被李元吉气得都想放弃太原了。

可太原那边却出事了。李渊以前的手下刘武周趁乱造反，仗着突厥人的支持，还自称皇帝。很快，他就一路打到了太原城下。留守太原的李元吉平时就爱游山玩水，没什么真本事，吓得连夜逃到长安。

这时刘武周的主力部队已经打到了龙门关附近。李世民率兵与刘武周的部下宋金刚对峙，无论对方如何喊话、挑衅，李世民就是不应战。5 个月过去了，宋金刚始终找不到与唐军主力交战的机会，渐渐失去了耐心。与此同时，士兵们还经常听到运粮车被唐军袭击的消息，士气越来越低落。宋金刚只好后撤，李世民立刻率军追击，唐军大获全胜，宋金刚率 100 多名骑兵逃入突厥。在太原的刘武周听闻消息，弃城逃往突厥，结果反被突厥人杀了。李世民收复太原，唐朝终于控制了关西和河东一带，没有了后顾之忧。

削群雄夺取中原

瓦岗军方面，李密听信谗言杀了前领导翟让，导致瓦岗军军心不稳。他先和从江都来想抢占洛阳的宇文化及大战一场，又和王世充交手了几次，手下的人是死的死、逃的逃。李密没办法，逃往长安投奔李渊，手下战将秦叔宝、徐世勣（后文称李勣）、程知节等也都先后降唐。但李密又不甘屈居人下，不久叛唐被杀，死时才 37 岁。

学历史长知识

徐世勣，字懋功，归唐后李渊赐他姓李。后来又为避唐太宗李世民讳，去“世”字，单名勣。

再说洛阳，已在洛阳称帝的王世充看到唐军所向披靡，想跟前来讨伐他的李世民讲和。李世民哪想跟他废话，直接摆开阵势，要与他决一死战。王世充没办法，只好向河北的窦建德求援。

李世民留下大部队继续围守洛阳，自己则率领 3500 名玄甲铁骑，前往东边的虎牢关抵御窦建德的十几万大军。李世民打听到，窦建德准备趁唐军到黄河北岸牧马时发动偷袭，于是将计就计，故意在黄河边留了 1000 多匹马，自己悄悄溜回虎牢关，又派出少量骑兵与对方周旋，搞得对方人困马乏，李世民趁机率军冲进窦建德大营。窦建德的军队大乱，死伤无数，窦建德被刺伤落马，当了俘虏，押回长安被斩首了。

王世充听到这个消息后，只得投降。后来，窦建德的余部刘黑闼（tà）反唐被李建成、罗艺（割据幽州，后来效力唐军）击溃，协助刘黑闼的徐圆朗也兵败被杀，北方算是平定了。

平定南方终一统

南方其实也一直乱着，江淮地区有杜伏威、沈法兴、李子通等几支人马，他们相互攻打，没完没了。杜伏威投降了唐朝，帮着朝廷攻打其他几支人马。到了 621 年，江淮一带都归顺了唐朝。

唐高祖又以侄子李孝恭为帅、李靖为副手，向江陵进军。占有那一大片地方的萧铣（xiǎn）是南方最大的割据势力，唐军顺利打败了萧铣，接着又击败林士弘率领的农民起义军，控制了长江中游一带。

岭南地区由冯盎管着，没有大乱。有人劝他自己称王，对抗唐朝。可冯盎怎么也不答应，还出兵平定了当地几股势力的叛乱，维护了岭南的安定。

剩下的归唐后重新反叛的势力，如高开道、辅公祏（祏音 shí，原为杜伏威同伙）、张善安（击败林士弘后又反叛），陆续被平定。历经七年时间，大唐最终于 624 年基本完成了统一全国的大业。

唐初建时全国形势图

李轨
武威
梁师都
刘武周
马邑
涿郡
高开道
罗艺
乐寿
窦建德
唐
李渊
长安
薛举
刘黑闼
王世充
洛阳
李密
宇文化及
徐圆朗
江都
李子通
朱粲
杜伏威
历阳
萧铣
江陵
辅公祏
沈法兴
张善安
豫章
林士弘
冯盎

隋唐英雄

隋末唐初，战乱频发，英雄辈出。关于隋唐英雄故事，正史之外主要有三个版本：清初褚人获的《隋唐演义》，清朝乾隆年间校订刊印的《说唐》，现当代各种评书艺人的评书《兴唐传》。

秦叔宝

名琼，以字行世。故事人物跟历史原型基本一致。隋末唐初名将，先是在隋朝当官，后投奔瓦岗军，最后投唐，南征北战，屡立战功。

尉迟敬德

故事人物跟历史原型尉迟敬德（名恭，以字行世）比较相似，但真实的尉迟敬德更精明。隋末唐初名将，原为刘武周手下，后来跟随李世民打天下。

徐茂公

故事人物是料事如神的军师，历史原型徐世勣（李勣）是悍将。真实的李勣是唐初名将，先是参加瓦岗军，后投唐，在唐朝统一战争、对外战争中立下赫赫战功。

程咬金

故事人物跟历史原型程知节比较相似，是骁勇善战的福将，长寿。不同的是真实的程知节善于使用马槊（shuò），而不是斧子。

单雄信

故事人物跟历史原型比较相似，隋末唐初名将。不同的是真实的单雄信是被李世民赐死的，而不是自杀。

罗成

故事人物是隋朝王爷罗艺之子，武艺超群。小说中罗艺有子，但史书并未记载其事迹。

裴元庆

故事人物跟历史原型裴行俨比较相似，少年英雄。裴行俨骁勇善战，号称『万人敌』，不同的是裴行俨是被王世充下令斩首的。

李元霸

故事人物跟历史原型李玄霸出入较大。李玄霸是李渊第三子，而不是第四子，他自小体弱多病，死时仅16岁。

李渊	李世民	李治
唐高祖	唐太宗	唐高宗

叁

争皇位老二获胜

秦王李世民为打下大唐江山立下了赫赫战功，善于招揽人心的他，威望很高，甚至超过了太子李建成。这引起了李建成和齐王李元吉的妒忌，于是想方设法陷害李世民。李世民手下的谋士和武将不甘心将他们辛辛苦苦打下的江山拱手让给李建成，于是密谋了一场惊心动魄的玄武门之变。这场宫门泣血事件，究竟是怎么回事呢？

兄弟反目成仇家

唐朝建立后，李建成以嫡长子（正妻所生的第一个儿子）的身份被立为太子，但是功劳最大、威望最高的是二皇子秦王李世民。兄弟俩都想做接班人，于是暗地里都在拉拢人，形成了太子党和秦王党两派势力。

四弟齐王李元吉选择加入了太子党，如果与大哥联手剪除二哥，他的地位就会提升。倘若运气好的话，回头再除掉太子，他也可以坐上皇帝宝座。假如拥戴二哥夺嫡继位，以李世民的实力，他李元吉很难除掉李世民，永远也别想有出头之日。因此他寻找各种机会派勇士刺杀二哥李世民，李世民几次死里逃生。甚至有一次，李建成请李世民赴宴，李世民喝了酒以后吐了很多血都没死掉。

李建成还利用自己太子的地位，通过后宫妃嫔向唐高祖告黑状，想除掉李世民。

儿子们之间关系紧张，唐高祖心里跟明镜似的，也曾想办法弥补他们之间的裂痕，可惜并不奏效。唐高祖对李建成和李世民的态度也摇摆不定，明明已经立李建成为太子了，却又不断地提升李世民的地位，任命他为天策上将、陕东道大行台尚书令。双方在宫廷内、朝堂上明争暗斗、尔虞我诈，每天都在设法诋毁对方。

李建成、李元吉获得唐高祖后宫中许多妃嫔的支持，她们不断地吹枕边风，唐高祖渐渐变得不那么待见李世民了。

秦王党这边人才济济，谋士擅长谋划，武将骁勇善战。长孙无忌、房玄龄、杜如晦、尉迟敬德等人对太子党的做法恨得咬牙切齿。

626 年，突厥前来侵犯，李建成向唐高祖建议由李元吉做统帅出征突厥，想借此机会控制李世民的兵马，并准备设伏兵杀他。李世民知道后，决定先发制人。

李世民做好一切准备之后，秘密上奏唐高祖，揭发李建成和李元吉在后宫胡作非为，唐高祖以为又是三兄弟在闹别扭。

玄武门对射

次日一早，李世民安排尉迟敬德带了一支精兵，埋伏在皇宫北面的玄武门，只等李建成、李元吉进宫。玄武门是皇宫的北门，值班的禁卫总领虽是太子亲信，但很早就被李世民收买了，李建成对此一无所知。

李建成和李元吉已经事先知道李世民密奏的内容，仗着宫里都是自己人，准备进宫探探虚实。兄弟俩骑着马过了玄武门，走到临湖殿的时候，

觉得周围的气氛有点反常，心里起了疑，于是调转马头，准备回府。这时，身后传来李世民的叫喊声。

李元吉一听到李世民的声音，顿时慌了神，赶忙拉弓射箭，可连射三箭都没中。那边李世民已经骑着马赶了过来，朝着李建成拉开了手中的弓，一箭就射中了。李建成就这么一命呜呼了。

紧接着，尉迟敬德带了 70 名骑兵一起冲了出来。李元吉被乱箭射下马，慌慌张张想逃，但尉迟敬德快马追了上来，一箭便将他射死了。

太子府和齐王府的将士们听说主子出了事，全部出动，杀到玄武门猛攻。两队人马瞬间打得不可开交。这时，尉迟敬德提着李建成和李元吉的脑袋过来了。太子府和齐王府的人见主子已经被杀，个个垂头丧气，军心溃散，只得丢盔弃甲落荒而逃。

胜者才能当皇帝

玄武门之变发生时，唐高祖正与几位大臣在湖上泛舟游玩。身穿盔甲的尉迟敬德手拿长矛气喘吁吁地跑过来，说太子和齐王发动叛乱，秦王已经把他们杀了。唐高祖听了，顿时惊得目瞪口呆，不知该怎么办才好。

李渊问宰相裴寂，事到如今，你看怎么办？裴寂没有说话。宰相萧瑀趁机进言，说太子和齐王本就没什么功劳，二人妒忌秦王，用奸计谋害秦王。现在秦王既然已经把他们处置了，这是好事，陛下何不就立秦王为太子？所谓识时务者为俊杰，唐高祖一听马上接话茬说，自己早就这样想过了，于是传令下去，让大家都听秦王的处置。

3天后，唐高祖下诏立秦王李世民为太子，还宣布以后军国大小事都先由太子处理，再报告给他。2个月后，唐高祖宣布让位给李世民，自己做太上皇。这一年是626年，李世民28岁，他就是有名的唐太宗。

儿子做了皇帝，老父亲李渊退位后就待在大安宫。虽然名义上是太上皇，但是他一想到儿子们手足相残，心里便十分悲凉。他每天把自己关在宫里，几乎不出门，直至70岁时去世。

李渊 唐高祖 — 李世民 唐太宗 — 李治 唐高宗

太宗用心当明君

唐太宗即位后，非常注意吸取历史教训，看到好的制度就继承推广，不好的就加以改正。他改善了隋朝的三省六部制和科举制，设立了弘文馆，扩大了国子监。在唐太宗的治理下，国力增强，文教昌盛，后人称之为『贞观之治』。勤政事，善纳谏，能克己的唐太宗，也是中国历史上有名的明君。下面我们来看看他是如何实现『贞观之治』的。

三个宰相定期开会

唐太宗是个很能干的皇帝，他即位后，注重吸取隋朝短命的教训，一心想着怎么治理好国家。在任官制度上，他完善了隋朝的三省六部制。

我们先了解下先前的中央政府架构。自秦朝以来，一直是丞相替皇帝管理国家，萧何、曹操、诸葛亮、谢安都曾是著名的丞相。但是丞相权力太大，隋文帝当皇帝时，决定把丞相的权力分配给三个部门：中书省、门下省、尚书省。这里的省可不是现在的省份，是中央的官署名。

中书省代皇帝制定政策，写成诏书；门下省负责审核诏书，他有权要求中书省重写；尚书省负责执行政策。尚书省下面设有六个部门分别管理各类事务。这就是三省六部制。

唐太宗知道，三省六部制虽然能避免大臣专权，但是工作效率变低了，比如要给某地灾民救济，议来议去没个结果，估计救济粮还没到，灾民都饿死了。唐太宗决定搞一个联合议事厅，要“三省”的一把手来定期开会，这个议事厅就叫政事堂，设在门下省内。大家有事好商量，每个人都有具体的工作，每件事也都有人做，还可以及时沟通，提高办事效率。

大臣们在政事堂一起办公。

但是，“三省”的一把手权力还是很大，所以唐太宗依然不放心，经常让一把手位置空缺着，临时给职位较低的官员加上各种职务，让他们“无丞相之名，做丞相之事”，统称为“宰相”。也正因为这样，唐太宗在位期间，虽然功臣良将很多，可谁也没有能力操控朝廷，一切都由皇帝说了算。

唐朝的三省六部制，在一定程度上也能限制皇帝的权力。有了门下省的审核，国家制定的政策更加靠谱。

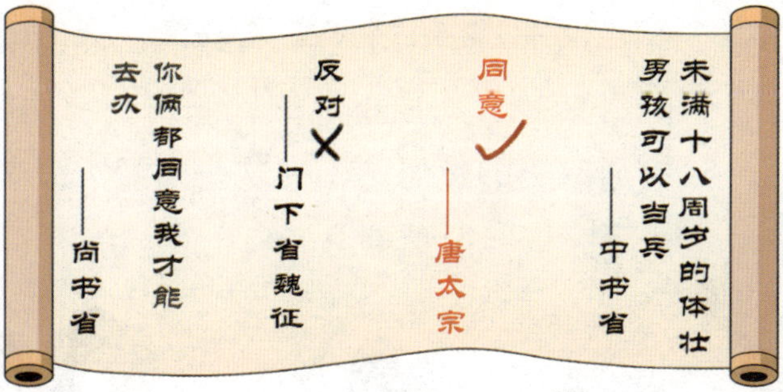

唐太宗不仅善于设置部门岗位，还十分注重考核官员的实际能力和政绩。他把全国各地都督、刺史的名字写在卧室的屏风上，随时把他们的政绩和过失记在上面，作为职务升迁的依据。

把智囊团搞得大大的

唐太宗深知征战能得天下，但不能指望一帮武将治理国家。有一次他问魏征治天下靠什么，魏征说：“少打仗多修文，国家就能安定，外邦自然服气。”唐太宗于是下诏，兴建孔子庙、办学校、订礼仪、编书籍、记历史……

唐太宗在做秦王时就开设文学馆，广揽天下学士。经过层层选拔，最后有十八人入选，这些人号称十八学士。

这十八学士个个都有绝活，他们中有善于出主意的房玄龄、临危不乱的杜如晦、学问渊博的孔颖达，精通历史的姚思廉……这些人经常跟李世民一起谈论天下大事，很受重用。

李世民做皇帝后，设立了弘文馆。弘文馆相当于皇家图书馆，聘请了许多饱学之士，称弘文馆学士，是皇帝的智囊，还负责校正图书、教授学生、起草法律、制定礼仪。那时候，长安还设有史馆，负责编写史书，研究历史的兴亡得失。弘文馆和史馆的藏书多、人才多，为大唐文化的繁荣和发展做出了重要贡献。

唐太宗用人不问出身，有一双善于发现人才的慧眼。在一次会议上，武夫出身的大臣常何一口气提出了二十多条很有价值的事议，唐太宗很诧异，经过询问才知道这是常何的门客马周的主意。于是，唐太宗四请马周，让他到朝廷做官。马周为官后步步高升，最后成了继魏征之后有名的谏臣。

学历史长知识

学士、硕士和博士

学士、硕士、博士在现代是指三种学位，在古代则不同。学士原指贵族学生，后来指皇帝身边高级文职侍从。硕士指行端学博之士，博士主要是指传授经学的老师。

大学开始扩招啦

尽管唐太宗积极招揽人才，但他依然觉得人才不够，为此常常忧心忡忡。有人建议说，隋朝的考试制度是一种选拔人才的好方法。唐太宗豁然开朗，决定用考试选拔人才。就这样，科举制度在唐朝兴盛，成了培养和选拔人才的重要途径。

参加科举考试的人，一类来自国子监，另外一类来自地方的筛选。考试种类有几十种，有考算术的，有考法律的，有考历史的，最有名的两种是明经科（考儒家经典）、进士科（考文学和策问）。进士科是最重要也是最难考的一科，因此当时有“三十老明经，五十少进士”的说法。通过考试选拔人才，即使出身不高的人也有机会凭本事当官了。

明经科考

进士科考

通过科举取得做官资格的人，还要经过吏部再次考察，合格后才能授予官职。

国子监是位于长安的最高学府，以前只收高级官员的孩子，唐太宗扩大了办学规模，新建校舍 120 间，招生扩到 3260 人。国子监下辖六学，分别是国子学、太学、四门学、律学、书学、算学。学校每年举办祭祀孔子的典礼，唐太宗也亲自光临。唐太宗还办有一些专门学校，比如在太常寺下设的太医署，就是当时的医学专科学校。

学历史长知识

四门学

类似于大学预科，按唐制规定，学生先入四门学，考试合格，才可依次补入太学、国子学。学生为一般官员子弟以及有才能的平民子弟，入学年龄为 14 ~ 19岁，教学内容为儒家经典。

听说学校的教材不规范，经书注释五花八门，唐太宗马上请来大学问家颜师古，让他负责考订《五经》，后来又和孔颖达等大儒编成带注释的《五经正义》，作为通用教材。自汉朝创立经学以来，这是第一次有了通行的注本。

状头即状元，唐朝时无榜眼，且探花郎是指新进士中最年少者，与登第名次无关。

是明君，也是文人

唐太宗曾问魏征什么是明君，魏征说："兼听则明，偏信则暗。"唐太宗于是重用魏征等贤臣，听取各方大臣意见，认真吸取隋亡的教训，治理国家取得了很大成就。农业方面，百姓赋税较轻，丰衣足食，民风很好；商业方面，商品交易便利，贸易繁荣，声名远播。唐太宗在位期间，政治清明，百姓安居乐业，因年号"贞观"，故历史上称为"贞观之治"。

虽然日理万机，但唐太宗闲暇时很喜欢和文人一起吟诗作赋，还特别喜欢书法、文学以及绘画。

对书法情有独钟的唐太宗，常和书法大家虞世南、欧阳询、褚遂良等切磋书艺。唐太宗尤其喜爱"书圣"王羲之的《兰亭集序》。当得知王羲之七世孙智永和尚在去世前将《兰亭集序》真迹传给了弟子辨才和尚时，他兴奋不已，多次派人索取，可辨才和尚始终推说不知道真迹下落。

唐太宗一看硬要不成，便改为智取。他让监察御史萧翼扮成书生，接近辨才，引诱他拿出《兰亭集序》。等到辨才反应过来，已经迟了，萧翼就这样拿到了真迹。得到了《兰亭集序》，唐太宗高兴得不得了，甚至有传言说，太宗死后还将它陪葬在身边。直到如今，《兰亭集序》真迹的下落仍然是扑朔迷离。

学历史长知识

皇帝的称谓

唐朝一般称呼皇帝为“圣人”“主上”，也可以称呼为“陛下”，“皇上”这个词在唐朝是一个书面用语；皇帝身边的人称呼皇帝为“大家”；皇子、皇女则跟平民家庭一样，平时直接称呼为“阿耶”，严肃场合要叫“父亲”。

唐太宗喜欢音乐和舞蹈，也想在乐舞上做点事情。在继承隋朝宫廷宴乐的基础上，他安排魏征、虞世南对从各民族、各地区搜集的传统乐舞加以整理、编排，编制了《十部乐》。《十部乐》共十部，内容丰富，风格鲜明，供宫廷大宴和皇帝专用。

为了歌颂唐太宗的英勇战绩，唐太宗和宫廷艺术家一起，在唐初军歌的基础上编制了集歌、舞、乐于一体的大型综合性宫廷乐舞《秦王破阵乐》。唐太宗非常喜欢，一举办宫廷宴会就让表演《秦王破阵乐》。唐太宗还将它取名为《七德舞》，他跟大家说：“《左传》里说‘武有七德’，取此名的意思，就是希望军士们发扬武德，勇气十足。”

唐太宗欣赏《秦王破阵乐》。

李渊	李世民	李治
唐高祖	唐太宗	唐高宗

伍

皇帝大臣座谈会

唐太宗之所以能开创贞观之治，与他善于发现人才密不可分。魏征曾建议李建成谋杀李世民，但是唐太宗即位后，不计前嫌，照样重用魏征。长孙无忌是太宗的舅兄，很能干，太宗举贤不避亲，把他列为功臣之首。还有两大宰相房玄龄和杜如晦，并称『房谋杜断』，两大统帅秦叔宝和尉迟敬德，成就了后世『门神』的传说佳话。

会找碴儿的魏征

在中国历史上，唐初宰相魏征以敢于向皇帝直言进谏著称。不管什么时候，只要唐太宗有不对的地方，魏征就会直言进谏、据理力争。即使惹得唐太宗大发脾气，他也毫不畏惧，照样慷慨陈词。

有一次，唐太宗上完朝回来，气冲冲地对长孙皇后说：“看我哪天杀了那个乡巴佬！”长孙皇后赶忙问要杀谁，太宗说魏征这家伙老在朝廷上羞辱他。长孙皇后听了这话，连忙回去换上一身皇后的礼服，恭敬地站在庭院里向唐太宗道喜。唐太宗十分惊讶，问她这是为什么。长孙皇后说：“我听说只有圣明的君主，才能有正直的臣下。现在魏征正直敢言，是陛下的英明所致，我怎敢不祝贺呢？”太宗听了，瞬间转怒为喜，从此更加重视魏征。

贞观中期以后，很多大臣都歌颂太平盛世，捧得太宗十分高兴。魏征却给唐太宗上了一道奏章，即著名的《谏太宗十思疏》，指出唐太宗十个方面的缺点，希望他保持警惕，居安思危，戒奢以俭。唐太宗把这个奏章写在屏风上，早晚阅读，时刻提醒自己。魏征处处为国家的利益着想，批评起唐太宗时毫不客气，导致太宗对他又尊敬又害怕。

据说有一天，唐太宗正在逗弄一只鹞（yào），恰好魏征觐见，他怕魏征责怪，急忙将鹞藏在怀中。魏征装作没看见，向太宗奏事，顺势讲了古代帝王由于贪图安逸享乐而亡国的故事，暗暗地劝谏他。太宗担心鹞被捂死，但自己向来尊敬魏征，又不敢直接轰他走。魏征故意拖延时间说个没完，等他离开时，鹞已经捂死在唐太宗怀中了。

643年，魏征病逝，唐太宗非常伤心，为此5天没有上朝。他感慨地说："用铜做镜子，可以照见衣帽是不是穿戴得端正；用历史做镜子，可以知道国家兴亡更替的原因；用人做镜子，可以看清自己的对错得失。现在魏征死了，我失去了最重要的一面镜子。"

学历史长知识

太宗名言

以铜为镜，可以正衣冠；
以古为镜，可以知兴替；
以人为镜，可以明得失。

房谋和杜断

除了魏征，唐太宗李世民还有两个得力的宰相，一个是房玄龄，另一个是杜如晦。他俩早在唐高祖李渊晋阳起兵时，就追随在李世民身边，是他的左膀右臂。玄武门之变，他二人位居首功。唐太宗登基后，两人做了大官，协助处理国家大事。

据说，唐太宗同房玄龄研究国家大事时，房玄龄总能够提出精辟的意见和具体的办法，但有时瞻前顾后，下不了决心。这时候，唐太宗总是说："一定要杜如晦做决断。"杜如晦一来，权衡利弊，搞清轻重缓急后，很快就能做出决断。

唐太宗十分相信杜如晦的决断力，以至对房玄龄说，所有的重大决策都需要得到杜如晦的支持。杜如晦和房玄龄彼此取长补短，同心协力，就像笙、磬（qìng）两种乐器和谐地合奏一样，合作得非常协调融洽，人们称赞他们"笙磬同音，惟房与杜"。后人称他俩是"房谋杜断"，他俩的名字成了办事精细、行政高效的同义词。

629 年，唐太宗任命房玄龄为尚书左仆射（尚书省的第一副长官，由于尚书省的正长官经常空缺，所以尚书左仆射相当于首席宰相），杜如晦为右仆射。他们二人一起不遗余力，选拔了一批官员。尚书省的制度架构，也是他们二人商量制定的。

正是在房玄龄、杜如晦的协助下，唐太宗开创了“贞观之治”。

杜如晦当尚书右仆射第二年就病重了，唐太宗派名医前去救治。可惜杜如晦最终还是病逝了，唐太宗为此大哭不止，3 天都没上朝。据说有一天，唐太宗在吃味道鲜美的甜瓜时，忽然想起了杜如晦，不禁潸然泪下，吃了一半便停下了，还派人将另外的半个甜瓜放到杜如晦灵位上，以示悼念。

房玄龄担任尚书左仆射 19 年，如果算上在中书省的任职，那就一共做了 22 年的宰相，是太宗朝任期最长的宰相。房玄龄早唐太宗一年去世，终年 70 岁。

唐太宗赐予房玄龄一条黄银带，又命人取来一条黄金带让房玄龄带去杜如晦的灵所。

学历史长知识

房谋杜断

唐太宗时，名相房玄龄善于出谋划策，杜如晦善于当机立断。两人同心治国，传为美谈。现在“房谋杜断”用来形容能人之间的合作，或者多谋善断。

功臣之首长孙无忌

唐太宗李世民为了纪念开国功臣，曾命画家阎立本描绘了二十四位功臣的画像，并在长安城建了一座凌烟阁，供奉这些画像。

这二十四位功臣中，有的文能安邦定国治天下，比如房玄龄、杜如晦等；有的武能统百万之众横刀立马，比如尉迟敬德、秦叔宝等。位列二十四功臣之首的，便是长孙无忌。

学历史长知识

复姓

汉族的姓氏一般是单字，也有两个字的，就是复姓。读唐史，我们会看到很多名人是复姓，比如长孙无忌、欧阳询、尉迟敬德、上官仪、宇文化及等。这些复姓都收录在《百家姓》中。

长孙无忌历仕三朝，资历深厚，可文不如房玄龄、杜如晦等人，武不如尉迟敬德、秦叔宝等人，且在随李世民征战过程中并没有特别大的贡献，怎么能居于二十四功臣之首呢？因为他是李世民最亲密、最信任的战友。

长孙无忌是李世民的大舅兄、长孙皇后的亲哥哥。他俩都出生于洛阳，小时候经常在一起玩耍、学习。长孙无忌聪明好学，小小年纪就有很高的学问，又与李世民志趣相投。李渊刚起兵反隋，长孙无忌立马就来投靠，李世民非常高兴，将他留在身边，担任军中参谋。自此，长孙无忌辅佐李世民东征西讨，成了他手下智囊团的一员。

626 年，长孙无忌参与策划了玄武门之变，帮助李世民夺得帝位，唐太宗非常信任他。深明大义的长孙皇后，一直劝告哥哥不要仗着皇亲国戚的身份目中无人，因此长孙无忌一直很低调，尽心尽力辅佐唐太宗。太宗病重去世前，将长孙无忌召到跟前，用手抚摸他的面颊，百般嘱托。长孙无忌悲不自胜，痛哭不止，可见君臣二人的情深义重。

当时有人向太宗递交密报，认为长孙无忌权力太大、恩宠过盛。太宗将密报出示给长孙无忌，以表明君臣无猜。

两个门神的故事

过年的时候，家家户户都有贴春联和贴门神的习俗，贴得最多的两位门神，当属唐太宗李世民手下的两员大将——秦叔宝和尉迟敬德。他们二人骁勇异常，被太宗选入了凌烟阁二十四功臣。

尉迟敬德原为刘武周的部下，在刘武周兵败后归顺唐朝，跟随李世民，参加了唐初的统一战争，屡立战功，是李世民即位的主要功臣。他有三次救主的不世之功：第一次，李世民出征洛阳亲自侦查敌阵时，猝遇单雄信，尉迟敬德枪挑单雄信；第二次，河北对阵刘黑闼期间，李世民为了营救李勣身陷重围，尉迟敬德率领敢死队破围而出；第三次，玄武门事件中，射杀了正要勒住李世民脖子的齐王李元吉。

秦叔宝最初是隋朝将领，后投降瓦岗军李密，得到重用；李密失败后，先投王世充后投大唐，被分配到秦王李世民帐下，参加了李世民的历次征战。每次随李世民征伐时，敌阵中若有炫耀自己兵强马壮的武将，李世民

就派秦叔宝前去。秦叔宝纵马持枪而出，独闯敌阵，总能在万军之中把那些嚣张的武将给灭掉。

秦叔宝、尉迟敬德之间曾有一战。619 年冬，尉迟敬德此时还在刘武周的军队中效力。李世民奉父命领兵收复太原，从龙门渡黄河，在柏壁与刘武周的部下宋金刚对峙。尉迟敬德刚打了一个大胜仗，俘虏了不少唐军战俘，缴获了大批辎重，正要北返跟宋金刚汇合。秦王李世民派秦叔宝伏击尉迟敬德，两人势均力敌，打得难解难分。

尉迟敬德左冲右突，奋力杀出包围圈，脱身而去。秦叔宝部队斩首两千多人，一举扭转了整个战局，战功卓著。

秦叔宝非常讲义气，尉迟敬德是个直肠子，两个人的性格都非常有特点，因此后代小说也非常喜欢以他们为主角。《隋唐演义》中两人都成了人气极高的英雄，至今仍深受喜爱。

唐朝趣话

凌烟阁二十四功臣

西汉宣帝令人画十一名功臣像置于麒麟阁，开中国历史“图画功臣”之先河。此后，东汉有南宫“云台二十八将”，唐朝有“凌烟阁二十四功臣”，宋朝有“昭勋阁二十四功臣”，清朝有“紫光阁二百八十功臣”。

凌烟阁有三重：内层有功勋最高的宰辅之臣画像，中层有功高王侯之臣画像，外层有其他功臣画像。唐太宗时常前往怀旧，思念故人。

宰辅之臣

01 长孙无忌：长孙皇后的哥哥，大唐第一功臣，文武兼备。

02 李孝恭：唐太宗的堂兄，平定南方的主要功臣。

03 杜如晦：唐太宗两大智囊之一，贞观之治的大功臣。

04 魏征：大唐第一诤臣，敢于犯颜直谏。

05 房玄龄：唐太宗两大智囊之一，贞观之治的大功臣。

06 高士廉：长孙皇后的舅舅，参谋玄武门之变，善于识人。

07 尉迟敬德：唐太宗的头号保镖，玄武门之变的主要功臣。

08 李靖：大唐第一名将，为唐朝立下赫赫战功。

学历史长知识

南园十三首·其五

（唐）李贺

男儿何不带吴钩，收取关山五十州。
请君暂上凌烟阁，若个书生万户侯？

本图参照清代画家刘源的《凌烟阁功臣图》所绘。

功高王侯之臣

09 萧瑀（唐高祖时宰相）
10 段志玄（平王世充、窦建德的功臣）
11 刘弘基（攻取长安立大功）
12 屈突通（平王世充立大功）
13 殷开山（统一战争中立下不少战功）
14 柴绍（唐太宗的姐夫，屡立功勋）
15 长孙顺德（长孙皇后的堂叔，参与晋阳起兵）
16 张亮（为唐太宗夺位立下大功）

其他功臣

17 侯君集
18 张公谨
19 程知节
20 虞世南
21 刘政会
22 唐俭
23 李勣
24 秦叔宝

李渊 唐高祖 — 李世民 唐太宗 — 李治 唐高宗

陆

各族拥戴天可汗

唐太宗不仅治国家有方，还能以开阔的胸襟对待周边少数民族，赢得了『天可汗』的尊称。他打败东突厥之后，并没有将其首领赶尽杀绝；为了稳固西域，设置安西都护府管理安西四镇，从此丝绸之路畅通无阻；他让文成公主和亲，与吐蕃建立友好关系。唐僧玄奘历经苦难终于求取真经，外交奇才王玄策一人灭一国……这些传奇故事都发生在盛世大唐。

双李出战破东突厥

隋末天下大乱时，北方的突厥分为东西两部，东突厥乘机南下来抢人夺物，百姓们苦不堪言。626 年，东突厥首领颉（xié）利可汗亲率 20 万骑兵，气势汹汹地向大唐大举进攻，一路长驱直下，迅速到达长城附近的渭水北岸，距离长安仅 20 多千米。

唐太宗带着高士廉、房玄龄等 6 人，与颉利可汗隔着渭水喊话。太宗严厉指责颉利可汗背弃盟约，颉利可汗无言以对，又看到远方旌旗蔽空，唐军军容威严十足，心中恐惧，只好与太宗握手言和。2 天后，太宗与颉利可汗杀白马订立盟约，突厥退走。

打这之后，唐太宗下定决心要消除这一外患。他深知突厥骑兵厉害，于是下令加强军队训练，让士兵们把骑马射箭都练精了，练得好的有赏赐。这样一来，士兵们个个都练出了真本事。

629 年，唐太宗经过充分准备，发兵 10 万，让兵部尚书李靖担任前锋，分六路大军直奔颉利可汗大营。第二年正月的一天夜里，趁着夜色，李靖带着 3000 骑兵突袭大营。颉利可汗大败，连夜北逃。此时，大将李勣在沿途设下埋伏，颉利可汗率军经过时，又被伏兵杀得晕头转向，只得落荒而逃。

颉利可汗为了获得喘息的机会，假装求和。唐太宗将计就计，派人谈判。同时李靖率精骑兵追袭，包围颉利可汗的大帐。对方毫无准备，李靖趁机进攻，斩敌 1 万人，俘虏 10 多万人。最终，颉利可汗被活捉，送往长安，他的部下大多投降。

630 年，周边多个民族的首领来到长安，给唐太宗献上了尊号“天可汗”。此后，唐太宗对周边首领颁发诏书时一律自称“天可汗”。

稳边疆，促融合

唐太宗即位初期，曾与薛延陀结盟，共同对付强大的东突厥汗国。东突厥灭亡后，薛延陀的真珠可汗趁机占领了原东突厥的大部分地盘。真珠可汗野心很大，他表面上臣服唐朝，暗地里却发展自己的势力，薛延陀与大唐关系逐渐恶化。

学历史长知识

薛延陀

铁勒是中国古代北方的一个民族，薛延陀是唐初漠北的一个铁勒部落。629 年，唐太宗册封其首领为可汗。次年，助唐灭东突厥。

645 年，真珠可汗去世后，薛延陀发生内乱，真珠可汗正妻生的儿子拔灼（zhuó）杀了兄长后，自立为多弥可汗。拔灼趁唐太宗征讨辽东之际，发兵到河套以南，烧杀抢掠，无恶不作。拔灼性情暴躁，对下属猜疑妒忌，大肆诛杀异己，搞得人人自危，于是周边多个部落联合起来反抗他。

唐太宗看拔灼是根墙头草，认为不能再姑息。646年，发兵一举消灭了薛延陀，从此北部边境安定下来。不久，北方的回纥等部落首领前往长安朝见天子，归附唐朝。唐朝设置燕然都护府来管理这些地方。

从此唐朝与北方草原各民族、部落的经济、文化联系进一步加强，发展了友好关系，这不仅保证了周边各族人民生活的安定，促进了当地生产的发展，还使民族融合进一步加强。

在大唐西北，西域东部地区的高昌国很早就与唐朝建立了友好关系，后来却在西突厥的支持下阻碍西域商路。唐太宗派心腹侯君集率军平定高昌，在那儿设立了安西都护府。后来，大唐又攻下了依附西突厥的焉耆（yān qí）和龟兹（qiū cí）两个国家。疏勒和于阗（tián）看到唐军所向披靡，深感唐朝国力强大，派人来长安，请求归附。于是，唐政府把安西都护府迁到龟兹，统领龟兹、焉耆、于阗、疏勒四国，维护西域地区的安全。

从此，丝绸之路畅通无阻，西域与中原地区的经济、文化联系更加密切了。西域的服饰、音乐、舞蹈等传入中原，深受百姓喜爱。中原地区先进的生产技术和工具传到了西域，中原的食品、药材、衣料、日用器皿等生活用品在当地都可以买到。

吐谷浑夹在唐朝与吐蕃的中间，634年，由于吐谷浑多次侵犯唐朝西北边境，唐太宗派老将李靖高龄挂帅出征。在猛将侯君集、李道宗等人的配合下，李靖大破吐谷浑，吐谷浑成为唐朝属国。

唐太宗实行开明的民族政策，充分尊重各族风俗，不仅稳固了边疆，还促进了民族融合，同时他也得到了各族人民的拥护，“天可汗”的称号可以说是实至名归。

吐蕃王求亲记

在大唐的西边，吐蕃王朝的统治者松赞干布统一了青藏高原各部落。松赞干布早就听说唐朝强大又富饶，他派人到唐朝求亲，没想到唐太宗没答应。松赞干布想以武力逼婚，亲自率20万大军攻打唐朝西边的松州，结果唐军把他们赶走了。松赞干布明白来硬的不行，又派大臣禄东赞到长安，进献了很多金银珠宝，一来道歉，二来再次求亲。

唐太宗见松赞干布是真心实意地想当唐朝的女婿，于是同意了，决定将宗室之女文成公主嫁给他。文成公主从长安出发，带去了珍贵的释迦牟尼十二岁等身佛像，以及大量的工匠技艺、谷物种子、生活用品、书籍等。一行人翻山越岭，长途跋涉才到吐蕃首都逻些（今西藏拉萨）。

和亲促进了吐蕃经济和社会的发展，还为唐朝和吐蕃带来了几十年的和平。

大唐高僧西行路

世界三大宗教之一的佛教产生于古代印度，唐朝人称古印度为天竺，我国古代有很多高僧前往那里取经，玄奘是其中杰出的代表人物。

玄奘本姓陈，13 岁时就出了家。长大后的玄奘一心向佛，刻苦钻研佛经。他发现各个译本不太一样，便萌发了到佛教发源地学习的想法。

玄奘向朝廷申请去天竺，但没被批准。627 年，为了求取真经，他决定独自一人穿越西域茫茫沙漠前往天竺。玄奘西行这一路，有时候几天都没有水喝，几次差点丢掉性命。他靠着坚强的意志，克服了常人无法想象的困难，爬雪山、越冰河、穿沙漠，历经艰辛，用了 4 年时间，终于到达天竺。他到处拜师求学，最终来到佛学最高学府——那烂陀寺。

玄奘在那烂陀寺住了5年，每天如饥似渴地学习佛法，很快就成为学识丰富的高僧。天竺北方的戒日王听说了玄奘的事迹，于是请他讲学，玄奘凭借渊博的知识、出众的口才，赢得了在场所有人的尊重。

戒日王希望玄奘能留下，但思念故乡的玄奘谢绝了众人的挽留，在643年，他带着600多卷佛经、8尊佛像启程返回大唐。2年后，玄奘终于回到长安，受到唐太宗的热情召见。之后，大唐和天竺的交往也多了起来。

玄奘从此开始一心一意地翻译佛经。他还将这次西行路上看到的风土人情、物产、地理情况等写成《大唐西域记》，书中包括200多个国家、城邦以及不同的民族，成为了解当时风土民俗的重要文献。

外交奇才王玄策

玄奘从天竺回来后，为了巩固双方的友好关系，唐太宗命大臣王玄策组团再次出使天竺。

王玄策一行 30 人到达天竺后，恰逢戒日王朝内乱，戒日王死后，大臣阿罗那顺篡位自立为王，派兵伏击了远道而来的王玄策使团。王玄策逃到吐蕃，向吐蕃、泥婆罗（今尼泊尔）借兵，他带着借来的 8000 多骑兵大败阿罗那顺大军，俘虏男女 1 万多人、牛马 2 万多头，阿罗那顺被活捉，被王玄策带到长安献给唐太宗了。

后来，王玄策又两次出使天竺，打通了从吐蕃通往天竺的路线，极大地促进了沿线的商贸往来和文化交流。

唐朝趣话

唐太宗六试婚使

据说当时前往长安求亲的不光有吐蕃的禄东赞，还有另外四个地方的求亲队伍。为难的唐太宗下了一道命令，要前来求亲的使者先解答六道题。哪儿的使者能够正确解答，就答应跟哪儿和亲，这便是著名的“六试婚使”。

难题1

将一根丝线穿过一颗有九曲孔道的明珠。

禄东赞找来一只大蚂蚁，将丝线拴在蚂蚁腰上，把蚂蚁放在明珠九曲孔道的一端，在另一端抹上蜂蜜，不断向孔内吹气。不一会儿，蚂蚁便拖着丝线从孔道爬了出来。

难题2

把100匹母马和100匹马驹混在一起，辨出母子。

禄东赞让人把母马和小马驹分开关了一天，不让马驹吃饲料，连水也不给喝。第二天，再将母马和马驹同时放出来。饥饿的马驹慌忙跑向自己的母亲去吃奶，母子关系一下子就清楚了。

难题3

一天内喝完100坛酒，吃完100只羊，还要把羊皮鞣好。

难题4

拿来100段松木，分辨每段松木哪头是根、哪头是梢。

难题5

使者们夜晚宫中议事后，回到自己的住处没有走错路，就算过关。

难题6

在300名宫女中辨认出谁是文成公主。

六道题被禄东赞一一解答了出来。唐太宗非常高兴，觉得使臣都如此机敏，松赞干布就更不用说了。于是决定将文成公主嫁给松赞干布。

这后四道难题你会解吗？

李渊
唐高祖

李世民
唐太宗

李治
唐高宗

柒 被低估的唐高宗

唐高宗李治是唐朝第三任皇帝，稳坐皇帝宝座34年。他的前任是文治武功、开创『贞观之治』的李世民，后面是手腕强硬、历史上唯一的女皇武则天。夹在这两座『高山』中间的李治，存在感很低。实际上，李治是一个被低估的皇帝，为什么这么说呢？

我的皇后我做主

唐太宗晚年，最烦心的就是太子问题。原太子李承乾玩物丧志被废之后，最有资格被立为太子的，是长孙皇后生的另外两个儿子：四子魏王李泰和九子晋王李治。两人相比，有魄力的李泰表现更为突出，唐太宗对他宠爱有加。但是李治却得到了大臣长孙无忌、褚遂良、房玄龄的大力支持。

最终，唐太宗为了避免儿子们重演玄武门对射的悲剧，决定立心地仁厚的李治为太子，临终前还将辅佐李治的重任，托付给长孙无忌和褚遂良。

唐太宗死后，太子李治做了皇帝，即唐高宗。他认真仿效父亲李世民的施政作风，继续推行太宗时的政策。他非常信任经验丰富的长孙无忌和褚遂良，把国家大事都交给两人处理。没想到后来，高宗想废掉王皇后，改立武则天为皇后。

换皇后这件事遭到了长孙无忌和褚遂良的坚决反对。褚遂良因此被贬到偏远蛮荒的地方，长孙无忌则因国舅爷身份而暂时平安。但是武则天仇恨长孙无忌，她安排人诬陷他，说他纵容手下残害忠良，从而把持朝政，阴谋造反。高宗不相信，但还是借机罢免了长孙无忌的职务，还将他流放到黔州（今重庆彭水）。

武则天还是揪住长孙无忌谋反的事不放，他被逼无奈，选择了自尽，曾经权倾朝野的他，最终落得个身败名裂的下场。就这样，以长孙无忌为首的元老派重臣被打倒了，唐高宗重掌朝政大权，不再受人制约。

政绩顶呱呱

唐高宗即位后，每天都非常勤奋地处理国家大事。本来唐朝皇帝不需要每天都上朝，但是唐高宗却坚持一日一朝，这样一旦有事，他就能及时召集大臣商议。

唐高宗的臣子中，有很多是贵族、开国功臣和他们的后代，于是他继续完善科举制度，用考试来选拔官员。这样，越来越多的平民子弟可以通过科举当上官，当时有好几个宰相是科举出身。659 年，唐高宗亲自主持科举考试的殿试，选拔出了张九龄等青年才俊，对后世影响极大。他当政期间，还制定了实行选举官员制度的详细规定，以确保选举结果的公正、客观。

652 年，唐高宗命长孙无忌等人对唐律进行注解，编成三十卷的《唐律疏议》，这是我国现存最完整、最古老的封建刑事法典。《唐律疏议》中，死刑的条款大大减少，有了文件参照，高宗时期全国执法状况比较公平公正，各地犯罪率较低。

此外，唐高宗在长安成立了常平署。这个机构的任务是当市场上的粮食供应充分时，以高于当时市价的价格买回粮食；当粮食短缺时再以低于市价的价格卖出，使粮价浮动保持在一定限度内。后来，每个州都设立了这种粮仓。

657 年，唐高宗下令建东都洛阳。洛阳是隋朝大运河的终点，粮食能够直接从江南运过来。往长安运粮费钱又费工，所以高宗长期居住在洛阳。从此，唐朝正式实行两京制。

帝后一起封禅泰山

唐高宗在位期间，勤于政事，富国安邦，国家呈现出兴盛的局面，史称“永徽之治”。但唐高宗还是挺憋屈，为啥？因为唐太宗太牛了，他虽然做出了一些成绩，但比起父亲来，还是很难在历史上留下英名。

武则天猜到了唐高宗的心思，就跟他说：自古有作为的明君都去泰山封禅，大唐在陛下的治理下可谓国力强盛，四海臣服，当然有资格去封禅；再说先帝多次下诏要去泰山封禅，都没有去成。皇上封禅泰山，也是实现先帝的遗愿。这番话正中唐高宗下怀。武则天趁势要求参与封禅大典，唐高宗欣然应允。

665 年年底，唐高宗和皇后武则天，率领文武百官，在规模宏大的仪仗队伍簇拥下，从东都洛阳出发赴泰山封禅。一路上，随行所用的帐篷，布满了沿途的郊原田野，绵延数百里，场面十分壮观。

祭祀大典隆重豪华，武则天巧用心机，实现了和唐高宗一起封禅泰山的愿望。但武则天并不满足于此，她还把一块记载了封禅盛事和歌功颂德诗句的“双束碑”立在了泰山之巅。这块碑对于武则天来说，寓意着与唐高宗并驾齐驱，是对帝后共治天下的暗示。

学历史长知识

封禅大典

封禅大典主要由两部分典礼构成：一是祭天的封礼，二是祭地的禅礼。按照惯例，祭礼由天子行初献礼，再由公卿行亚献礼和终献礼。

大唐“依法治国”

唐代有着完善的法律体系，在一定程度上实现了“依法治国”。唐高宗时期长孙无忌主持编纂的《唐律疏议》是我国现存的第一部结构较为完整的法典，对后世和周边国家产生了深远的影响。而当时的欧洲，只有领主制裁领地百姓的习惯法，没有一部成文法。

唐律的种类

	律	令	格	式
释义	“正刑定罪” 违法行为量刑的法律条文（刑法典）	“设范立制” 规章制度	“禁违正邪” 律的补充和变通（追加法、特别法）	“轨物程式” 官府机构的章程细则（行政法）
举例	《名例律》 《卫禁律》 《职制律》 《户婚律》 《厩库律》 《擅兴律》 《贼盗律》 《斗讼律》 《诈伪律》 《杂律》 《捕亡律》 《断狱律》	《田令》 《户令》 《赋役令》 《关市令》 《官制令》 《选举令》 《官品令》 《狱官令》	以尚书省二十四司为条目，如《刑部格》	以官府名为其篇名，如《水部式》

怎样“依法治国”

法官依法审判 ①

如武则天曾让监察御史马怀素为崔真慎罗织罪名，马怀素面对武则天的诘问，执意不受命，说：陛下想杀他就可以杀他，若让我审判，我不敢不遵守陛下颁布的法律。

依法设置国家机构 ②

政府组织的机构隶属、人员多少、品级大小、职掌职务，都写在法律中。

百官依法行政 ③

如晚唐时官员依据《假宁令》中对婚嫁、疾病给假的规定请假，长官也无可奈何。

全民“依令式”生活 ④

如丧葬方面有《丧葬令》，规定“五品以上听立碑，七品以上立碣”“去京城七里外，不得葬埋”。

学历史长知识

唐律有多先进

- 主张“慎杀”
- 提倡“轻刑”
- 证人作证制度
- 有完整的“司法解释”

狄仁杰执法严明，刚正不阿，曾经按照唐律跟唐高宗、武则天据理力争，是唐律的捍卫者。

李渊

唐高祖

李世民

唐太宗

李治

唐高宗

东征西战开疆域

唐高宗不但保住了唐太宗打下的江山，还发动了多场重要的对外战争，成功开疆扩土，使唐朝的疆域达到最大。他在位期间，唐朝的版图东起朝鲜半岛大同江以北，西临咸海，北包贝加尔湖，南至越南横山，领土面积 1200 多万平方千米。他究竟是如何做到的呢？

出其不意灭西突厥

651 年，归附唐朝的西突厥大将阿史那贺鲁见唐太宗逝世，趁机脱离唐朝，自立为沙钵（bō）罗可汗，重新统一了已经四分五裂的西突厥，并控制了西域各国。655 年，唐高宗派程知节出征西突厥，以擅长长途奔袭的大将苏定方为前锋。

唐军初战大捷后，在鹰娑川（今新疆裕勒都斯河谷）遇上阿史那贺鲁亲自率领的 2 万骑兵，两军展开恶战。苏定方的先锋部队正在 10 里外的地方休整，隔着一座小山岭，看到远处尘土飞扬，原来是西突厥的骑兵增援来了。苏定方马上意识到唐军主力正在附近和西突厥交战，形势危急，他立即率领 500 骑兵尾随西突厥增援骑兵，从背后冲杀进西突厥军阵营，打了个措手不及，西突厥军大败溃逃。苏定方乘胜追击 20 里，又斩杀了 1500 多人。

657 年春天，唐高宗派出两路军再次征讨西突厥：第一路由苏定方担任行军大总管，从金山（今蒙古国阿尔泰山）出发，于北面进攻西突厥；第二路军由归顺唐朝的西突厥将

军阿史那步真和阿娜弥射率领，从南面安抚西突厥南部的各部落。

在曳咥（xì）河西（今新疆北部），苏定方碰上了阿史那贺鲁率领的10万骑兵，阿史那贺鲁将唐军团团围住。苏定方命令步兵据守南面的高地，持长矛向外，自己领骑兵列阵于北坡。阿史那贺鲁的骑兵向唐军步兵阵地发起了三次冲锋，都没能动摇唐军阵脚。苏定方趁势率骑兵反攻，阿史那贺鲁大败。苏定方追杀30里，杀敌上万，阿史那贺鲁被迫向西逃亡。

天下起了大雪，行军困难，部将建议暂停追击阿史那贺鲁。苏定方认为，此时敌人肯定以为我们不会追上去，但我偏偏给他来个出其不意，如果等他们逃远了，我们就追不上了。唐军踏雪夜行，最后长驱直入冲进阿史那贺鲁的营帐，趁其不备杀敌数万人。阿史那贺鲁最终被擒，西突厥灭亡。大唐征伐西突厥，平定了西域，保证了丝绸之路的畅通，增强了东西方物资、文化的交流。

东征破百济

唐高宗时，朝鲜半岛有百济、新罗和高句丽三个国家。公元 655 年，高句丽和百济联手攻打新罗，新罗抵挡不住，便向唐朝求援，唐高宗先后派兵出击高句丽和百济。659 年，新罗再次向唐朝求救，第二年，苏定方率 10 万水陆大军征讨百济。

唐军集中兵力从城山（今山东荣成东）渡海，在熊津口（今朝鲜锦江口）大破百济军，随后直逼百济都城。苏定方率军势如破竹，击败百济军主力，百济王父子及百官被押解到长安，百济被平定。

当时，青州刺史刘仁轨奉命督海运，战后，唐朝在百济设立熊津都督府，刘仁轨自请留守百济。

次年，百济残部立扶余丰为王，一心复国，起兵抗唐。扶余丰在听到唐军前来征讨的消息后，慌忙派遣使者到倭国、高句丽求援。

663 年，刘仁轨率军在白江口遇上了倭军，唐军四战皆捷，焚烧倭国战船四百艘，一时间硝烟战火满天，海水都变成了赤色。倭军大败，扶余丰脱身逃走，百济的残余势力死的死，降的降。战后，刘仁轨继续留守百济。

战乱后的百济破坏严重，刘仁轨下令让百姓重新登记户籍，还开辟道路，建设村庄、土地神庙，救济贫困人家，百济的民众安居下来，促进了当地经济和社会的发展。

李勣平定高句丽

唐军平定百济后，准备彻底收拾高句丽。666 年，高句丽宰相、王朝的实际掌权者渊盖苏文死了，高句丽陷入内乱，唐高宗趁机出兵。

唐高宗任命李勣为辽东道行军大总管，次年，李勣攻占新城后继续出击，连拿 16 座城。唐军乘胜追击，短时间内连攻 7 座城池，又打败驻扎在辽水之畔的高句丽 15 万大军，攻下扶余城（今吉林四平），周边 40 多座城见势都投降了。

唐军向鸭绿江挺进，在薛贺水（今辽宁凤城）和被派去夺回扶余城的高句丽军大战。李勣大败敌军，追击数百里，高句丽各城守将惊慌失措，纷纷投降。随后，唐军各部会合于平壤城，形成合围之势。

平壤城被包围一个多月后，高句丽王率首领部众一行人持白幡投降，唐军攻占平壤，并擒获残部势力。至此，高句丽覆灭。随后，唐高宗在平壤城设安东都护府，统领高句丽各地，薛仁贵负责率军镇守此地。

唐朝征讨高句丽的战争历时三年，终于彻底将这个“叛服不常”的高句丽平定，也终于完成了隋唐四代帝王的心愿，辽东终于无战事。

薛仁贵征战数十年

唐朝初期，战事不断，造就了许多名将，其中不得不提的，就是太宗和高宗两朝都战功显赫的薛仁贵。薛仁贵从军时只是一个小小的火头军（军队中的炊事员），并不出众。但是他并不气馁，习文练武，刻苦努力，加之天生神力，十八般武艺样样精通，练就一身的好本事。

645年，唐太宗亲征高句丽，唐军到达安市城（今辽宁海城）时，高句丽25万大军前来迎战，太宗下令部下大将各自分头攻击。薛仁贵身着白衣，手持戟枪，腰里别着两张弓，大呼着向敌军冲锋，所向披靡，唐军跟在后面冲杀，高句丽军队大溃败。唐太宗亲自点名提拔了他。

到了唐高宗时期，薛仁贵经过战争的洗礼，已经成长为智勇双全的战将，先后大败铁勒九姓、击破西突厥、降服高句丽，战功赫赫，留下“三箭定天山”“神勇收辽东”“脱帽退万敌”等传奇故事供后人传颂。

661 年，回纥犯边，薛仁贵跟随主帅郑仁泰出征。回纥九个部族十余万人凭借天山（今蒙古国杭爱山）有利地形，对阵唐军。铁勒骁骑几十人前来挑战，薛仁贵连发三箭，射死三人，大大震慑了敌军，铁勒九姓被迫归降。

682 年，突厥阿史德元珍率军入侵云州（今山西大同），69 岁的薛仁贵带病冒雪率军征讨。突厥人问道："唐朝的将军是谁？"唐军回答："薛仁贵。"突厥人不信，说："我们听说薛仁贵将军发配到象州，已经死了，怎么还能活过来？别骗人了！"薛仁贵脱下头盔，突厥人见薛仁贵果真还活着，面面相觑，赶紧撤退。薛仁贵乘机进攻，大破突厥军，斩首万级，获驼马牛羊三万余头，取得云州大捷。

683 年，这位勇冠三军、征战数十年的老将去世，终年 70 岁，结束了传奇的一生。

李渊
唐高祖

李世民
唐太宗

李治
唐高宗

玖 武后是个女强人

一代女皇武则天原本只是唐宫里一个不起眼的妃子，靠着唐高宗的宠爱和自己的才能，在皇宫里脱颖而出，最后当上了皇后。可是她并不满足于此，为了实现自己的抱负，她抓住唐高宗身体不好、无力操持政务的时机，逐渐掌握了朝中大权，出现了二圣同朝的局面。

武皇后升职记

传说太史令李淳风曾预言武则天将篡位。

637年，14岁的武则天因为长得好看被召入宫，被唐太宗赐名“武媚”，封为才人，但没有得到宠幸。唐太宗去世后，按规定，凡是没有为先皇生下子女的妃子，一律送到感业寺当尼姑，武则天自然也不例外。

后来，唐高宗到感业寺进香，见到了曾令他印象深刻的武则天。王皇后想利用武则天来制衡当时正得宠的萧淑妃，便鼓动高宗将武则天接回宫。28岁的武则天再次入宫，她十分谦恭地侍奉皇后，深得王皇后的喜爱。

不料，唐高宗开始专宠武则天，很快封她为昭仪。失宠的王皇后便和萧淑妃联手对付武则天，武则天则联合其他嫔妃，与王皇后和萧淑妃对抗。更令王、萧二人不安的是，武则天接连给唐高宗生下儿女，高宗非常开心。相传有一天，王皇后来武则天宫里探望新生婴儿后，狠心的武则天偷偷将孩子闷死，嫁祸给她。从此，高宗更加疏远王皇后了。655年，唐高宗“废王立武”，32岁的武则天成为皇后。

病皇帝与强势的皇后

第二年，武则天的儿子李弘被立为太子，她的位置完全稳固了。她开始打击报复反对拥立她的人，长孙无忌、褚遂良等有功之臣被杀的杀、贬的贬。

没几年，唐高宗患上风疾，经常头晕目眩，不能处理国家大事，就安排武则天代理朝政。武则天是个很强势的人，朝廷中的大小事情她都要参与，这让高宗很不满。664 年，宰相上官仪请求废后，唐高宗马上同意了，让上官仪起草废后诏书，打算废掉武则天。

很快就有人把这个消息告诉了武则天，她急急忙忙赶来找高宗，巧舌如簧地为自己辩护。高宗心软了，也心虚了，他怕武则天怨怒，说这都是上官仪的主意，并当面把废后诏书撕掉。上官仪得罪了武则天，不久就被杀了。

从此，武则天的统治公开化了。唐高宗上朝，武则天垂帘听政，一切国家大事都要两个人共同商议决定，朝廷的诏书也要加盖皇帝和皇后二人的印章才能生效。

学历史长知识

卢舍那大佛

672 年，武则天下令在洛阳龙门石窟开凿卢舍那大佛，据说这尊佛像是她命工匠根据自己的容貌仪态雕刻的。

674 年，李治称天皇，武则天称天后，当时人称“二圣”。唐高宗的病越来越严重，很多事情都是武则天独断决策。683 年，在位 34 年的唐高宗去世，太子李显登基，即唐中宗，武则天被尊为皇太后。可唐中宗是个懦弱顺从的人，朝中一切大小事，其实都由武则天说了算。武则天的权力又升了一个台阶，那么她会就此满足吗？

唐朝趣话

唐朝女子入宫途径

作为皇权社会的产物，宫女在古代皇宫中占据着极为重要的角色，唐玄宗时期曾一度达到四万余人。那么，数量庞大的宫女又是如何被选入宫中的呢？

礼聘

豪门大族、官宦人家女子，礼聘入宫，都是有名位、身份的妃嫔和女官。

采选

民间良家女，挑选充入后宫或太子东宫以及诸王王府做宫女，特别优秀者成为嫔妃、太子妃、王妃。

进献

各级官员、番外使臣将色艺俱佳的女子进献给皇帝。

罪没

罪臣之女罚没入宫，是宫中最底层的劳役人员。

上官婉儿因祖父上官仪获罪，在襁褓中便没入宫中为奴婢，后来得武则天重用，成为她的助手，再后来成为唐中宗的嫔妃。

图书在版编目（CIP）数据

你好啊 唐朝. 奋进初唐 / 周国宝，龚道军著. —北京：中国轻工业出版社，2024.7

ISBN 978-7-5184-4836-4

Ⅰ. ①你… Ⅱ. ①周… ②龚… Ⅲ. ①中国历史—唐代—通俗读物 Ⅳ. ①K242.09

中国国家版本馆CIP数据核字（2024）第053219号

责任编辑：罗雅琼 熊 隽 责任终审：李建华 封面设计：伍毓泉

策划编辑：罗雅琼 熊 隽 王雪莲 责任校对：晋 洁 责任监印：张 可

出版发行：中国轻工业出版社（北京鲁谷东街5号，邮编：100040）

印 刷：艺堂印刷（天津）有限公司

经 销：各地新华书店

版 次：2024年7月第1版第1次印刷

开 本：787 × 1092 1/16 印张：40.5

字 数：800千字

书 号：ISBN 978-7-5184-4836-4 定价：198.00元（全7册）

邮购电话：010-85119873

发行电话：010-85119832 010-85119912

网 址：http://www.chlip.com.cn

Email: club@chlip.com.cn

版权所有 侵权必究

如发现图书残缺请与我社邮购联系调换

221455E2X101ZBW

你好啊唐朝

豪气盛唐

周国宝　龚道军　著

中国轻工业出版社

阅读指南

唐朝趣话

归纳与唐朝相关的专题 51 个，加深对唐朝的认识。

学历史长知识

分享和唐朝相关的文化知识，一边读历史，一边长知识。

唐朝趣话

凌烟阁二十四功臣

西汉宣帝令人画 11 名功臣像置于麒麟阁，开中国历史“图画功臣”之先河。此后，东汉有南宫“云台二十八将”，唐朝有“凌烟阁二十四功臣”，宋朝有“昭勋阁二十四功臣”，清朝有“紫光阁二百八十功臣”。

凌烟阁有三重：内层有功勋最高的宰辅之臣画像，中层有功高王侯之臣画像，外层有其他功臣画像。唐太宗时常前往怀旧。

学历史长知识

南园十三首 · 其五

（唐）李贺

男儿何不带吴钩，收取关山五十州。请君暂上凌烟阁，若个书生万户侯！

本图参照清代画家刘源的《凌烟阁功臣图》所绘。

宰辅之臣

01 长孙无忌：长孙皇后的哥哥，大唐第一功臣，文武兼备。
02 李孝恭：唐太宗的堂兄，平定南方的主要功臣。
03 杜如晦：唐太宗两大智囊之一，贞观之治的大功臣。
04 魏征：大唐第一诤臣，敢于犯颜直谏。
05 房玄龄：唐太宗两大智囊之一，贞观之治的大功臣。
06 高士廉：长孙皇后的舅舅，参谋玄武门之变，善于识人。
07 尉迟敬德：唐太宗的头号保镖，玄武门之变的主要功臣。
08 李靖：大唐第一名将，为唐朝立下赫赫战功。

功高王侯之臣

09 萧瑀（唐高祖时宰相）
10 段志玄（平王世充、窦建德的功臣）
11 刘弘基（攻取长安立大功）
12 屈突通（平王世充立大功）
13 殷开山（统一战争中立下不少战功）
14 柴绍（唐太宗的姐夫，屡立功勋）
15 长孙顺德（长孙皇后的堂叔，参与晋阳起兵）
16 张亮（为唐太宗夺位立下大功）

其他功臣

17 侯君集
18 张公谨
19 程知节
20 虞世南
21 刘政会
22 唐俭
23 李勣
24 秦叔宝

46

47

本册导读

唐朝是我国古代最辉煌的时代，对我国政治、经济、文化等方面的发展做出了巨大贡献。《你好啊唐朝》以轻松的笔调，有趣的插图，为读者勾画出唐朝的那些人和事。

本册书讲述了武则天以太后的名义临朝称制到唐玄宗实现开元盛世这一时期的历史。

武则天先后废掉唐中宗和唐睿宗，成为我国历史上唯一的女皇帝。她在位 15 年，国力强盛，史称“上承贞观，下启开元”。唐玄宗李隆基登基后，文武并治，将唐朝国力推向空前鼎盛，迎来“开元盛世”。

然而盛世没能维持太久，晚年的唐玄宗放纵享乐，懈怠朝政，将大唐一步步推向深渊。

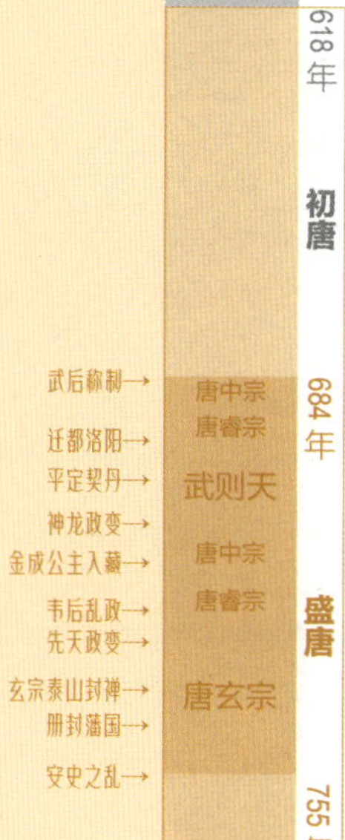

目录

684 年　　　705 年　　　712 年

武则天　　　唐中宗　唐睿宗

伍

玄宗和他的贤相们 /47

陆

大唐开元盛世 /61

754 年

唐玄宗

柒

海纳百川的盛唐 /75

捌

刚入盛世又有危机 /87

李显	李旦	武曌	李显	李旦
唐中宗	唐睿宗	武则天	唐中宗	唐睿宗

壹

天后架空儿皇帝

李隆基

唐玄宗

唐高宗死后，太后武则天先后立了两个儿子为皇帝，但是这两个儿子并没有实权。在朝中享有绝对权威的武则天，以太后之名临朝称制，成了真正的掌权者。李氏皇族成为她走向权力顶峰的最大障碍，不少大臣也对她非常不满，一场激烈的斗争不可避免。那么，强悍的武则天是如何应对的呢？

两个儿皇没有权

683年岁末，唐高宗病逝，他和武则天的第三子李显继位，就是唐中宗，武则天被尊为太后。在宰相裴炎的提议下，中宗守丧期间，武则天暂时代理政事，这就是所谓的临朝称制。第二年，武则天仍然把持着朝政大权不撒手。就这样，唐中宗虽然贵为皇帝，但手里根本没有权力，中宗为人懦弱，只好接受了现实。

学历史长知识

临朝称制

中国古代由皇后、皇太后或太皇太后等女性统治者代理皇帝执掌国政，就叫临朝称制，也叫临朝听政。

武则天没有掉以轻心，连续放出大招，来巩固自己对朝政的把控权：首先是安抚反对派。皇族中地位最尊贵、声望最高的是唐高祖李渊还活着的几个儿子，武则天把他们全部封为品级最高的三公，以抚慰李氏宗族的心。一帮反对她临朝称制的老臣中，最德高望重的刘仁轨被武则天提拔为百官之首——尚书左仆射。其次是奖励功臣。武则天把帮助她掌权的裴炎提拔为中书令，并且把政事堂从门下省迁到中书省，加强了中书令的权力。最后是提拔自己人。她把自己的侄子武承嗣提拔为宰相。

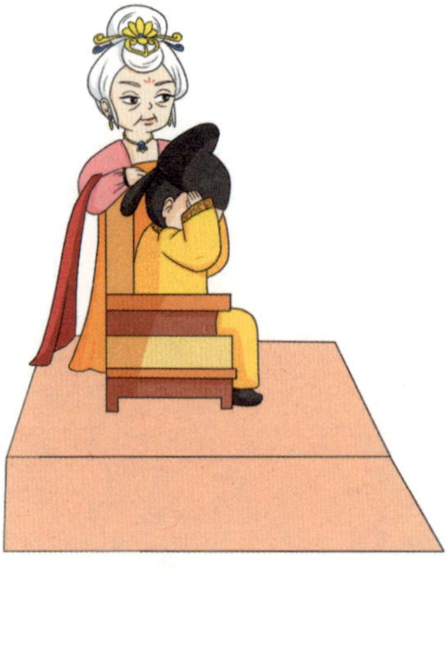

但唐中宗内心还是不甘，打算提拔岳父韦玄贞为宰相，做门下省一把手——侍中，与太后武则天抗衡。身为中书令的裴炎坚决反对，劝他任人唯贤，不可任人唯亲。唐中宗气急败坏，怒声吼道，自己哪怕把天下给韦玄贞又有什么不可以，何况区区一个侍中呢？

裴炎迅速报告给了武则天，武则天决心以唐中宗的这句气话为把柄废除他。她召来文武百官，当众宣布她的旨意：废唐中宗为庐陵王，立刻离开京城！继位才55天的唐中宗灰溜溜地离开了长安。

接着，武则天立更听话的第四子李旦为皇帝，也就是唐睿宗。唐睿宗为人谦恭、知进退，很识趣地凡事都让太后拿主意。

步步为营谋江山

除了改立皇帝，武则天还进行了一系列的“改改改”运动：改东都洛阳为神都，改年号，改官员的服饰颜色，改三省六部等衙门和官职的名字，连皇宫的名字都改为了太初宫……这些举措是武则天为了向世人宣示她执掌一切是天命所归，为她当皇帝做准备。

现在她要下最后一步棋——在洛阳为自己的祖先建武氏七庙。中书令裴炎坚决反对，因为只有天子才能追祀七世祖，建七庙。连她一手提拔扶植的、北门学士出身的宰相刘祎之，也表示反对。因为在大多数朝臣看来，武则天应该尽快将大权交还唐睿宗李旦。

这件事也成为一场叛乱的导火索。684年，柳州司马李敬业以匡复庐陵王李显复位为名，在扬州起兵。李敬业本姓徐，是开国功臣李勣的孙子，他因事被贬到偏远的柳州，心中不满，就联合其他几个也被贬官的同僚一起造反。

当时，长安和洛阳的粮食依靠大运河从扬州运送供应，扬州失陷，很快就会威胁到武则天的统治。于是她立刻调兵 30 万赶去镇压。

政府军与反抗军隔淮河相望，双方打了几仗，政府军接连失败，武则天连发几道圣旨斥责政府军统帅李孝逸。正在李孝逸一筹莫展之际，有人献计采用火攻之策。李孝逸立即采纳，派人点燃了南岸边干燥的芦苇，北风呼啸，近旁的反抗军军营霎时间一片火海，大军乱作一团，死伤无数，李敬业只得败逃。

镇压了李敬业叛乱后，武则天终于开始对李唐宗室动手了，她逼得李氏诸王起兵，名正言顺地肃清了李唐宗室，还借机将宗室的外戚和一心想恢复李唐大权的人杀掉。此时，她离向往已久的皇帝宝座，只有一步之遥了。

李显
唐中宗

李旦
唐睿宗

武曌
武则天

李显
唐中宗

李旦
唐睿宗

贰

千古第一女皇帝

690 年，唐睿宗李旦被迫退位，67 岁的武则天终于登上了梦寐以求的皇帝宝座。她在位 15 年，前期政绩颇佳，国力雄厚，但晚年时耽于享乐，大肆修建宫殿、佛寺。705 年，张柬之发动『神龙政变』，武则天被迫退位，不久病死在上阳宫。

李隆基

唐玄宗

67 岁当皇帝

武则天的侄子武承嗣、武三思等人明白了姑妈想当皇帝的心思，积极为她制造舆论铺路。

688 年，他们宣称在洛水里发现了一块石头，上面有“圣母临人，永昌帝业”八个大字，其实这石头就是武承嗣找人安排的。武则天觉得这块石头代表着“天意”，不由得喜笑颜开，赐名为“天授圣图”，禁止百姓在洛水打鱼垂钓。受“圣图”上“圣母”二字的启发，她为自己加尊

号“圣母神皇”。她还亲自率领皇亲国戚、文武百官大张旗鼓地去祭拜洛水、接受“圣图”。

690 年夏天，又有几个高僧献上佛经《大云经》，说武则天是弥勒佛投胎转世，佛让武则天代替李唐为皇帝，所有臣民都要服从佛祖的安排，不得反抗。武则天得到了上天的“旨意”，又笼罩了佛的光环，非常高兴，下令各州都要修建佛寺供奉《大云经》，每座寺院都要藏有一部《大云经》，僧侣要定期向百姓讲解。

这样一来，武则天当皇帝就变成了老天的安排。皇亲国戚、文武百官、各方首领等纷纷上奏，请求武则天称帝。唐睿宗迫于形势，表示自己顺应天意，自愿让位，请求母后称帝。这一年秋天，67 岁的武则天正式称帝，改国号为周，历史上称为“武周”。

武则天终于登上了梦寐以求的皇位，她给自己封了个“圣神皇帝”的尊号，还下令大赦天下。就这样，武则天成了我国历史上唯一一位登上皇帝宝座的女性。

扩建洛阳城

朝廷易代，礼制为先。为了彰显盛世气象和自己的威严，武则天早在684年把持朝政大权时，就把东都洛阳改名为神都，下令大规模扩建、修整。她当了皇帝后，又把洛阳作为武周朝的首都，长安为陪都。

688年年底，号称“万象神宫”的明堂在洛阳建成。明堂是宫城紫微城的正殿，总共3层，屋顶上装饰有金龙金凤，阳光照耀下十分耀眼。每逢盛大节日，武则天就在这里接受外国使节和群臣的拜贺，场面非常壮观。在明堂的北侧，有一座建筑叫天堂，它是武则天建的皇家礼佛堂，寓意

“至高无上之堂”。这座建筑非常醒目，据说站在洛阳城外 20 里的地方都能看到。

武则天的确是当皇帝的料，她上台后，武周国力逐渐强盛，平叛乱、击四夷，很多外国人慕名前来。为了表示对强盛武周的向往，西域各国请求建天枢，铭记功德。武则天同意了，天枢建成后，她亲自题字“大周万国颂德天枢”。天枢以铜铁铸成，上为腾云承露盘，顶部是四龙人立捧火珠，柱身碑刻文武百官和四夷首领的名字，成为武周国威的象征。

此外，武则天还下令修建了上阳宫和神都苑，每座建筑规模都很大，非常奢华。为了显示自己当皇帝的正统，她又下令铸造九鼎，率领大臣封禅嵩山，大赦天下。这几件大事完成后，属于武则天的时代正式来临了，被史学家们称为“上承贞观，下启开元”的盛世正式开启。

神都洛阳平面图

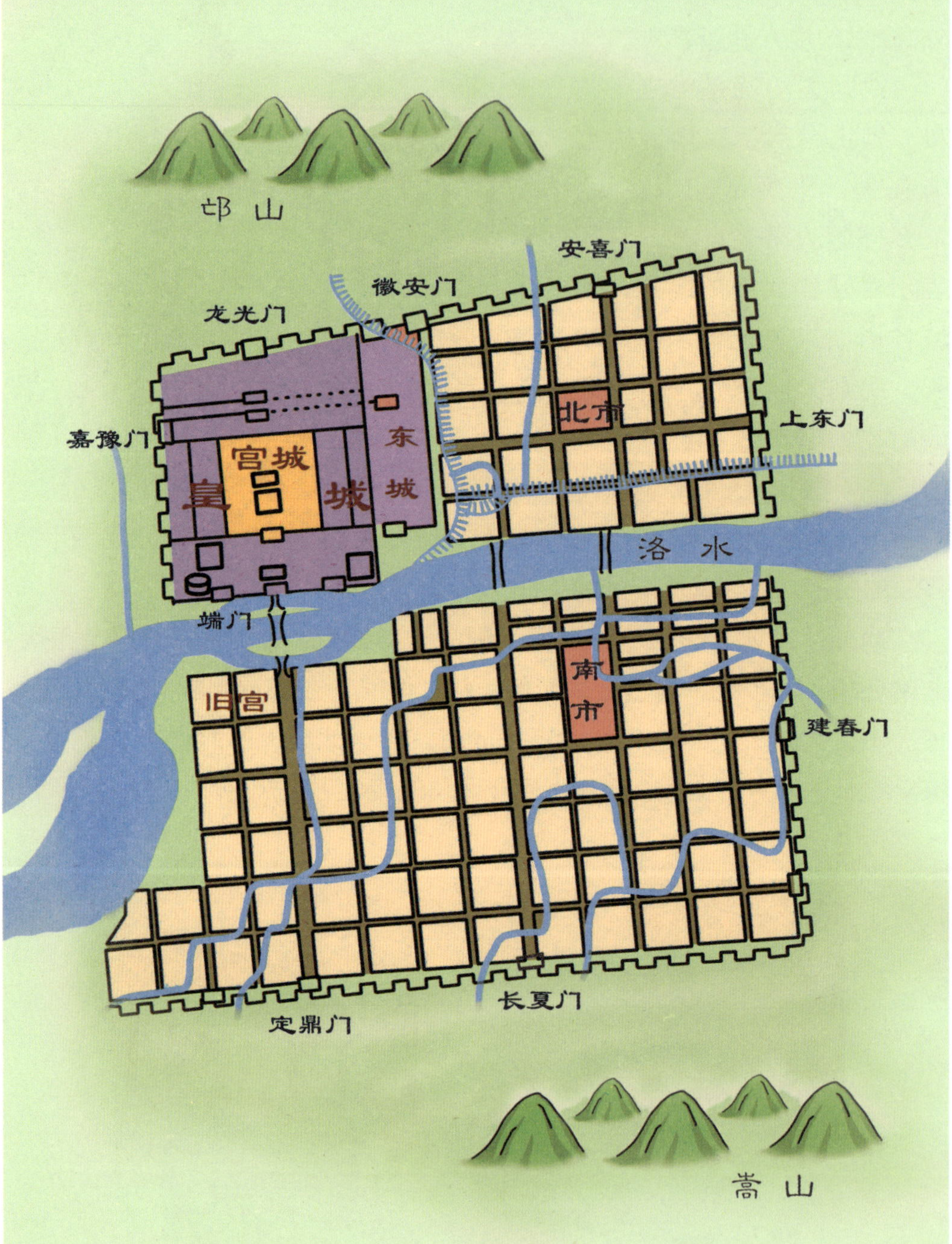

二张专政惹众怒

697年，太平公主为了排解母亲武则天晚年生活的寂寞，推荐张昌宗入宫侍奉她。张昌宗出身名门，精通音律，是个吹横笛的高手。他是一个美男子，据说美如莲花，而且很有气质，深得武则天的宠爱。不久他向武则天引荐了哥哥张易之，张易之长得眉清目秀，也是一位翩翩美少年，而且比张昌宗还会来事儿。

日渐衰老的武则天非常钟爱五郎张易之和六郎张昌宗，经常在宫里为他们举办宴会。每次宴饮聚会，张易之、张昌宗一同侍候，掷骰赌博取乐，还嘲笑朝中大臣。武则天非但不生气，还乐不可支，赏了他们无数金钱布帛。

唐代对熟悉的男子多以姓加上排行，最后再加上『郎』字称呼。

这赏金钱也就算了，麻烦的是，狄仁杰死后，二张的势力迅速扩张，被封为国公，他们仗着武则天的信任胡作非为，还开始插手朝政大事。二张先后设计陷害刚直不阿的宰相魏元忠、太子李显的长子邵王李重润。魏元忠被下大牢，李重润被赐死，引起朝廷动荡，君臣关系也日益紧张。

704 年年末，武则天病重无法临朝，洛阳城内盛传他们兄弟要谋权篡位。宰相们多次请求觐见武则天，根本得不到批准，只有张昌宗、张易之兄弟服侍在旁边。大臣们担心江山社稷毁于一旦，更为自己的命运担忧。

于是，以宰相张柬之为首的五位大臣决定先下手为强，铲除二张。张柬之已经 80 岁了，为人谨慎，考虑周全，他亲自去面见守卫宫城的右羽林军统帅李多祚大将军，动之以情，晓之以理，说动了李将军，指天发誓要铲除二张。

705 年正月的一天，张柬之等人带着 500 多名飞骑兵来到玄武门，李多祚去东宫迎接太子李显。随后，这一行人冲入宫中，包围了武则天的寝宫，二张还没搞清楚怎么回事，就被砍掉了脑袋。

女皇被迫退位

张柬之一帮人闯进寝宫时，武则天正躺在病床上，听到外面吵吵闹闹，连忙询问发生了什么事。张柬之将二张的人头放在武则天的面前，说他二人谋反，已被诛杀。

此时的武则天已病入膏肓，眼看众人逼宫，让她交出大权，退位还政于太子，根本无力反抗，只能被迫禅位。第二天，武则天颁布诏书，由太子李显代为监国；第三天，正式传位李显，她迁居上阳宫。这场宫廷政变历史上称为“神龙政变”。

705年冬月，82岁的一代女皇武则天凄凉地咽下了最后一口气，结束了武周政权15年的统治。皇位又回到了李氏皇族的手里，一切恢复旧制，神都洛阳也恢复了原名东都。

唐人的服饰和装束

唐代是我国古代经济、文化发展的一个高峰，社会开放、多元，服饰文化繁荣。男子常服主要由幞头、袍衫、靴带组成。女子服饰一般由衫襦、长裙、帔帛组成，款式华丽，色彩丰富，再配以秾丽大胆的装束，呈现出浪漫多姿的唐代女子形象。

武则天时代的女性装束

唐代女性化妆流程

①敷铅粉

用白色粉末覆盖整个面部。粉的成分是铅、锡和各种香料。

②抹胭脂

给面颊、眼睑涂上胭脂，使面色红润。

③画黛眉

画黑色的眉以提精神、增妩媚。也有用青黛、烟墨画眉的。眉的样式有多种。

④贴花钿

用颜料在眉额之间妆绘图案，或者直接贴上有图案的绢纸。

⑤点面靥

在嘴角两侧面颊上点上朱砂或贴上花片。

⑥描斜红

在面颊两侧、眼鬓之间，用胭脂或红色染料，勾勒两道痕迹。

⑦涂唇脂

用唇脂（红色、紫色、肉色等）绘出心仪的唇形。

浣溪沙（节选）

韦庄

清晓妆成寒食天，
柳球斜袅间花钿，
卷帘直出画堂前。
指点牡丹初绽朵，
日高犹自凭朱栏，
含颦不语恨春残。

大意：

寒食节的清晨，女子早起梳妆，戴上柳球，贴好花钿，卷起帘子走出画堂。牡丹刚刚开放，太阳已经高照，站在栏杆前，不禁皱眉感叹春光短暂。

李显	李旦	武曌	李显	李旦
唐中宗	唐睿宗	武则天	唐中宗	唐睿宗

叁

女皇治国有一套

李隆基

唐玄宗

武则天掌权期间，对内，她为发掘人才开辟各种渠道，开创了殿试和武举。只要是有才之人，就敢放手使用。同时，她任用酷吏，鼓励告密，通过打压异己来维护自己的统治。对外，武则天收复了唐高宗后期丧失的安西四镇，促进了西域边境的和平安定。该如何评价她这一生呢？

条条大路通洛阳

科举制作为一项重要的人才选拔制度，在唐高宗的时候就已经比较完善了，朝廷中有相当一部分官员都是通过考试选拔出来的。武则天当皇帝后，朝中的很多官员仍忠于李唐皇室，内心不认可她这个女皇帝，于是她便有意扩大科举范围，为自己招揽人才。

她派人到全国各地网罗人才，送往京城考试，成绩优异者就破格录用，委任要职。她曾亲自连续几天在洛城殿策问考生，还命令吏部考试时将考生的名字糊上进行暗考，开后世“殿试”和“糊名”的先河。

其实武则天当皇后的时候，就非常注重培植效忠自己的人才，她曾经组织了一个文人班子，为她起草奏章、编写著作甚至制定政策，对朝政施加影响。因为这些人常常从皇宫北门出入，所以被称为“北门学士”。

武则天一步一步登上皇帝宝座的过程中，发生了很多起大大小小的叛乱，每次派人前去镇压时她都犯愁，太缺乏作战经验丰富又能打胜仗的将军了。与周边少数民族政权的战争也是频频失利，边疆出现了空前的危机。于是武则天首创武举，来选拔善于指挥的战将和作战勇敢的武士。

武则天采用多种途径招揽人才，使天下之士多了一条去往洛阳的路。

有才就敢用

武则天选拔、任用了大批人才，当时人称“君子满朝”，比如狄仁杰、娄师德、魏元忠等人，都是德才兼备的能臣。

狄仁杰是我国历史上的传奇人物，他的探案故事千百年来广为流传，几乎到了家喻户晓、妇孺皆知的程度。历史上的狄仁杰确确实实是个神探，他智谋过人，断案如神，在担任大理丞期间，一年之内断的积压案件涉及的人犯达一万七千多人，事后还没一个喊冤的。

狄仁杰还向武则天举荐了一大批人才，比如后来发动政变光复李唐的张柬之、桓彦范、敬晖等人，还有唐玄宗时的名相姚崇。

狄仁杰关心民间疾苦，体恤下层百姓，每到一地，他都能为官一任，造福一方。697 年狄仁杰出任魏州刺史，抵御契丹人南下，他一改前任刺史让百姓放弃一切入城坚守的做法，把百姓全都放回田里耕作。契丹人听到这个消息后，认为不宜与唐朝打持久战，于是率众北归。

武则天非常信任狄仁杰，遇到重大的事总是找他商量，尊称他为“国老”。狄仁杰去世后，每当朝廷遇到大事，百官商议许久不能定夺时，武则天就会不由自主地长叹：“老天为何这么早就夺走我的国老啊！”

鼓励大家来告密

刚刚临朝称制的时候，为了清除政敌以巩固自己的统治，武则天建立了告密制度。她让工匠做了很多铜匣子，放在皇宫和各地官府门口，专门收集告密的文件。凡是所告之事属实的，就能破格提拔，给个官职；即使揭发不实，也不予追究。就这样，社会上兴起了一股告密之风。

武则天还提拔了大批判官来审问被告发的人，这些人爱用酷刑来逼人招供，所以大家管他们叫“酷吏”。这些酷吏审讯时，上来就用各种花样的酷刑，将人屈打成招。这就是武则天时期臭名昭著的酷吏政治。一时间酷吏横行，告密成风，很多人冤死在狱中，全国上下一片恐慌。

大臣们谁也不知道大祸何时降临在自己头上，以至于每次上朝时，都要与家人诀别，不知道还能不能活着回家。

当时最有名的酷吏叫来俊臣，深得武则天信任。他是个典型的迫害狂，被他定罪冤杀的有一千多户人家。他写了一本书叫《罗织经》，专门讲述如何罗织罪名、陷害杀人。当时的十大酷刑，其中有好几项就是他发明出来的。

学历史长知识

请君入瓮

这个成语最早出自唐代张鷟（zhuó）《朝野佥载》，说的是另一个酷吏周兴被人告发谋反，来俊臣用请君入瓮之计把他给制服了的故事，比喻用某人整治别人的办法来整治他自己。

来俊臣肆意妄行，大伙恨得牙痒痒，却拿他没辙。后来来俊臣权欲熏心，指控武氏诸王和太平公主一伙人企图谋反，还指控皇子李旦和李显暗中勾结，拉拢文武百官中思慕唐朝的人，想要发动叛乱，夺取皇帝宝座。武氏一族和太平公主得知后，先发制人，告发他谋反，来俊臣最后被判死刑。行刑的那天，老百姓无不拍手称快。

武则天之所以同意将来俊臣处死，是因为到 697 年的时候，武周政权已经比较稳定，是时候结束酷吏统治了。以狄仁杰为首的大臣借机提出继承人问题，698 年三月，李显被从流放地召回洛阳，立为太子，一心想当太子的武承嗣被气得生病去世了。

打仗平乱不含糊

自从文成公主远嫁吐蕃后，唐朝与吐蕃一直相处融洽。可是松赞干布死后，吐蕃进兵西域，占领了安西四镇，唐朝的西部边疆又陷入战乱之中。692 年，武则天任命大将王孝杰为统帅，去收复安西四镇。

学历史长知识

安西四镇

安西四镇是唐朝前期在西北地区设置的四个军事重镇，分别是：丝绸之路北道的碎叶（今巴尔喀什湖以南）、中道的疏勒（今新疆疏勒）和龟兹（今新疆库车）、南道的于阗（今新疆和田）。

王孝杰曾长期驻守吐蕃，很熟悉吐蕃内情，他率大军进入西域后，重击吐蕃军，接连收复了安西诸镇，并重设安西都护府于龟兹。后来，武则天为了维护西域边境的安定，在天山以北设立北庭都护府，保护往来商旅的安全，丝绸之路从此畅通无阻。

696年初，契丹部落发生了灾荒，广大部众衣食无着，穷困潦倒。营州都督负责管理契丹部落，时任都督赵文翙（huì）平时就瞧不起契丹首领及民众，多次欺侮他们，灾荒发生后，他也不赈济灾民。

赵文翙的行为引发了契丹人的强烈不满，契丹首领李尽忠联合孙万荣起兵反抗，攻占了营州（今辽宁朝阳），杀死了赵文翙。消息传到洛阳后，武则天震怒，没想到小小的契丹居然敢反抗，立刻派兵前去镇压。

不料武周大军轻敌，中了契丹的埋伏，几乎全军覆没。不久李尽忠病死，孙万荣统领部众继续对抗。697年，武则天征召数十万大军进攻契丹，孙万荣惨败被杀，叛乱终于被平定了。699年，契丹余党作乱，武则天再次派兵征讨，彻底平定了契丹。

唐朝趣话

大唐武举考什么

702 年，武则天首创武举考试，天下所有习武之人中举了就可以征召入伍为官，唐朝名将郭子仪就是武举出身。宋朝完善了武举制度，明清两朝是武举制度的兴盛期。唐朝武举考试科目有长垛、步射、骑射、举重、马枪、才貌和言语七项。

①长垛

在距离箭垛 105 步远的地方射箭，箭靶直径约 88.5 厘米，弓的拉力约 55 千克，共射 30 箭。测试静止射箭的水平。

③骑射

骑在马上奔跑射箭，目标是两只五寸（约 15.5 厘米）长、三寸（约 9.3 厘米）高的皮制小鹿。测试移动中射箭的水平。

②步射

从 105 步远的距离射草人。测试射箭动作的规范性。

⑥才貌

主要看考生的身材条件，以身高六尺以上者为优（约合 1.8 米）。

⑦言语

考试策问，应答详细明白，精神饱满者为优。

④举重

举翘关。长一丈七尺（约 4.25 米）、直径三寸半（约 10 厘米）的木棍，用双手握一端，后手不得离棍端一尺，举 5 次。

⑤马枪

骑马刺枪，用长一丈八尺（约 4.5 米）、重八斤（约 3.5 千克）的长枪刺四个小木人。测试马上用枪技能。

唐朝趣话

武则天的传奇一生

武则天是我国历史上唯一的女皇帝，政绩卓著。武则天统治时期，打击敌对的官僚贵族，大力发展科举制，创立殿试制度，亲自面试考生，不拘一格选拔人才，扩大了统治基础。她继续推行贞观以来减轻人民负担的政策和措施，重视发展生产。她在位期间，社会经济得以持续发展，人口持续增长，边疆得到巩固和开拓。这为后来“开元盛世”局面的出现奠定了基础。

武则天是一位不让须眉、光耀千古的女性，她的一生跌宕起伏、曲折离奇。

国家大事：649年，唐高宗即位；657年，大破西突厥

在位皇帝：唐高祖；唐太宗；唐高宗

人生阶段：童年；两次入宫；皇后

年份 公元：624年；637年；649年；655年；660年

人生大事：
- 1岁，生于利州（今四川广元）
- 14岁，被召入宫，为才人
- 26岁，出家为尼
- 28岁，返回后宫，为才人
- 30岁，封为昭仪
- 32岁，立为皇后
- 37岁，开始参与朝政

668年，平定高句丽

672年，开凿龙门石窟建卢舍那大佛

677年，上官婉儿任其秘书

683年，唐高宗去世

688年，建明堂

691年，狄仁杰任宰相

697年，平定契丹

703年，张柬之任宰相

唐高宗	唐中宗	唐睿宗	武则天	唐中宗

	天后	太后	皇帝

674年　683年　690年　705年

41岁，临朝听政，用北门学士

42岁，与唐高宗一同封禅泰山

51岁，称天后，提出十二条政治主张

52岁，高宗病重，代替行使皇权

60岁，李显即位，临朝称制

61岁，立李旦为帝，平定李敬业起事

63岁，奖励告密，任用酷吏

64岁，宠幸薛怀义

65岁，将李氏宗室几乎全灭

67岁，称帝，改唐为周

74岁，肃清酷吏，宠幸张易之、张宗昌

75岁，复立李显为太子

81岁，卧病在床

82岁，政变退位，去世

706年，与高宗合葬乾陵

李显 唐中宗 — 李旦 唐睿宗 — 武曌 武则天 — 李显 唐中宗 — 李旦 唐睿宗

肆

都想效法武则天

李隆基

唐玄宗

唐中宗李显复位后，朝政大权落到了他的皇后韦后和女儿安乐公主的手上，她们想效法武则天当女皇，毒死了他。相王李旦的第三子李隆基联合姑姑太平公主发动政变，扳倒了韦后，李旦复位，李隆基做了太子。可没想到，太平公主的野心也很大，也想学她老妈武则天。姑侄二人瞬间由盟友变仇家，最终结局又将如何呢？

连使昏招的唐中宗

李显重新当上皇帝后，面临的情况是：张柬之等五大臣以功臣自居，大肆排斥异己，朝中没有贴己的大臣。李显感到皇权受到了威胁。另外，一母同胞的相王李旦和太平公主，都拥有巨大的政治能量，也是潜在的威胁。李显开始了清除威胁皇权的计划。

皇后韦氏是个十分精明的人，野心很大，李显同意她垂帘听政，插手朝政大事。

李显被流放期间，妻子韦氏对他不离不弃，鼓励他活下去，是他的生命支柱。

上官婉儿曾是武则天最信任的机要秘书，负责给武则天起草诏命，后来还参与政务。李显复位后，将上官婉儿纳为后妃，仍让她负责起草皇帝的诏命，还封她做婕妤，掌管宫中事务。

但后妃势力还不足以与张柬之这帮政治老手对抗，李显在朝中还挑了一个帮手——武三思！武周晚期，武承嗣郁郁而终，武氏集团陷入了低谷，但武家子弟一

直在寻找东山再起的机会，李显看到了这一点，所以选择扶持武氏集团中地位最高、最有威望的武三思。

李显不时将武三思召进宫商议政事，很快韦后、武三思和上官婉儿三人结成了同盟。张柬之发现情况不妙，多次劝告李显诛灭武氏集团，李显不仅不听，还让武三思做了宰相。

武三思开始出手了。他使计将张柬之五人逐出朝廷，贬到地方当刺史。又诬告他们五人参与谋反，将他们贬到偏远的地方。武三思还想出一计，派人偷偷到洛阳繁华的地方贴大字报，宣扬韦后和自己的丑事，说张柬之五人为了报复而诬陷他。李显大怒，将张柬之他们流放得更远，武三思趁机派人追杀他们五人。

武三思除掉了一批异己，一时间权倾朝野，众多佞臣都拜在他门下，甘心充当他的走狗。所以中宗一朝，政治黑暗，朝廷内部潜伏着极大的政治危机。

韦后也想当女皇

安乐公主是李显和韦后的小女儿，出生于李显被流放到庐陵（今江西吉安）的途中，当时连襁褓都没有，李显就解下自己的外衣裹住女儿。李显对这个女儿心怀愧疚，所以更加宠爱，专横的安乐公主野心也很大，她多次要求李显废掉太子李重俊，立自己为皇太女。

太子李重俊不是韦后亲生的，韦后从来没给过他好脸色，武三思对太子也心怀忌恨，他们三人联合起来，共同排挤太子。太子感觉自己的地位岌岌可危，与羽林军首领李多祚密谋除掉他们，最终政变失败被手下杀死。

太子带人诛杀武三思父子后攻打宫城，想杀死韦后、安乐公主。

> 学历史长知识
>
> **北衙禁军**
>
> 驻守在宫城北门，保卫皇帝和皇家的皇帝私兵，称为羽林军。唐朝前期分为左右万骑、左右飞骑四军，都是骑兵。

武三思死后，原来投靠他的大臣纷纷向韦后靠拢，迅速形成了韦后一党。韦后忙着搞武则天政治模仿秀，为自己当女皇铺路。安乐公主、上官婉儿则忙着大卖官职捞钱，不论什么人，只要出得起钱就给官职。

710 年的夏天，唐中宗李显突然去世，外界传言是韦后和安乐公主下毒杀了他。韦后扶持年仅 16 岁的唐中宗幼子李重茂登基，她想走武则天的老路，先临朝称制再称帝。

姑侄联手剿韦氏

李隆基是相王李旦的第三个儿子，人称“李三郎”。他打小就聪明果断、心思缜密、勇敢有为、多才多艺，深得武则天喜爱。

7岁那年，有一次，李隆基带着一队仪仗整齐威严的侍卫入朝觐见祖母武则天，刚好在宫门口碰见当值的金吾将军、武则天的族侄武懿宗。武懿宗一贯恃宠骄横，见李隆基小小年纪却派头十足，就想杀一杀他的威风，于是上前大声呵斥，并动手驱赶他的侍卫和仪仗。随从们不知所措，李隆基却镇定自若地走到武懿宗面前，指着他的鼻子破口大骂：“我家的朝堂，干你什么事？竟敢胁迫我的车骑随从！”祖母武则天知道后，不仅没有怪罪李隆基，反而更加宠爱他。

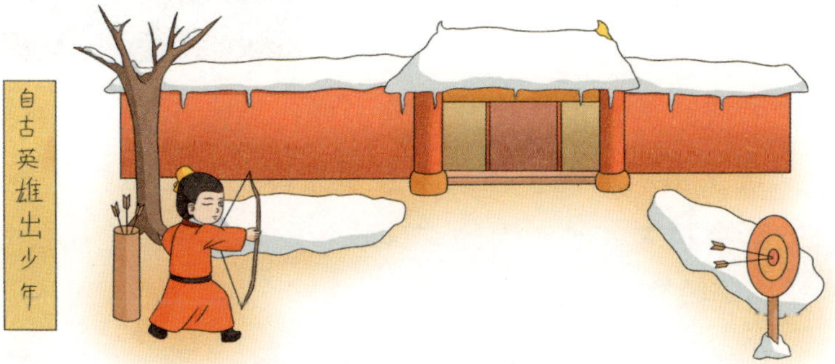

长大后的李隆基对韦后母女的所作所为非常不满，暗中一直在培植自己的势力，打算清理韦后一党。得知韦后准备除掉相王李旦和太平公主这个消息后，李隆基准备先发制人，羽林军万骑的将领葛福顺、陈玄礼等人被他说服，决定参与行动。

但李隆基知道光靠自己的力量还不够，必须得有一个强有力的助力，那就是姑姑太平公主。太平公主深得武则天真传，性格强势，心机、谋略和智慧样样过人，而且经历过几十年的风风雨雨，既有丰富的经验，又有极高的功勋和威望。太平公主自己野心也不小，对韦后把持朝政早就不满，当即对李隆基表示支持，帮其出谋划策。

六月二十日这天夜里，天上流星如雨，李隆基派葛福顺、陈玄礼闯入羽林军大营，杀死韦后安插在军中的韦氏子弟，羽林将士表示愿意拥护李隆基。于是，万骑兵分两路冲入后宫。韦后从睡梦中惊醒，慌忙逃往飞骑营，被迎面的一个飞骑兵杀了。安乐公主呢？正在房内照着镜子画眉毛，禁军一窝蜂冲了进来，她还没来得及反应，就一命呜呼了。

学历史长知识

万骑

羽林军中负责护卫皇帝的武装力量，与皇帝的关系更为密切。组建于唐太宗时，由精心挑选的骁勇且善骑射者组成，最初只有百人左右，称为“百骑”，后来扩编为千骑、万骑，开元年间改为龙武军。

韦后一党的残余势力也很快被清除干净。没过几天，李隆基和太平公主联手逼唐少帝李重茂退位，相王李旦重新即位。李旦再次登上皇位后，立功劳最大的李隆基为太子。因为这次政变发生在唐少帝唐隆年间，所以历史上称为“唐隆政变”。

李隆基与太平公主的较量

太平公主在这次宫廷政变中立了大功，唐睿宗很敬重她，把她摆在与太子李隆基平起平坐的地位。宰相们有事上奏，唐睿宗总要问有没有同太平公主商量过，也要问有没有同太子商量过。他这样做，无形中助长了太平公主的专横，也引得太平公主与李隆基之间起了冲突。太平公主感到李隆基精明能干，妨碍了自己，总想另立太子。

太平公主一手把持朝政，权倾朝野，她屡次制造流言，中伤李隆基，幸亏有姚崇、宋璟等耿直大臣，李隆基才不至遭诬害。

712年七月，有彗星出现，太平公主指使术士对唐睿宗说："彗星出现，国家有变，大概是皇太子要当天子了。"挑拨唐睿宗与太子李隆基的关系，怂恿他杀掉太子。没想到，唐睿宗已经不想当皇帝了，正好趁这个机会传位避灾，他将皇位传给太子李隆基，即唐玄宗。

这时的太平公主权势也达到了顶峰，宰相大多数是太平公主的党羽，文武百官依附她的有一大半。太平公主一伙人准备起兵发动政变，废掉唐玄宗，时间就定在 713 年七月四日。唐玄宗得知后，决定先下手为强。七月三日，他让羽林军将军王毛仲率三百羽林军进宫，由自己亲自带队，接连擒获公主党成员。太平公主知道自己的党羽全部被杀后，逃到长安城附近山里的寺庙中。

三天后，太平公主出来，最终被唐玄宗下诏赐死在家中。唐玄宗登基后的年号是“先天”，所以历史上称这次宫廷政变为“先天政变”。至此，李唐皇室内斗风波才算彻底平息，一切军政大事可以由唐玄宗李隆基做主了。

唐朝趣话

唐朝官员也要蜗居？

唐朝的很多京城官，都是从自己家乡通过科举考试获得官职的。刚入职时，他们没有能力在京城购买房子，大多数未携带家眷的官员，都蜗居在朝廷分配的集体宿舍里。这些宿舍条件一般比较简陋，有的没有窗户，没有门帘，只有破草席当褥子。只有集贤院等少数部门的宿舍条件可能好点。有的官员则租房子住，还有的官员长期住在酒楼。

白居易

白居易初到长安拜见名士顾况时，顾况对他的名字开玩笑说："长安百物贵，居大不易。"白居易在京城做官后，在集体宿舍住了很多年。

窦员外

刘禹锡受邀参观窦员外新宅后写道："清光门外一渠水，秋色墙头数点山。疏种碧松通月朗，多栽红药待春还。"

马周

名相马周通过租房认识人将军常何，进而被唐太宗发现。

姚崇

名相姚崇把房子买在远郊，为了方便上班又在城里包了个旅馆房间。

李白

李白长期泡在长安的酒店里，写有名句"挥鞭直就胡姬饮"。

刘禹锡

刘禹锡被贬至和州当刺史时，知县故意刁难他，几番调整他的住处，最后只给他只能容下一床、一桌、一椅的斗屋。刘禹锡遂愤然提笔写下《陋室铭》，成为名篇。

陋室铭

山不在高，有仙则名。
水不在深，有龙则灵。
斯是陋室，惟吾德馨。
苔痕上阶绿，草色入帘青。
谈笑有鸿儒，往来无白丁。
可以调素琴，阅金经。
无丝竹之乱耳，无案牍之劳形。
南阳诸葛庐，西蜀子云亭。
孔子云：何陋之有？

李显 唐中宗 — 李旦 唐睿宗 — 武曌 武则天 — 李显 唐中宗 — 李旦 唐睿宗 —

伍 玄宗和他的贤相们

李隆基

唐玄宗

713年十二月，唐玄宗改年号为『开元』。为了巩固皇权、整顿朝纲，他任用了一大批品德忠贞、有真才实学的官员，如著名的贤相姚崇、宋璟、张说（yuè）和张九龄等人，君臣一起励精图治，开创了历史上著名的『开元盛世』。

贤相姚崇灭蝗记

唐玄宗的皇帝宝座稳固之后，一心想整顿朝政。他任用善于应变的姚崇为宰相，希望把唐中宗、唐睿宗时期的混乱局面扭转过来，使李唐王朝重新兴盛。

姚崇是个非常了不起的政治家，在武则天、唐睿宗时期就出任过宰相。神龙政变时，他也参与其中，后因为不肯依附太平公主被一贬再贬。

当唐玄宗把任命诏书颁给姚崇时，姚崇有感于武则天、唐中宗、唐睿宗时期的弊端，提出了十条政治主张，问唐玄宗是否同意且真正能做到。可以，他就出任宰相；否则，就拒绝接受任命。最终唐玄宗欣然接受，这就是历史上有名的“十事要说”。说起来，姚崇算是开元盛世的“总设计师”了。

上任后的姚崇着手革除弊政、稳定皇权。当时，黄河南北一带发生特大蝗灾，蝗群落到哪里，哪里的庄稼就被啃得精光。当时的人受认识的局限，认为蝗灾是天降灾难，只能烧香求神消灾，不敢捕杀蝗虫，连唐玄宗都担心灭蝗会违背天命。姚崇列举前朝发生蝗灾不敢灭，最后导致饥荒遍野甚至发生人吃人现象的事例，劝诫唐玄宗救灾。

有官员认为天灾非人力所能制服，姚崇大声驳斥道：“扑杀蝗虫解救百姓是善举，如果上天降灾祸，全由我姚崇一人承担，决不推诿给别人。”姚崇为民请命的决心和担当终于打动了唐玄宗，他严令地方官员立刻灭蝗救灾。灭蝗救灾行动在各地大张旗鼓地开展起来，姚崇还派御史到地方监督灭蝗行动。此外，灭蝗有功的给予奖励，这样一来，大家更全力以赴了，灾情很快控制住了。

姚崇灭蝗的具体办法是，夜里在田头挖坑，坑旁点起火堆，等飞蝗看到火光飞下来，就集中扑杀，边烧边埋。

姚崇的理政方式就是这样，因事制宜地推出措施，从不陈袭旧规。他协助唐玄宗治理国家短短几年，大唐王朝就重新恢复了生机，因此他被人们称赞为“救时宰相”。

温暖人心的好官宋璟

716 年，做了近 4 年宰相的姚崇因为儿子和亲信收受贿赂，主动辞职，他推荐与他志同道合的老搭档宋璟接任。

宋璟有个外号叫“有脚阳春”，意思是说他像长了脚的春天，走到哪里，就把光明和温暖带到哪里。宋璟能得到如此美誉，不仅与他严厉打击违法乱纪的权贵、豪强，制定了许多利民的措施，为官一任、受惠一方有关，还因为他有颗仁爱之心，让人感觉很温暖。早在唐中宗、唐睿宗时，宋璟就因为耿直、讲原则几次被贬。被贬到地方的他，依然廉洁奉公，尽心为百姓做好事。他在广州任都督时，当地人用茅草和竹子建房子，经常发生火灾。宋璟就教他们烧制砖瓦盖房，减少了火灾，造福了百姓。

宋璟继任宰相后，继续安定政局、巩固皇权。执法刚正、赏罚得当、不畏权贵、知人善任，是宋璟执政的特色，他最大的功绩是整顿吏治。据说有一次，他的叔叔在参加吏部选拔时，对主考官说自己是宋璟的叔叔，希望照顾一下。吏部官员不敢怠慢，事情就要成了，结果宋璟知道了，他特地告诉吏部官员，一定不能给叔叔官做。

龙武军将领王毛仲本是唐玄宗的家奴，后来因参与了“唐隆政变”，立有大功，玄宗很宠幸他，朝中大臣都让他三分。王毛仲的干女儿要出嫁，朝廷里很多巴结他的人都来祝贺道喜。唐玄宗问他还缺什么，王毛仲说有一位客人请不来。唐玄宗不假思索地说，那个人一定是宋璟了。宋璟的刚直不阿、不畏权贵可见一斑。

在贤相宋璟的辅佐下，唐朝国力蒸蒸日上。720 年，做了近 4 年宰相的宋璟因为查处伪劣钱币，得罪了权贵，离开了宰相之位。

文武双全的张说

唐玄宗君臣经过七八年的努力，天下大治。唐玄宗想要追求文治武功，带领唐朝走向真正的盛世。722 年，他提拔文武双全的张说做宰相。

张说是个天才少年，武则天时期，他在制举考试中拔得头筹，是个“高考状元”。他擅长文辞，才华横溢，是当时的文坛领袖。

张说还是一员儒将。720 年，张说担任天兵军节度大使，紧挨天兵军的是朔方军，朔方军节度大使因为怀疑辖区内投降的突厥部落谋反，把他们给诱杀了，张说管辖下的突厥部落也紧张起来，担心被杀，人心惶惶。这些部落要是骚动起来，对大唐的安定十分不利。张说只带了 20 个随从来到这些部落，住在首领的营帐里，给他们讲朝廷的政策，安抚他们，几个部落非常感动，真的安定了下来。

张说在边境镇守数年，熟知边防。当时唐朝镇守边疆的士兵多达 60 万，大唐最大的威胁突厥已经衰落了，根本用不了那么多兵，好多士兵给将帅们白白干活。张说当宰相后，奏请唐玄宗裁军 20 万，让他们都回乡种地，增加了国家赋税。

边防军太多了不好，中央的卫兵太少也是个麻烦事。当时长安城执勤的兵士都凑不够数，张说建议花钱雇人当兵，如果当兵能养家糊口，就不愁没人愿意当兵了。唐玄宗一听有道理，马上在长安附近几个州发出招兵的通知，不到半个月，就选得精兵12万人，京城的防卫得到加强。

当时宰相是兼职的，他们上午到政事堂集合，开会研究大政方针、制定政策，下午回到各自的部门主持工作，根本忙不过来。另外，宰相只有决策权，行政权在尚书省的六部那里，这就导致制定的政策往往执行不了或不到位。张说任中书令后，改革宰相机构，将政事堂改为“中书门下”，变宰相议政的场所为衙门，宰相由兼职改为专职。这样，中书门下既是朝廷最高决策机构，也是最高权力机构了，宰相变得无所不管。

“文治”方面，张说是我国最早的官办书院丽正书院的首任“院长”，他召集来了贺知章等大批文人，人才济济一堂。他还推动了唐玄宗泰山封禅。726年，张说因为党争失利被免去相位。

最后的贤相张九龄

张九龄是个天才少年，文采出众，风度翩翩。733年，他被任命为宰相。当时的唐朝处在全盛时期，但同时也隐藏着许多社会矛盾。对此，张九龄提出以“王道”替代“霸道”，强调保民育人，反对穷兵黩武，主张省刑罚，薄征徭，扶持农桑；坚持革新吏治，选贤择能。

张九龄敢于向唐玄宗直言进谏，多次规劝玄宗居安思危，整顿朝纲。

张九龄善识人。734年，范阳节度使张守珪派副将安禄山讨伐奚族（东北方少数民族）、契丹失利，张守珪将安禄山绑了送到京城。张九龄认为应该按照军法处以死刑，唐玄宗却将安禄山赦免了。之前，安禄山入京朝见时曾拜见过张九龄，张九龄明察秋毫，认为安禄山是奸诈之徒，断定他日后一定会作乱。

后来，唐玄宗后悔当初没有听从张九龄的话杀掉安禄山，特地派人去祭奠张九龄。

同为宰相的李林甫一直想整倒张九龄，最终于736年进谗言奏效，唐玄宗罢免了张九龄。

唐朝趣话

精妙绝伦的玛瑙杯

大唐国力强盛，四方来朝，“丝绸之路”也繁荣起来。波斯帝国流行一种叫来通杯的酒器，也通过丝绸之路进入大唐，成为达官贵人、文人雅士青睐的物品。相传有一年，波斯国王派使者给大唐皇帝送来了一个用一整块玛瑙做的来通杯，皇帝很高兴地收下了。世事难料，泾原兵变时，这个杯子被埋入地下，直到 1000 多年后才重见天日。如今，它被命名为镶金兽首玛瑙杯，藏于陕西历史博物馆，是该馆的镇馆之宝，被列入首批禁止出国（境）展览文物目录。

兽嘴
用黄金制成，作为玛瑙杯的底塞，防止杯中液体流出。

兽角
两个长角，粗壮有力，稍微弯曲成为把手，连接着杯身两端。

杯口
注入酒类等液体的地方。

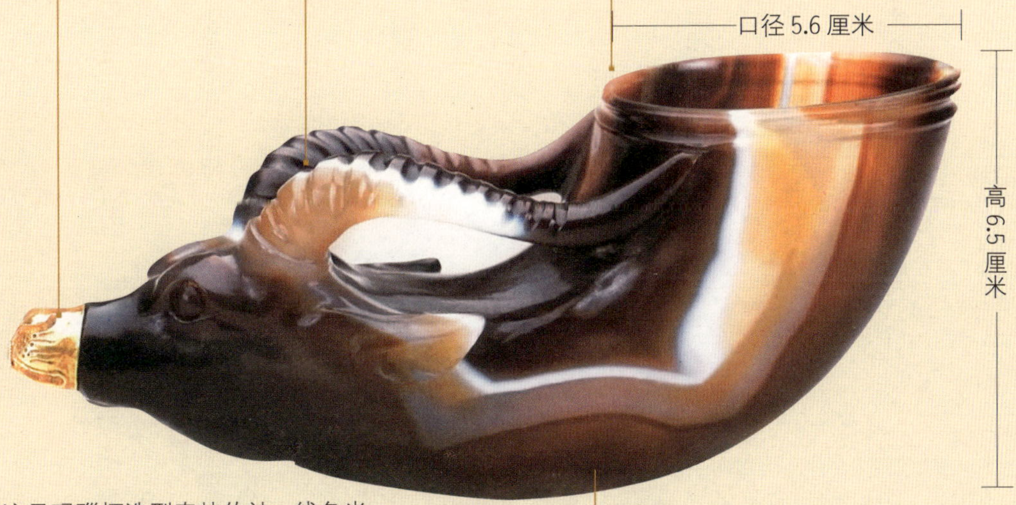

这只玛瑙杯造型奇特传神，线条光滑流畅，充满了异域风情，从选材、设计到工艺，都代表着唐代玉雕艺术的最高水平。

杯身
罕见的俏色玛瑙杯，红、棕、白三色浑然天成，鲜嫩滋润。

长 15.6 厘米

唐代也有公务员考试

唐代学子参加进士考试后，如果考过了，就有了做官的资格，但是有了资格不等于有了官职。成为官员还需要经过一套严密的铨选制度，才可能被授予官职。这个制度类似现在的公务员考试录取制度，我们以六品以下文官的铨选流程来说明这个制度。

时间	环节	内容
五月	**颁选格**	各地公示本年选官报名条件
	取选解	接受报名，官府出具报名凭证
	申报	各地将候选人名单送尚书省
九月	**移交**	尚书省移交工作到吏部
十月	**冬集**	候选人在京城汇集
	审查	吏部审查候选人资格
	关试	吏部组织考试： 身　取其体貌丰伟 言　取其言辞辩正 书　取其书法遒美 判　取其文理优长
	放榜	阅卷后确定录取名单，放榜公布
	注官	吏部审查候选人资格： 关试成绩，主要是书和判的成绩 部分职位有资级限制 用人单位意见 回避亲族所任官 候选人意愿（有三次选择机会）
三月	**审查**	尚书省审查，门下省复审
	任命	中书省起草任命状，吏部授予受官者

关试的内容

①身

要求体貌丰伟，看身材相貌。

②言

要求言辞辩正，看口才。

③书

要求楷法遒美，看书法。

④判

要求文理优长，看办案能力。

防止作弊的方法

考场重岗防守，入场要搜身。

阅卷前糊住应试者在试卷上的名字。

应试者答卷的字迹应该和报名填资料的字迹一致。

面试

笔试

任命状格式

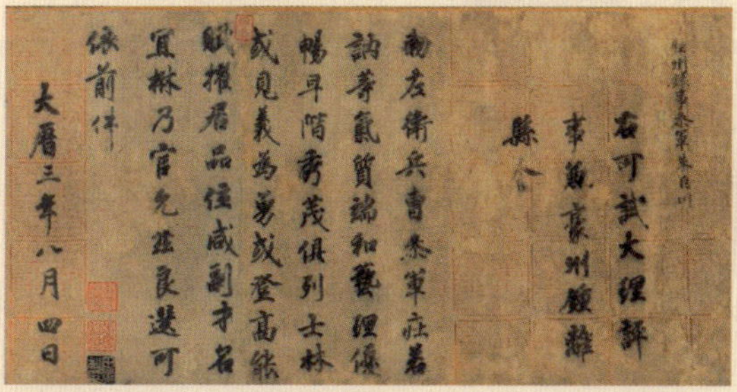

睦州录事参军朱巨川

右可试大理评

事兼豪州锺离县令

敕左卫兵曹参军庄若讷

等，气质端和，艺理优

畅，早皆秀茂，俱列士

林，或见义为勇，或登高

能赋，擢居品位，咸副才

名，宜楙乃官，允兹良

选，可依前件。

大历三年八月四日

唐朝趣话 大唐百姓如何参军

都想当府兵

唐朝前期军队战斗力非常强，参军入伍是唐人心目中理想的职业。士兵不光没有报酬，还要倒贴钱，老百姓为啥还要抢着去当兵呢?

这就需要介绍当时特殊的军制——府兵制。府兵从均田户中选拔充任，每三年选一次，入选者须年满 21 岁。府兵在平时务农，冬季集训，战时为兵，它的最大特点就是“兵农合一”，府兵通常要自备常用武器装备。府兵的田地免除赋税，如果立了功还能获得封赏，所以贫寒子弟挤破了头也想当府兵。电视剧《长安十二时辰》中就有描写，崔六郎变卖家产，走后门也要帮弟弟崔器圆了参军梦，这种做法虽不可取，但可见当时当兵有多热。

个人概况

身体壮，

21 岁 ~60 岁。

家庭概况

家境优，

兄弟多。

时间分配

一年约一半多的时间农耕，其余时间出任务。

待遇

分配田地，免除全家赋税徭役，自备装备口粮。

府兵的任务

①宿卫京师

②戍守边防

③征行作战

折冲府分布图

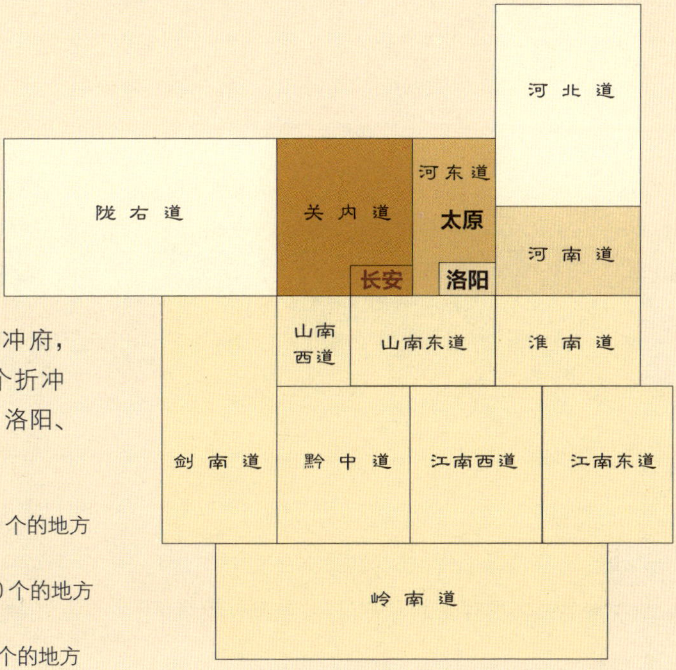

府兵的基层组织叫折冲府，全国常年有500~800个折冲府，主要分布在长安、洛阳、太原周边。

折冲府数量大于200个的地方

折冲府数量大于100个的地方

折冲府数量大于50个的地方

折冲府数量50~20个的地方

府兵的编制

李显	李旦	武曌	李显	李旦
唐中宗	唐睿宗	武则天	唐中宗	唐睿宗

陆

大唐开元盛世

李隆基

唐玄宗

开元年间，唐玄宗励精图治。政治上，他任用贤能，整顿吏治，制定严格的官员考核制度，修订律法；经济上，他制定新措施，大力发展农业；军事上，他改革兵制，在边境发展屯田，扩张疆域；文化上，他创建了中国历史上最早的书院，重视修书藏书，藏书之风盛行。

皇帝亲自当考官

开元时期的唐玄宗任人唯贤，选拔贤能的人做宰相，任期稳定；宰相的人选为 1~3 人，而且明确一人主要负责，权力相对集中；放手让宰相处理政务，不多加干涉。这样一来，宰相的作用得到了充分发挥，姚崇、宋璟、张说、张九龄都是当时的名相，他们先后辅佐唐玄宗，对实现“开元盛世”起到了重要的作用。

唐玄宗很重视地方官的作用，尤其重视县令的考核。716 年，在新任县令入殿拜谢那天，唐玄宗亲自面试这 200 余位县令的施政计划，答复不尽如人意的 20 余人，仍然担任旧职；特别差的 40 多人，被打发回去重新读书。吏部负责选拔县令的官员也被追究责任。这样严厉、大规模的查处，在唐朝历史上是十分罕见的。

唐玄宗还推动地方官和京官相互交流。京官出任地方官，大大改进了地方吏治；有地方经验的人做京官，改善了中央的辅政。725 年，他亲自从中央政府挑选了一批有声望的衙门长官出任地方刺史，还赐宴、赐诗饯行。有个京官不愿意到地方任职，唐玄宗得知后，勃然大怒，将他贬官。

唐玄宗还确立了严格的官员考核制度，加强对各级官吏的管理，提高各衙门的办事效率。关于官吏考察制度，他制定了各项标准，对那些不符合标准的官吏，予以惩罚甚至撤职；对于考核成绩优异的官吏，则予以褒奖甚至破格提拔。这极大地提高了各级官吏做事的积极性。

其次，唐玄宗还严格要求各级官吏秉公执法，严惩贪腐行为。每年十月，朝廷会派按察使（后改称采访使）到各地巡查，考核吏治，一旦查到有违法行为，严惩不贷。此外，如果地方官的辖区出现杀人、抢劫、盗窃等重大刑事犯罪，那么地方官就有失察的罪过，也要挨板子。这就使得地方官在治理辖区时不敢怠慢，百姓们的生活水平也越来越高。

泰山封禅

大唐在唐玄宗十几年的励精图治下，实现了“天下大治”，宰相张说请求唐玄宗泰山封禅，大批公卿百官、儒生墨客，也纷纷上书。724 年，唐玄宗终于确定次年十一月举行泰山封禅大典，张说全权负责此事。

张说跟丽正书院的学士们经过近 10 个月的努力，终于把整个仪式的方案给制订出来了。突厥、契丹等番邦的首领都积极要求参加，另外还邀请了大食（今阿拉伯）、日本等外邦来参加盛典。

725 年十月，封禅如期举行，唐玄宗率文武百官、四夷酋长和外邦代表等数万人，从洛阳出发，浩浩荡荡向泰山进发。一路上彩旗飘扬，鼓乐喧天，场面浩大，光是后勤供应队伍就前后绵延了好几百里。随行的几万匹马，按照毛色区分，每种毛色单独编队，组成方阵，远远望去，一块黄、一块白、一块黑……简直就像织锦的缎子在地上跑，让人叹为观止。最热闹的是晚上，宿营的时候方圆好几十里全是帐篷。

大队人马走了 20 多天，终于到达了泰山脚下。第二天，唐玄宗在行宫休息。第四天，诸王、宰相和祭祀礼官跟唐玄宗上山，其余的人都留在山下等着。

按照张说的安排，爬上山之后就在山顶宿营，次日再举行仪式。可没想到，半夜时分忽然下雨了。十一月份的雨水已经很冷了，卫士们冻得瑟瑟发抖。这可让玄宗和张说着急了。举行典礼最怕坏天气，再说了，封禅本来就是祭告于天地，老天下起雨来，岂不是面子上不好看！怎么办呢？这时候谁也做不到人定胜天，只能祈祷老天爷开恩。

第五天清晨，雨居然停了，云开日出，天清气爽。唐玄宗赶紧登坛祭拜。然后点燃堆积的柴火，火势直上，山上群臣高呼万岁，山下等候的大队人马看见熊熊大火，也山呼万岁，声震天地。礼毕后下山，山下迎候圣驾的百官、贵戚、四夷酋长争先祝贺。接着是祭地以及接受各方的当面祝贺。第九天，唐玄宗率领浩浩荡荡的队伍离开了泰山。

事后，唐玄宗亲自撰书《纪泰山铭》，派人刻在泰山之巅大观峰的石壁上，目的是昭告天下，自己封禅泰山是为百姓祈福。

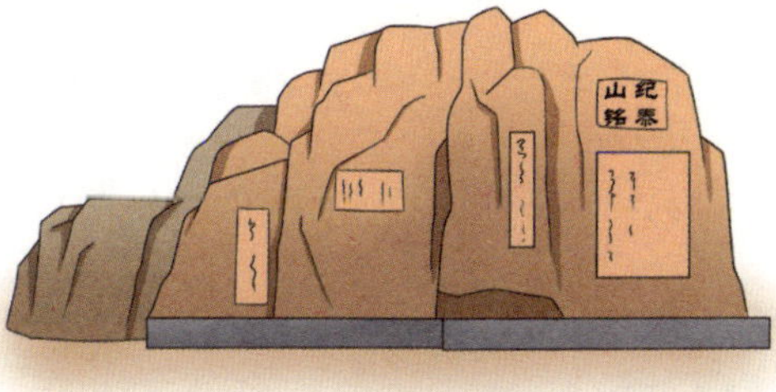

大唐到底有多富

唐玄宗派人到各地去检查隐瞒的土地和农户，查出来的土地没收分给农民耕种，隐瞒的农户进行登记。

杜甫曾写诗《忆昔》赞颂“开元盛世”说：“忆昔开元全盛日，小邑犹藏万家室。稻米流脂粟米白，公私仓廪俱丰实。九州道路无豺狼，远行不劳吉日出。”

衡量古代经济繁荣与否最重要的标尺是人口是否增长，我们来看看具体的数据。唐朝初期全国人口约 200 万户，唐太宗贞观年间约 300 万户，唐玄宗开元末期约 841 万户，天宝十三载（754 年）达到整个唐朝的最高纪录，约 961 万户。

当时手工业的发展也很显著。如丝织业，就有水纹绫、方纹绫、鱼口绫、绯绫、白编绫、绸、绢、八蚕丝、轻容、花纱、紧纱、宝花罗、花纹罗等品种，品种数量多，质量也很好。

唐代的商业十分发达，长安、洛阳、广州等大都市商贾云集、店铺林立，对外贸易不断增长，波斯（今伊朗高原地区）、大食（今阿拉伯半岛地区）商人纷至沓来，各种肤色、不同语言的商人身穿不同的服装来来往往，十分热闹。

饮食方面，现在常见的馒头、馄饨、饺子、包子当时都已出现。城里酒肆比比皆是，文人墨客们经常和朋友去下馆子喝酒，吟诗应酬。在长安、洛阳等大城市，还有很多胡人开的专卖西域美酒的酒肆，由胡姬侍酒，跳胡旋舞，很受欢迎。

唐朝的娱乐活动也很多，音乐、舞蹈、杂技、击鞠、蹴鞠、博弈，统统都有。杂技是唐朝人非常喜欢的一项娱乐，宫廷、民间都很流行，唐玄宗对杂技十分喜爱，当时太常寺、各王府都养有杂技艺人，他常常让太常寺的艺人和王府艺人进行比赛。

天下第一城

长安是西周、西汉和隋朝故都。唐长安城是当时世界上规模最大、人口最多的城市，是名副其实的“天下第一城”。长安城面积达 80 多平方千米，比当时的第二大城市巴格达大六倍，比当时的第三大城市君士坦丁堡大七倍。唐玄宗时期城里常住人口大约有 100 万。

长安城整体形状呈东西狭长的长方形，东西对称，城四周的城墙是黄土夯筑的，高约 5 米，城墙外有护城河环绕。

长安城最北边是宫城，是皇帝居住和办公的地方。宫城北边是面积很大的禁苑，里边林木茂盛，有山有水，放养着各种珍贵的动物。唐高宗建造的新宫城大明宫也在这一带，教习音乐的梨园、打马毯的毯场，也都在这里边。宫城的南边是皇城，集中了大量的官署衙门。

长安城东部春明门内还有座兴庆宫，原来是唐玄宗做王爷时的府邸，他登基后，又大规模扩建修缮，里面有各式各样的亭台楼阁、风光秀丽的园林造景和辉煌壮观的宫殿，据说豪华程度远远超过了汉代皇宫。唐玄宗和杨贵妃长期住在这里。

居民生活在皇城南边被称为“坊”的区域，也叫外郭城。外郭城内南北有 11 条街道，东西有 14 条街道，整体看起来就像围棋棋盘一样。城以南北向的朱雀大街为中轴线，分成东西两个区，东区靠近三大内宫，多皇室贵族和达官显贵宅第，平民百姓一般住西区。街道之间是坊，全城总共 108 个坊。坊的四周被高约 3 米的土墙围起来，坊门由管理各坊的“坊正”负责开闭，每天日出之前约四点左右开门，傍晚日落以后关门。

城内有东市、西市两座大市场，大小几乎完全相同，各占两坊之地。市场有围墙，开八扇门，内有“井”字形街道，将市场分为 9 个区。每个区都四面临街，店铺沿街而设。长安城的商业大都集中在这两座市场，随着中午的鼓声开始营业，到日落之前结束。

东市商品以上等奢侈品为主，西市大多是日常生活用品和外国商品，比东市繁荣，又被称为“金市”。在西市，通过丝绸之路来到长安的商旅和行人络绎不绝，大食、西域和中亚商人也多聚集此地，东罗马帝国、大食、天竺、波斯等地的香料、药材、象牙、胡椒等在这里售卖。西市中还有许多外国商人开设的店铺，胡姬酒肆尤其受欢迎，李白的《少年行》中就有“五陵年少金市东”“笑入胡姬酒肆中”的诗句来描述西市的繁华。

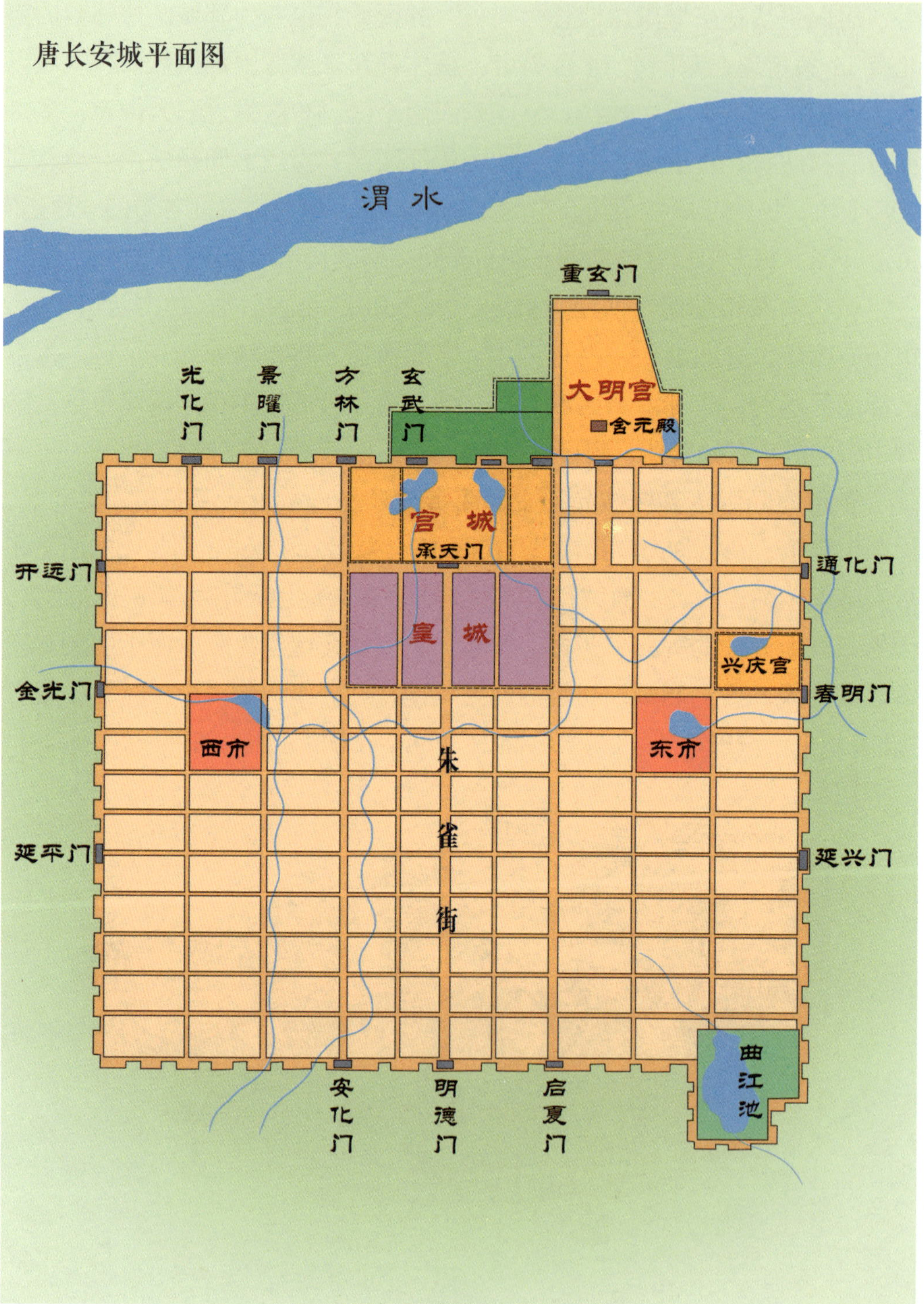
渭水
重玄门
光化门
景曜门
方林门
玄武门
大明宫
含元殿
宫城
承天门
开远门
通化门
皇城
金光门
兴庆宫
春明门
西市
东市
朱雀街
延平门
延兴门
安化门
明德门
启夏门
曲江池
唐长安城平面图

书院的诞生

唐朝自建立以来，就开始了天下典籍的搜集与整理工作。717 年，唐玄宗组织了一批文士在洛阳紫微城乾元殿整理编辑一些重要的国家藏书。每当书编好后，就安排人抄录，这样一来，乾元殿的图书日益丰富。唐玄宗还专门委派官员管理乾元殿的图书，最后直接设立了乾元院。第二年，乾元院改名丽正书院，这标志着中国古代书院机构的诞生。

725 年，唐玄宗召集张说等一众文人学士商讨泰山封禅之事，玄宗设宴饮酒酣畅淋漓，十分高兴，当众宣布：“朕和众贤士在这里饮酒欢乐，便将此地取名为集贤吧。”从此，丽正书院更名为集贤殿书院。唐玄宗还任命张说担任集贤院学士，负责管理书院事务。

集贤殿书院作为唐朝最大的图书典藏机构，相当于一个国家大型图书馆，里面收藏的图书有好几万卷。当时藏书之风盛行，为唐代之最。书院除了负责藏书、校书、修书外，还为朝廷推荐贤才，制定诏书。

唐朝趣话 大唐长安的打卡地

唐诗中有很多关于风景的诗句，可见唐人爱好旅游。京师长安是人文荟萃之地，许多人慕名而来，或为学业，或为功名，或为交友。景为人雅，长安附近也形成了一批旅游胜地。

乐游原 登高

乐游原是长安城东南延兴门内的一片高地，为全城最高点。每年正月十六、三月初三、九月初九时，长安男女蜂拥而至。登高北望滔滔渭水，南眺巍巍终南山，煌煌京华，尽收眼底。文人墨客更是爱来此吟诗作赋，抒发胸臆，留下无数佳作，李商隐的千古绝唱“夕阳无限好，只是近黄昏”最为著名。

终南山 隐居

终南山横亘于长安城南。此地山峻谷幽，林木参天，古迹名胜颇多。山脚下的樊川一带植被葱茏，是初春时节长安人最爱出城踏青野游的地方。长安城的显宦名士多在此营建别墅，如王维的“辋川别业”。

灞桥 送别

灞桥是距长安城东十多千米的灞河上的一座石墩桥，长安的东大门。桥头和附近河堤广植柳树，早春时节柳絮漫天飞舞，“灞桥风雪”是关中八景之一。唐朝人在灞桥桥头折柳相赠、饮酒话别，才算完成了送别。

慈恩寺 看戏

慈恩寺位于曲江池之西。这座名刹里有满壁吴道子等丹青高手的泼墨，有“京华第一”的牡丹，有引人入胜的诸多戏剧演出，有“登临出世界”的大雁塔……游人络绎不绝。

曲江池 赏花

曲江池位于长安城东南角。芳竹青青花千树，蓝天白云映终南。曲江池西有杏园，每届新科进士都会在此举行“探花宴”。每年杏花怒放时，游人如织。中唐著名诗人刘禹锡与杏园有着不解之缘。

李显	李旦	武曌	李显	李旦
唐中宗	唐睿宗	武则天	唐中宗	唐睿宗

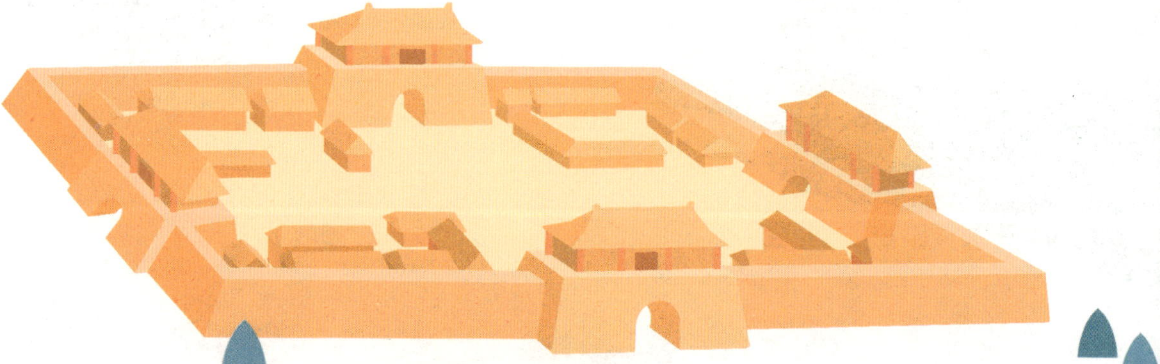

柒

海纳百川的盛唐

李隆基

唐玄宗

盛唐时期，唐朝以海纳百川的胸襟，欢迎四海宾客；又以开拓进取的精神，传播文化——金城公主入藏和亲，册封边疆各少数民族部落首领，大批遣唐使来到长安、洛阳等地学习，鉴真东渡传佛法……唐玄宗实行的这种开明的民族政策，使得大唐和四邻兄弟民族之间的关系得到改善、缓和。

金城公主入蕃和亲

唐代称呼父亲为“阿爷”。

唐中宗时期，唐朝和吐蕃连年战争，双方都希望恢复和平友好，吐蕃摄政太后没禄氏派使者到唐朝进贡，向唐中宗李显请求联姻。唐中宗封养女李奴奴为金城公主，出嫁吐蕃。

李奴奴的生父李守礼为唐高宗之孙，章怀太子李贤的次子，她出生没多久就被李显收养于宫中。李显与李守礼都曾被武则天迫害，有过相似的被贬、幽禁经历，所以李显对李奴奴视同己出，非常疼爱。

709年，吐蕃派使臣率一千多人来到大唐迎娶金城公主。第二年，唐中宗派专使护送年仅13岁的金城公主入藏，嫁给7岁的吐蕃赞普尺带珠丹（即赤德祖赞）。金城公主沿着70年前文成公主走过的旧道进入吐蕃。吐蕃为迎公主，凿石开路，又为公主另外筑城建造居处。

金城公主入藏后，唐蕃关系有过一小段和睦时期，但很快两国的矛盾便再次显现，一个公主所能做的十分有限。但是金城公主没有放弃努力，一直在不遗余力地为唐蕃和平共处、友好交往贡献力量。她出嫁吐蕃时从大唐带去大量工匠、艺人，后来又上书唐玄宗，请求大唐赐书儒家经典，还派人到唐朝学习。她在吐蕃大力推崇佛教，兴建寺院，安排人翻译医药典籍。她请求大唐同意把与吐蕃交界的甘松岭定成贸易场所，促进双方贸易往来。她还在吐蕃设立驿站，接待汉人，增进民族间的融合……

每当唐朝与吐蕃发生战争，金城公主就会努力说服丈夫停战。731 年，为稳定局面，吐蕃赞普与金城公主多次遣使入唐，请求与唐再订和盟，划界互市。经过金城公主不懈地调解，733 年，大唐、吐蕃会盟于赤岭，商定双方以赤岭为界，次年还在赤岭树了碑，这就是对唐蕃间有较大影响的“赤岭会盟”。

740 年，金城公主病逝，唐玄宗为她举行哀悼仪式，甚至罢朝三日。金城公主在吐蕃 30 年，力促唐蕃和盟“和同为一家”，避免了吐蕃与唐之间频繁发生战争，造福了两方百姓，更推动了彼此间经济、文化的交流和民族的融合，贡献巨大。

册封少数民族首领

民族关系方面，唐玄宗实行开明的民族政策，采用和亲、册封、会盟、设立机构等措施，改善缓和了与四邻兄弟民族之间的关系，睦邻友好是主流，经济文化交流频繁。

对西南、北方的少数民族，采用羁縻（jī mí）政策，承认当地部落首领，册封他们为王侯，在当地设立行政管理机构，任用他们做长官，开放贸易。

在西南地区，隋末唐初时当地有六个小政权，通称为六诏。738 年，南诏首领皮罗阁在唐朝的支持下，统一六诏，唐玄宗册封他为云南王。

在东北边境，7 世纪末，粟末靺鞨（mò hé）部首领大祚荣统一了周围各部。713 年，唐玄宗封大祚荣为渤海郡王，授渤海都督。726 年又设黑水都督府，任命最大部落的首领为黑水都督。

在北边，744 年，以骨力裴罗为领袖的回纥联盟在唐朝大军的配合下，推翻了突厥汗国，建立起漠北回纥汗国。同年，唐玄宗封骨力裴罗为怀仁可汗，回纥汗国成为唐朝的属国。此后，历代可汗都接受唐朝的册封。

当时的唐朝不歧视边远地区的少数民族，而是一视同仁，军队里有不少出身少数民族的将军、士兵。

开元年间，大唐与周边少数民族关系和睦，边疆形势基本稳定，国家进一步统一。这种和谐的民族关系也大大促进了社会的安定、经济的发展。

庞大的遣唐使

外交上，亚非地区和唐通使交好的国家有 70 多个。开元年间的大唐国力尤其强盛，中外交往更加频繁，各国纷纷派使团出访大唐，很多留学生也跟随使节来大唐学习交流。此外还有大量贵族、商人、学者、僧侣等源源不断地来到大唐。

要说来大唐留学，哪个国家的人最多？当属日本和新罗（今朝鲜半岛）。

日本前后共 19 次派遣使节来唐朝访问、学习，这些遣唐使回国后往往都会受到重用，他们以唐朝的制度为模式进行政治改革，参照汉字创制了日本文字……中国文化风靡日本社会上层，对日本的思想、文学、艺术、风俗习惯等方面都产生了很大的影响。时至今日，日本的社会生活还保留着很多唐朝的风尚。

在众多遣唐使中，最著名的就是日本遣唐使阿倍仲麻吕了。717 年，20 岁的阿倍仲麻吕来到洛阳，在国子监和大唐王公贵族子弟一起学习。由于留恋大唐，他改名为晁衡，留在中国。才华横溢的他经过数年寒窗苦读，参加唐朝制科考试，以优异成绩考中进士后，在大唐做官多年，很得唐玄宗赏识，经常在玄宗身旁侍奉。他诗文都很好，与大诗人李白、王维等都是很好的朋友。

唐太宗贞观年间，新罗开始派遣王族子弟来唐学习，一直延续到五代时期。新罗派遣人员到大唐的次数是最多的，达 150 次以上。此外还有大量留学僧入唐求法，最有名的是被视为地藏王菩萨化身的金乔觉。他出身新罗王族，开元末年来到大唐，在九华山修行了几十年，直到 99 岁时圆寂（指僧尼死亡）。

地狱未空，誓不成佛。

鉴真东渡传佛法

在唐朝与日本的文化交流中，最有影响的人物是鉴真。

汉传佛教虽然已经传入日本，但戒律（佛教徒必须遵守的行为准则）不完备，荣睿、普照二位留学僧想要物色一位律学高僧到日本去传授戒律。得知扬州大明寺的鉴真和尚是位律学大师，便来扬州恭请鉴真。鉴真为二人的真诚所打动，决定亲自带队东渡去日本。

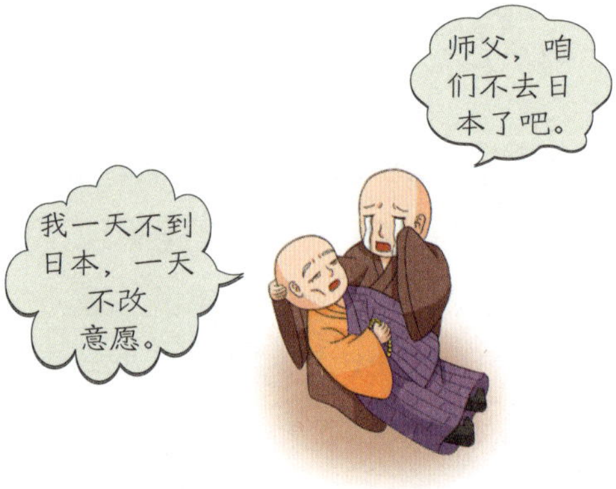

此后10年，因为台风风浪、触礁等原因，鉴真五次东渡都失败了。鉴真也因为长期辛苦跋涉得了眼疾，导致双目失明，但他没有灰心丧气，一心要到日本传教。

753年，鉴真及随从弟子、工匠一行24人，携带书籍、法器等文物，搭乘日本遣唐使的船只，第六次东渡。这次终于顺利到达日本，此时鉴真已经66岁。

鉴真大师受到了日本朝野的盛大欢迎，天皇赐予他“传灯大法师”的称号。鉴真大师立戒坛，为太上皇、皇太后、天皇、皇后、太子、公卿等400多人传戒，还有名僧80多人弃旧戒而重受新戒，这是日本佛教史上首次正规的登台授戒。日本佛教在鉴真的帮助下，从此有了正规的戒律制度，鉴真也被尊为日本律宗初祖。

鉴真精通建筑，主持修建了唐招提寺。他在这里传布律法，唐招提寺成为日本律宗祖庭。唐招提寺是世界上现存最古老的木结构建筑，历经千年风雨，依然保存完好，被视为日本国宝。

唐朝趣话　当垆卖酒胡姬女

唐代社会“胡风”盛行，当时长安、洛阳等大都市的胡姬酒肆生意兴隆、热闹非凡。来自西域的胡姬，当歌女舞女，做侍者厨娘，引得达官贵人、文人墨客醉而忘返。

唐代的胡姬主要是来自中亚、西亚的粟特女子，她们中的很多人是被贩卖到中原的女奴。

胡姬女相关的诗句

胡姬貌如花，
当垆笑春风。
——李白《前有一樽酒行》

狮子摇光毛彩竖，
胡姬醉舞筋骨柔。
——元稹《西凉伎》

左旋右转不知疲，
千匝万周无已时。
——白居易《胡旋女》

唐朝趣话

舞马祝寿的故事

唐玄宗李隆基在位后期纵情享乐，尤爱骏马。他训练了几百匹会跳舞的马，用来在自己生日宴上表演。张说在《舞马词》里提到“屈膝衔杯赴节，倾心献寿无疆。”陕西历史博物馆的国宝级文物“鎏金舞马衔杯纹银壶”，印证了舞马祝寿的故事。

壶盖

壶上方的一侧开有竖筒状的小口，上有鎏金壶盖，壶盖与壶柄间有银链相连，可防止壶盖丢失。

工艺

工匠利用金属的延展性，采用了捶鍱技法。先用一整块银板捶打出壶的大致形状，然后用压模的方法，在壶身的内侧锤击出凸于器物表面的舞马，最后将两端焊接起来，再焊接上底部。

提手

高 18.5 厘米

壶身

壶身的两侧各有一匹舞马图像。马的后蹄弯曲蹲坐，前蹄撑地，马尾高扬，柔顺的鬃毛披在前额和脖颈上，颈上系有彩带，随风飘舞。马的口中衔一酒杯，向主人行礼。

足部

壶身下焊有椭圆形的圈足，圈足与壶身之间装饰有一圈环环相扣的同心结纹饰。

549 克

李显	李旦	武曌	李显	李旦
唐中宗	唐睿宗	武则天	唐中宗	唐睿宗

捌 刚入盛世又有危机

李隆基

唐玄宗

进入全盛时期的大唐王朝空前繁荣，唐玄宗志得意满，觉得一生中要办的大事基本解决了，所以于742年改年号为天宝。陶醉于繁荣盛世里的唐玄宗开始贪图享乐、不思进取起来，办事越来越不靠谱。他都干了哪些不靠谱的事情呢？

三千宠爱在一身

随着社会经济的空前繁荣，唐玄宗逐渐骄傲自满、荒废朝政，他沉迷于声色犬马，生活奢侈无度。

唐玄宗对姿色绰约、能歌善舞的杨玉环十分钟情，封她为贵妃。唐玄宗对杨玉环，可以说是“三千宠爱在一身”，派七百多人专门给她做衣服，为她大兴土木扩建骊山行宫，命人日夜兼程从岭南运来她爱吃的新鲜荔枝……就这样，曾经励精图治的一代君王连早朝也不上了，整天和杨贵妃沉迷于后宫享乐。

杨贵妃得宠后，杨氏家族飞黄腾达起来，她的三个姐姐被封为夫人，常常出入皇宫内苑。她的兄弟们也获得高官厚禄，远房兄弟杨国忠更是因为会敛财，受到唐玄宗的重用。为了宠爱杨贵妃，唐玄宗不惜坏了自己定下的规矩，大力扶植杨氏外戚，却不知祸根就此埋下。

春宵苦短日高起，从此君王不早朝。

嘴甜心毒的宰相李林甫

734年，唐玄宗任命阴险狡诈的李林甫为宰相。此人若论才能倒也不错，能书善画，善于处理各种复杂的政事。但若论品德，那是坏透了。和人相处时，他总是一副和蔼可亲的样子，嘴里尽说些动听的“善意”话，但实际上，他嫉贤妒能，内心非常阴险歹毒，常常暗中害人。

学历史长知识

口蜜腹剑

这个成语出自北宋司马光《资治通鉴》中对李林甫的记载，形容嘴甜心狠，为人阴险。

李林甫谄媚奉承的本领很强，他事事迎合唐玄宗，用尽各种手法讨好唐玄宗宠信的嫔妃以及心腹太监，取得他们的欢心和支持，以便保住自己的地位。

唐玄宗越来越沉迷于享乐，将政事全部委托给了李林甫。李林甫独掌大权后，为了巩固相位、控制朝政，他取消了谏官议政制度，用卑劣的手段消灭一个又一个竞争者或潜在对手，任用自己的心腹为边境藩镇的节度使……他做了19年宰相，直到去世。

太监成了大将军

早在唐玄宗李隆基还是藩王的时候，高力士就跟他非常亲近。李隆基被立为太子后，高力士被派去侍奉他，他们的关系更加紧密。李隆基登基后，高力士成为最得宠的宦官。

高力士为人谨慎机敏，善于骑射，因参与了诛灭太平公主的行动，立了大功，被唐玄宗提拔做了负责皇帝生活起居的内侍省的首领，还兼右监门将军，负责监控看守皇宫门禁，官至三品。

唐玄宗将唐太宗限制宦官权力的规定抛在脑后，只要是符合他心意的宦官，都授三品将军。有多名宦官和高力士一样身居要职，他们有的带兵打仗，有的掌管官家书院，有的监理边镇驻军……这些宦官的权力很大，当监军的可以直接左右边镇节度使的军事部署。当时京城里最豪华的宅第，京郊最好的田产、果园、池苑，有一半是宦官的。

唐玄宗对高力士的宠信后来到了什么地步呢？开元末年，四方各地送来的奏折，高力士都会先过目，然后再报告唐玄宗，小事情就由他直接处理了。唐玄宗常说："力士应承于前，我歇息则安稳。"李林甫、安禄山、杨国忠等人获得将相高位他都出过力，经他在皇帝面前讲好话谋得官职的更是数不胜数。唐朝宦官参与朝政，就是从高力士开始的。

由于高力士特殊的恩宠地位，拍马奉承者也就蜂拥而来。高力士的母亲死了，有大臣穿着孝服在灵前又哭又拜，就像自己死了亲娘一样，丑态毕现。

高力士还开创了宦官娶娇妻的历史先河。有个姓吕的小吏，女儿不仅长得好看，还擅长女红，被高力士看上了，经李林甫做媒，隆重迎娶了她。吕姓小吏不久被提拔，从此官运亨通，一帮亲戚也都跟着沾了光当了官。

748年，高力士官从一品骠骑大将军，他的财富，已经不是一般王侯能比的了。不仅如此，他还在长安城大肆修建佛寺、道观。佛寺大钟铸好后，高力士办斋祭庆祝，满朝文武百官都去了。很多人敲钟祈福，每敲一下，就给成百上千的香火钱，一些人为了讨好高力士，甚至连敲十几二十下。

万幸的是高力士不专横独断，对唐玄宗也是忠心耿耿，一心维护皇权。当唐玄宗打算连军国大事也委以李林甫时，高力士极力规谏劝阻。在立储一事上，也是在高力士的劝说下，唐玄宗放弃了废掉太子李亨改立宠妃武惠妃之子李瑁的念头。

欺上压下的杨国忠

杨国忠是杨贵妃的远房堂哥，从小不肯努力读书，喜欢喝酒赌博，成天游手好闲，行为放荡不检点，家族里的人都十分嫌弃他。不过这种生活也造就了他精明机灵的性格。杨贵妃得宠后，杨国忠凭借着亲戚关系，开始往上爬了。

天宝以后，唐玄宗贪图享受，又热衷于对周边民族发动战争，需要一批大臣为其搜刮钱财。745 年，唐玄宗起用杨国忠到户部做了个判官。因为善于迎合唐玄宗的好恶，敛财有功，官儿越做越大。他看到李林甫大权在握，就千方百计巴结李林甫。李林甫做的很多坏事，杨国忠都参与其中，两人算得上是狼狈为奸。

杨国忠野心勃勃，早有取代李林甫自己做宰相的心思，两人渐渐产生了矛盾。杨国忠善于耍弄权术与诡计，他先设计将李林甫的党羽一个一个搞下台，最终把李林甫彻底整垮，自己当上了宰相，还身兼 40 多个职位，左右朝廷一切，一手遮天，欺上压下。

751 年，杨国忠的亲信、剑南节度使鲜于仲通率军攻打南诏，结果失败。杨国忠贪图军功，为鲜于仲通遮掩败绩，伪造战功上报朝廷。他又下令从长安、洛阳以及河南河北强行征兵，于 754 年再次去征讨南诏，结果全军覆没。杨国忠故伎重演欺骗唐玄宗，增加自己的功绩。

杨国忠对唐玄宗只报喜不报忧，丝毫不关心黎民百姓的疾苦。753 年关中地区闹旱灾，第二年又闹水灾，出现了大饥荒。京兆尹李岘如实上奏灾情，杨国忠对李岘不依附于他早已心怀不满，借机把灾害的责任全部归咎于李岘，将其贬为长沙太守。扶风太守房琯（guǎn）说本郡遭受水灾，杨国忠认为有损盛世的美名，十分恼火，派御史去兴师问罪，将他狠狠整治一番。打这之后，各地再也不敢报告灾情了。

管不住的边境将领

唐朝初期府兵是军队的主力，唐高宗晚年、武则天时期，政府可以分配给府兵家庭的土地越来越少，府兵服役的任务越来越繁重，府兵家庭应该减免的税不减反增。唐玄宗时情况更加严重，没人愿意当府兵，纷纷逃亡。京师戍卫、边镇戍兵和地方武力开始实行募兵制，府兵制逐渐瓦解。749 年，宰相李林甫正式下令取消府兵制，实行募兵制。

募兵制下将领长期统帅一支军队，提高了军队的战斗力，募来的兵由国家提供衣食、武器，免征赋税、徭役。但是，士兵长期服役，增加了国家的军费开支和财政负担。

前几任皇帝不断开疆拓土，使唐朝的疆域越来越辽阔，而周边的势力又都是游牧或半游牧民族，爱搞突袭。为了解决这个难题，从唐睿宗开始任命节度使，以长期指挥各防区。唐玄宗时，在边境地区设立了 10 个节度使，他们统帅着大唐帝国主要的兵力。比如 742 年时，全国军队总兵数大约为 57 万，边军竟达 49 万，中央、边镇军队数量悬殊。而且招募来镇守京师的士兵多是市井无赖，军中腐败得厉害，战斗力也不行。

李林甫当宰相后，为了巩固自己的权力和位置，切断了驻守边疆的将帅入朝担任宰相的路径，陷害与吐蕃、突厥、奚和契丹有丰富作战经验的王忠嗣将军，怂恿唐玄宗重用胡人，理由是胡人善战，而且跟朝官没有联系，靠得住。唐玄宗听信了李林甫的话，提拔了几个胡人当节度使。在这几个胡人节度使中，唐玄宗、李林甫都特别看重安禄山，到 751 年，安禄山居然一人身兼平卢、范阳以及河东三镇节度使。

10 年时间里，安禄山成为执掌大唐北部边境所有军队的重臣，手中兵马将近 20 万，为什么会出现这种局面呢？唐玄宗对他如此宠信，他为什么还要走上一条叛逆之路呢？

图书在版编目（CIP）数据

你好啊　唐朝. 豪气盛唐 / 周国宝，龚道军著. —北京：中国轻工业出版社，2024.7

ISBN 978-7-5184-4836-4

Ⅰ. ①你…　Ⅱ. ①周… ②龚…　Ⅲ. ①中国历史—唐代—通俗读物　Ⅳ. ①K242.09

中国国家版本馆CIP数据核字（2024）第053693号

责任编辑：罗雅琼　熊　隽　　责任终审：李建华　　封面设计：伍毓泉

策划编辑：罗雅琼　熊　隽　王雪莲　　责任校对：晋　洁　　责任监印：张　可

出版发行：中国轻工业出版社（北京鲁谷东街5号，邮编：100040）

印　　刷：艺堂印刷（天津）有限公司

经　　销：各地新华书店

版　　次：2024年7月第1版第1次印刷

开　　本：787×1092　1/16　印张：40.5

字　　数：800千字

书　　号：ISBN 978-7-5184-4836-4　定价：198.00元（全7册）

邮购电话：010-85119873

发行电话：010-85119832　010-85119912

网　　址：http://www.chlip.com.cn

Email: club@chlip.com.cn

版权所有　侵权必究

如发现图书残缺请与我社邮购联系调换

221455E2X101ZBW

你好啊唐朝

动荡中唐

周国宝　龚道军　著

中国轻工业出版社

阅读指南

唐朝趣话

归纳与唐朝相关的专题 51 个，加深对唐朝的认识。

学历史长知识

分享和唐朝相关的文化知识，一边读历史，一边长知识。

唐朝趣话

凌烟阁二十四功臣

西汉宣帝令人画 11 名功臣像置于麒麟阁，开中国历史“图画功臣”之先河。此后，东汉有南宫“云台二十八将”，唐朝有“凌烟阁二十四功臣”，宋朝有“昭勋阁二十四功臣”，清朝有“紫光阁二百八十功臣”。

凌烟阁有三重：内层有功勋最高的宰辅之臣画像，中层有功高王侯之臣画像，外层有其他功臣画像。唐太宗时常前往怀旧。

学历史长知识

南园十三首·其五

（唐）李贺

男儿何不带吴钩，收取关山五十州。
请君暂上凌烟阁，若个书生万户侯！

本图参照清代画家刘源的《凌烟阁功臣图》所绘。

宰辅之臣

01 长孙无忌：长孙皇后的哥哥，大唐第一功臣，文武兼备。
02 李孝恭：唐太宗的堂兄，平定南方的主要功臣。
03 杜如晦：唐太宗两大智囊之一，贞观之治的大功臣。
04 魏征：大唐第一诤臣，敢于犯颜直谏。
05 房玄龄：唐太宗两大智囊之一，贞观之治的大功臣。
06 高士廉：长孙皇后的舅舅，参谋玄武门之变，善于识人。
07 尉迟敬德：唐太宗的头号保镖，玄武门之变的主要功臣。
08 李靖：大唐第一名将，为唐朝立下赫赫战功。

功高王侯之臣

09 萧瑀（唐高祖时宰相）
10 殷志玄（平王世充、窦建德的功臣）
11 刘弘基（攻取长安立大功）
12 屈突通（平王世充立大功）
13 殷开山（统一战争中立下不少战功）
14 柴绍（唐太宗的姐夫，屡立功勋）
15 长孙顺德（长孙皇后的堂叔，参与晋阳起兵）
16 张亮（为唐太宗夺位立下大功）

其他功臣

17 侯君集
18 张公谨
19 程知节
20 虞世南
21 刘政会
22 唐俭
23 李勣
24 秦叔宝

46

47

本册导读

唐朝是我国古代最辉煌的时代，对我国政治、经济、文化的发展做出了巨大贡献。《你好啊唐朝》以轻松的笔调，有趣的插图，为读者勾画出唐朝的那些人和事。

本册书讲述了唐玄宗后期“安史之乱”到唐文宗“甘露之变”前这一时期的历史。

晚年的唐玄宗沉迷享乐，无心国事，致使大唐政治腐败、军事空虚，引发“安史之乱”。叛乱虽然最终被平定，但唐朝也从此由盛转衰。此后，从唐代宗、唐德宗到唐宪宗，乃至唐文宗，都想挽救大唐命运，但伤疤太多太深，终是无法再回盛世。藩镇割据、宦官专权、朝臣党争这三大问题没有得到根本解决，反而愈演愈烈，李唐江山每况愈下。

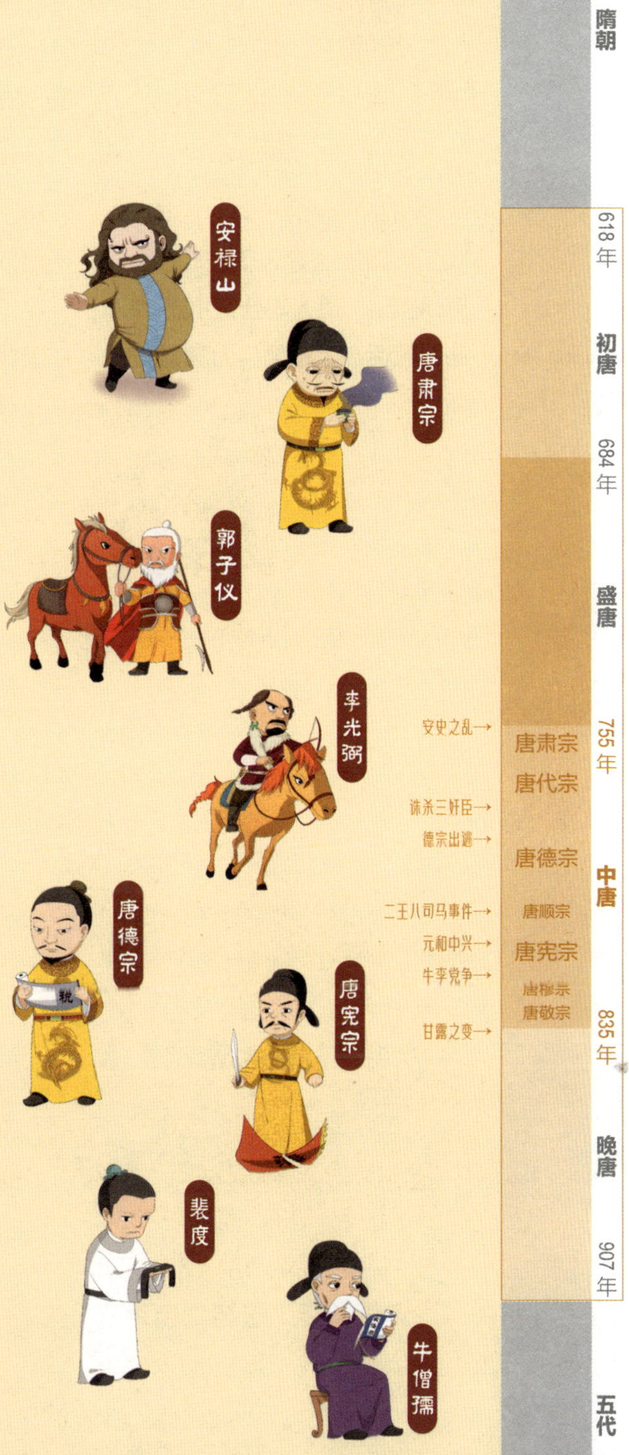

目录

755 年　762 年　779 年

唐玄宗　唐肃宗　唐代宗

805 年　820 年　826 年　835 年

唐德宗　唐顺宗　唐宪宗　唐穆宗　唐敬宗　唐文宗

李隆基	李亨	李豫	李适	李诵	李纯	李恒
唐玄宗	唐肃宗	唐代宗	唐德宗	唐顺宗	唐宪宗	唐穆宗

壹

「两个胖子」搅浑了水

李湛 李昂

唐敬宗 — 唐文宗

在唐玄宗的领导下，国家越来越富强，老百姓安居乐业，日子过得很幸福。可是，两个胖子的出现，让国家的命运悄然改变。这两个人，一个是小胖子杨玉环，她是唐玄宗最宠爱的妃子。还有一个大胖子叫安禄山，是一个体重有三百多斤的胡人军官。那么，这两个胖子究竟做了什么，竟然把大唐盛世的水给搅浑了呢？

胡人安禄山会献媚

安禄山是营州柳城（今辽宁朝阳）的胡人，年轻时以做牙郎为生，为买卖双方协议定价，相当于现在的“中介”。29 岁时，因为偷羊，安禄山被范阳节度使张守珪（guī）抓住，他为了保命，承诺生擒契丹人来将功抵罪。

安禄山跟了张守珪后，知道他嫌弃自己肥胖，就拼命节食减肥，不敢多吃东西。骁勇的安禄山捉契丹人很有一套，很会讨张守珪的欢心，还做了他的干儿子。安禄山抱上了张守珪的大腿，开始了做官生涯。37 岁时，安禄山做到了平卢军兵马使。

学历史长知识

胡人

唐代的胡人，主要是指西域（包括天山南北以及中亚的一部分地区）的粟特人、波斯人，他们的体貌特征是深目、高鼻、多胡须。从老百姓日常生活的衣食住行娱到庙堂沙场，胡人对唐朝的影响都极其深远。

安禄山常贿赂朝中官员，让他们为自己说好话。渐渐地，唐玄宗身边几位信赖的大臣都夸安禄山人品好又能干。于是，他越来越得玄宗的喜爱，官也越做越大。

安禄山得到了唐玄宗的器重，可以上朝面见天子了。

这年春天，40岁的安禄山进了宫，大拍唐玄宗的马屁，还说去年营州闹蝗灾，自己向上天焚香祷告发誓，结果誓言刚说完，上天就派了一群鸟飞过来，把蝗虫都吃掉了。安禄山还请玄宗让史官把这件事记录下来。唐玄宗听了这些话，开心得不得了。

唐玄宗的宠妃杨玉环，长得白白胖胖、妩媚多姿，还特别善解“皇”意，把唐玄宗迷得都没有心思管理国家了。安禄山看杨玉环得宠，于是厚着脸皮请求做她的养子。

有一次安禄山进宫，见玄宗与杨贵妃坐在一起，他却先对杨贵妃行礼。玄宗很是奇怪，安禄山却一脸真诚，说自己是胡人，胡人先母后父。玄宗听了，觉得他憨直可爱，更加喜欢他。

干舅舅和干外甥不对付

安禄山 48 岁的时候，唐朝北方范阳、平卢、河东三个重镇的节度使职位都被他收入囊中。他手握军区大权，位高权重，肚子也更大了。

与此同时，杨国忠也因为杨玉环的得宠被破格提拔到朝廷任职，一年不到就得了十五个官职，之后又接替病逝的李林甫做了宰相，一人之下，万人之上。

杨玉环是安禄山的养母，那么她的远房哥哥杨国忠，自然成了安禄山的干舅舅。杨国忠虽贵为宰相，安禄山却看不起他，本来是干亲戚的二人成了死对头。杨国忠决定收拾安禄山，多次向唐玄宗告状说安禄山会谋反，可唐玄宗并不相信。

杨国忠心生一计，怂恿唐玄宗召见安禄山，如果他不来，就说明安禄山有谋反之心。谁想安禄山立刻来了，杨国忠好不尴尬。

这来都来了，安禄山自然不能空手回去，他还想升职做宰相，可杨国忠怎么会同意呢？他第一个跳出来反对，说安禄山不识字，用这种人做宰相，周边的小国会耻笑咱们大唐的。

虽然最终安禄山没当成宰相，可玄宗却加封他做了别的高官，还给他两个儿子也封了官，又赏了好多钱。

为了收买人心，安禄山让皇帝大肆封赏他的部下，还请求用胡人将领代替汉人将领，玄宗居然也同意了。杨国忠认为这是安禄山谋反的先兆，请求唐玄宗削减安禄山的权力。

于是玄宗以赏赐为名，派宦官去见安禄山，要他暗中观察安禄山是否在准备谋反。可谁知道，这宦官受了安禄山的贿赂，回来报告玄宗，说安禄山非常忠诚，玄宗又一次对安禄山放下了戒心。

胖子借口护国夺天下

封了官后，安禄山又请求做了闲厩使、群牧使。他利用职务之便，挑选了几千匹好马，偷偷找地方饲养，好为日后造反做准备。

755 年，安禄山上奏，要献给朝廷 3000 匹马。但是他送马的方式很特别：每匹马由两名马夫负责，并派 22 名胡人将领护送。这样算下来，安禄山以献马为名，能使 6000 多人的军队进入京城。这引起了唐玄宗的怀疑。

其实，安禄山早就暗中准备造反，他本想等唐玄宗死后再行动。可是，死对头杨国忠天天在玄宗面前说他要谋反，还多次惹怒他，于是他决定提前动手。这年十一月，安禄山以护国讨伐杨国忠之名，在范阳（今河北涿州一带）起兵造反。

长久以来，由于国家太平，唐朝的精兵强将都在守卫西北边疆，内地兵力空虚。如今安禄山谋反，各地官府根本没有能力抵抗。

唐朝趣话

唐人吃什么水果

唐代经济高度繁荣，物质条件十分丰富，吃新鲜的时令水果变得极为普遍，果品的生产规模达到了前所未有的水平。传统果树得到进一步推广种植，还引进了不少域外品种。

唐代水果排行榜
（引自唐宗室后裔李直方）

绿李为首，
楞梨为副，
樱桃为三，
甘子（柑橘）为四，
蒲桃为五。

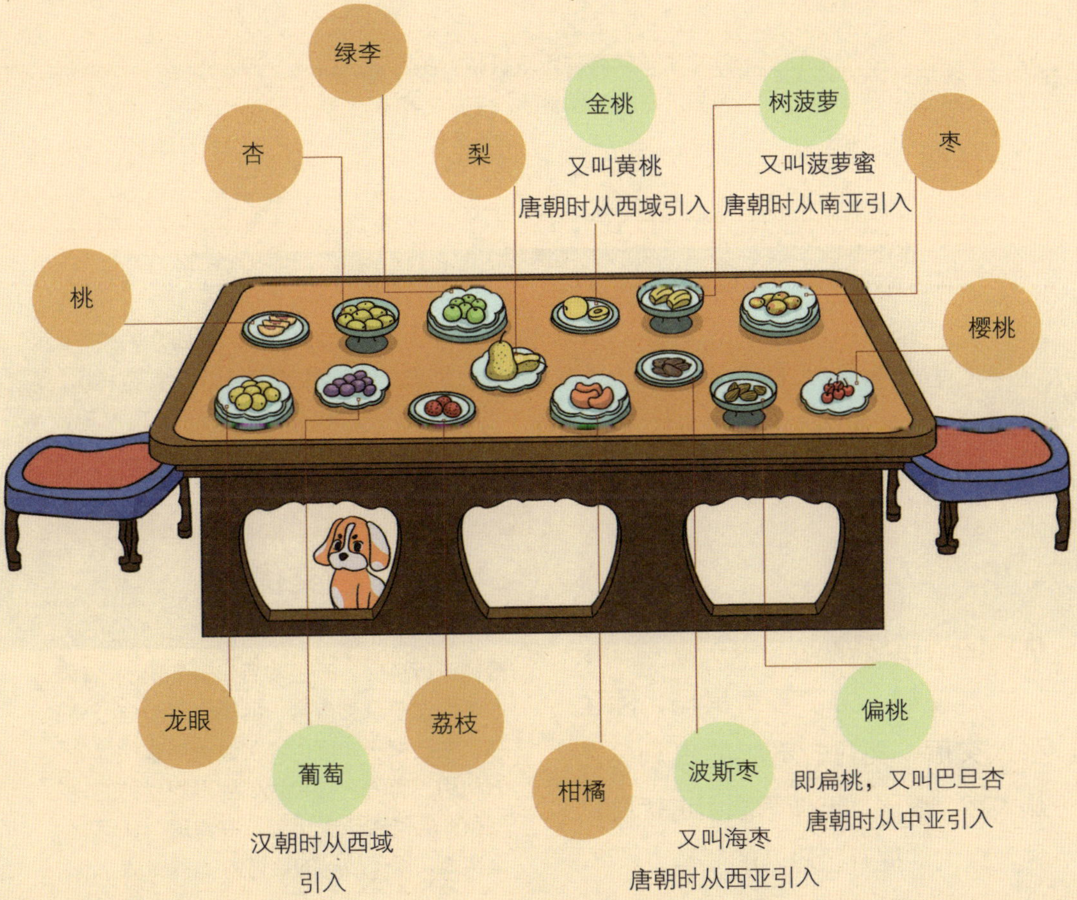

唐朝趣话

大唐骑兵为啥强

在李唐王朝统一全国的战争中，骑兵发挥了举足轻重的作用。此后，在平定突厥、回纥、吐谷浑、高句丽等战役中，骑兵也立下了汗马功劳。唐朝骑兵为啥这么强？这支所向披靡的骑兵部队又是如何建立起来的呢？

专门的战马培育机构

建立了一整套的行政机构，制定了一系列严密的管理制度，专业化养马。

太仆寺（中央马政部门）	驾部司（隶属兵部，业务上归太仆寺管）	监牧（省级机构）
统领全国马政，只要是跟马有关的事情，都归这个部门管辖。	专门管皇帝座驾、全国驿站用马、军马和其他驮畜的饲养。	负责养马，在西北的关内、陇右建有十几个官营马坊，鼎盛时有七十多万匹军马。

优良的战马马种

唐朝时，为了繁育良马，除了引入突厥、契丹、奚族的良马，还从大宛、康居、波斯等国引进优质马种，极大地提升了马匹的质量。

学历史长知识

杂交优势

在生物界，将两种遗传基础不同的动物或植物进行杂交，产生的后代表现出的各种性状均优于杂交双亲。西周时母驴与公马杂交生出骡子，是世界上最早对杂种优势的利用。唐朝人已经认识到不同品种的马匹杂交会产生杂交优势，并将这一认识付诸实践，用于战马的培育。

先进的骑兵装备

骑兵选拔严格，训练合理，待遇优厚。骑兵配备的短兵器是横刀，长兵器是陌刀或马槊（shuò），身穿明光铠甲。

马槊

3 米多长，有特制的槊杆，砍刀都砍不断。槊锋有八个面，可以穿破铠甲。

明光铠甲

铁制札甲，能对人体致命和脆弱的部位进行保护。

横刀

刀身采用包钢法锻造，硬度高、刀刃锋利，可以刺穿铠甲。

经典骑兵突袭战例

虎牢关之战

李世民率 3500 名玄甲军冲垮窦建德 10 万大军阵型，窦建德被生擒。

平东突厥之战

李靖率 3000 飞虎军奔袭定襄城，颉利军全线击溃。

灭吐谷（yù）浑之战

李道宗率 2000 骑兵追击伏允可汗两千里，沉重打击了吐谷浑的势力。

学 历 史 长 知 识

包钢法

是将钢材包裹在柔韧性更好的熟铁外面一起锻造成形的技术，采用包钢法制成的刀具有很高的硬度，劈砍起来可以产生很强的杀伤力。同时刀身更加柔韧，刀更不易损坏。这种锻造法在当时世界上处于领先地位。

李隆基	李亨	李豫	李适	李诵	李纯	李恒
唐玄宗	唐肃宗	唐代宗	唐德宗	唐顺宗	唐宪宗	唐穆宗

李湛 唐敬宗 —— 李昂 唐文宗

贰

玄宗逃跑啦

安禄山起兵谋反，唐王朝上下震荡。叛军攻陷多座城池，一路烧杀抢掠，百姓流离失所。唐军节节败退，唐玄宗吓坏了，起先还忙着调兵遣将，可后来错估形势，导致潼关失守。眼看长安就要失陷，玄宗连夜仓皇出逃，一路逃往成都避难去了。那么，这期间他到底经历了什么，竟沦落到这步田地呢？

仓皇迎敌洛阳失守

得知安禄山造反后，唐玄宗赶紧调兵遣将，做了防御部署：提拔郭子仪为朔方节度使，在北边防止叛军进攻；任命张介然为河南节度使，领兵在陈留（今河南开封）组建第一道防线；命大将封常清在洛阳构筑第二道防线。之后，任命大将军高仙芝为东征军副元帅，统帅各路军队向东讨伐安禄山。高仙芝率领从长安新招募来的 5 万人，浩浩荡荡地来到了陕郡（今河南三门峡），迎击叛军。

安禄山命人用粗绳拴住一些破船、木头和杂草，从黄河北岸拉到南岸。一夜之间，河水结成坚冰，飘浮在河面上的杂物便形成了浮桥。

安禄山渡过黄河后，一路烧杀抢掠，无恶不作。三天后，他们来到陈留（今河南开封）。由于新兵怯战，陈留失守，只做了几天河南节度使的张介然也被安禄山杀了。

得知安禄山起兵造反的消息，恼怒的唐玄宗下令将留居长安的安禄山长子杀头祭旗。

不久，安禄山攻陷了荥（xíng）阳（今河南郑州），向洛阳进发，与封常清在武牢关交战。唐军虽然人多，却都是临时招来的平民，哪里是叛军的对手？封常清大败而逃，洛阳也被安禄山占领了。长安东边的两道防线宣告瓦解。

756 年正月初一，安禄山在洛阳自封“大燕皇帝”，还封赏了许多官员。

封常清领着残兵逃到陕郡，和高仙芝会合。在他的劝说下，高仙芝放弃东进，移军潼关（今陕西潼关县北）。可是，在他们赶往潼关的路上遇到了叛军，吓得他们一路狂奔，跑得慢的士兵都被杀死了。他们历经艰辛，总算逃入潼关，将叛军挡在了关外。但是，这也导致了严重的后果：陕郡等六郡都被叛军占领了。

斩了勇将，丢了潼关

高仙芝军队的监军宦官是个小人，由于高仙芝多次拒绝他干预军事，便怀恨在心。趁着入朝奏事的机会，他狠狠地向皇帝告状，说封常清夸大叛军的力量，动摇军心；又说高仙芝无故丢了陕郡几百里地，还贪污粮草。唐玄宗听信了他的一面之词，非常生气，也不派人调查清楚，就直接下令杀了高仙芝和封常清。

高仙芝被杀后，另一位名将哥舒翰接替了他的职务，率领20万兵马守卫潼关。哥舒翰认为速战对安禄山有利，长期坚守对唐军有利，所以按兵不动。就这样过了半年，唐玄宗等不及了，让他快点儿把陕郡和洛阳抢

回来，而哥舒翰想等叛军出现内讧后再趁机出兵。

有人劝哥舒翰杀了杨国忠，可他没听。杨国忠先下手为强，他对玄宗说：“现在叛军没有准备，哥舒翰却总不出战，会贻误战机的！”唐玄宗轻信了他，接连不断地催哥舒翰发兵。

哥舒翰没有办法，只能服从命令哭着率兵出了潼关。由于轻敌，哥舒翰中了叛军的埋伏，潼关失守。哥舒翰被俘后投降叛军，最终还是被杀了。

拖家带口逃往成都

安禄山即将占领陈留（今河南开封）时，唐玄宗想要御驾亲征，命令各路军队在20天内集合，让太子监国。由于杨国忠、杨贵妃的阻挠，这一计划没能实行。

潼关失守，附近各郡的官兵们闻讯都逃走了。一路上没有遇到任何抵抗的叛军长驱直入，国都长安的处境异常危险，百姓们都惊慌逃命。唐玄宗很是害怕。这时，杨国忠献策，怂恿皇帝到他的地盘蜀中（今四川）避难。

唐玄宗计划逃跑，他假意宣称将亲自讨伐安禄山，可没人相信。天黑后，玄宗偷偷地送禁军士兵们财物以笼络人心，好让他们忠心保护自己。

第二天，天还没亮，在陈玄礼率领的禁军保护下，唐玄宗带着杨贵妃姐妹、皇子、皇妃、公主、皇孙等皇亲国戚和杨国忠等几个心腹，以及伺候他们的宦官、宫女悄悄离开了皇宫，将满朝大臣和其他的亲戚都抛弃了。

在唐玄宗逃亡的路上，处处都无人迎接招待，因为当地的官员早已逃走，和他一起逃出来的宫人们也找机会跑了很多，一路狼狈不堪。尽管沿途百姓献上的都是些粗茶淡饭，也都被饥饿的皇子皇孙们手抓着抢着吃了。他们投宿的驿站，晚上也没盏灯火，大家只好相互枕靠着睡觉，互相壮胆。

逼死贵妃平众怒

护卫唐玄宗的禁军由陈玄礼领导，士兵都听他的话。陈玄礼痛恨祸国殃民的杨国忠，打算杀了他。

这天，唐玄宗一行人来到了马嵬（wéi）驿。本就饥饿多时、没好气的禁军们看到吐蕃使者向杨国忠问话，不等他回答，就大喊：“杨国忠和胡人谋反！”借机杀了杨国忠。

杀了杨国忠后，陈玄礼和禁军将士们怕杨贵妃报复，就逼皇帝杀死杨贵妃。唐玄宗怎么舍得？可他拄着拐杖呆站了半天，也想不出保全杨贵妃的办法。士兵们越来越愤怒，有个大臣怕引发更为严重的后果，请求玄宗赶快杀了杨贵妃，他不停地叩头，以至于血流满面。最后在心腹宦官高力士的劝说下，玄宗终于狠下心，下令勒死了杨贵妃。

唐朝趣话

倒不掉的香熏神器

在逃亡路上被逼死的杨贵妃，就草草地葬在路旁。唐玄宗重返长安后，想迁葬杨贵妃，挖开旧冢时发现“肌肤已坏，而香囊仍在。”这里提到的香囊，是唐朝上流社会女子钟爱的熏香设备。杨贵妃不仅喜爱香，还参与制香，她在诗中写到“罗袖动香香不已，红蕖袅袅秋烟里”。

除了绢制的香囊外，最精美的香囊莫过于用贵金属打造的香球。1970年，陕西西安何家村出土了一枚唐代葡萄花鸟纹银香囊。它的神奇之处在于，香囊随意滚动，香料都不会翻倒。足可见唐朝香熏文化之繁荣和科技之先进。

外壳

由两个半球合成，壳上镂刻着精美的花纹，花纹间有空隙，便于散发香气。

球壳内部

有大小两个环，大环装在球壳上，小环则套在大环内，盛放香料的香盂装在小环上。

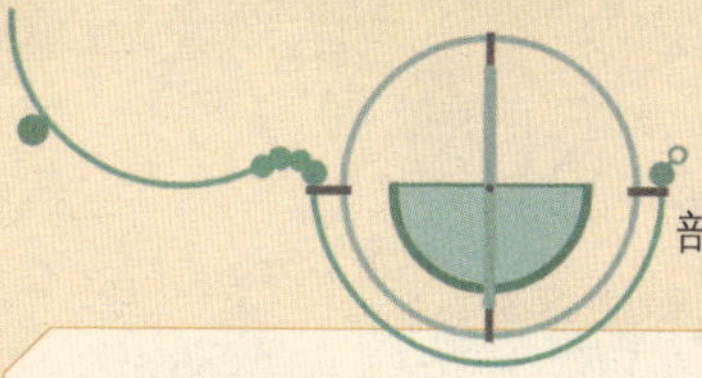

连接方式

各部件之间用铆钉连接。

学历史长知识

香囊的工作原理

香囊大环、小环、香盂各轴既能灵活转动，又互相垂直，最里面的香盂在重力作用下，始终保持水平状态，这种技术原理在现代物理力学上称为常平架。我们生活中的飞机、轮船、汽车等交通工具，还有手机都采用了常平架的原理。

李隆基	李亨	李豫	李适	李诵	李纯	李恒
唐玄宗	唐肃宗	唐代宗	唐德宗	唐顺宗	唐宪宗	唐穆宗

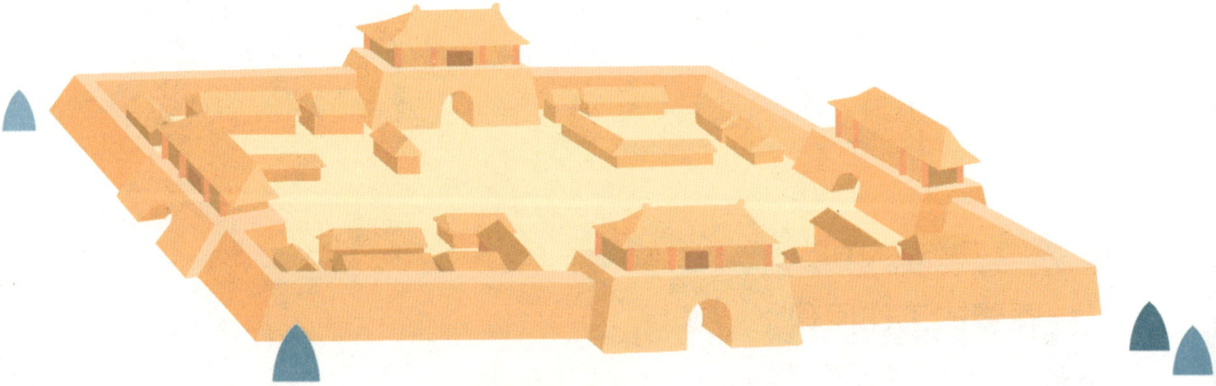

叁

众将血战保大唐

大唐王朝正值风雨飘摇之际，唐玄宗一通误操作，不仅失了美人，还丢了江山。安禄山的叛军无恶不作，人民生活在水深火热之中。在这天下大乱之时，有一批忠勇爱国、有谋略的将士们将责任扛在了肩上，他们舍生忘死、前赴后继，与叛军进行了殊死较量。那么，他们能够成功吗？国家的命运又将如何？

李湛 唐敬宗 — 李昂 唐文宗

被迫当了太上皇

唐玄宗正要从马嵬驿离开，却被当地的百姓拦住了，他们希望皇帝留下来保护大家。玄宗眼见不能脱身，就分了兵马给太子李亨，让他留下来统筹大局，并继承皇位。小心谨慎的太子服从了留下来的命令，但拒绝了皇位。之后，玄宗就逃到蜀中避难去了。

经过一番波折，太子李亨来到了朔方军大本营灵武（今宁夏灵武）。在大臣们的强烈要求下，李亨在756年农历七月十二日登基，史称唐肃宗。唐肃宗即位后，很多官员来投奔他，百姓也因为有了依靠而高兴，人心大振。唐肃宗成立了新政府后，派人向唐玄宗报信。于是，唐玄宗自称为太上皇。

张巡血战保睢阳

张巡是进士出身，熟知兵法。安禄山谋反时，张巡正在真源（今河南鹿邑）做县令。他先后在多地与叛军对抗，以几千兵马对抗数万的叛军。

757 年初，叛军大将尹子奇率 13 万叛军攻打睢阳（今河南商丘）。太守许远向张巡求援，张巡便率兵进入睢阳，与城中守军会合。

虽然敌我相差悬殊，但张巡毫不畏惧。他亲自督战，有时一天要与叛军交战 20 多次。苦战 16 天后，他们斩杀敌军 2 万余人，俘虏敌将 60 多人，士气高涨。由于攻城不下，叛军连夜退去。2 个月后，尹子奇又率大军进攻睢阳，张巡手执战旗，率领全军迎战，杀敌 3000 人，斩将 30 多人，追了叛军数十里。

但叛军去而复返，虽屡次失利，依然不停地增兵攻城。于是，张巡使用疲军之策。夜晚，张巡在城中鸣鼓整顿队伍，做出要出击的样子，吓得叛军整夜戒备不敢休息。天亮后，城中反而偃旗息鼓了，叛军以为他们休息了，就也脱了铠甲休息。可谁知，张巡率领骑兵突然从城中杀出，叛军大乱，死伤 5000 多人。尹子奇只好再次退兵。

过了几个月，尹子奇又带着数万人来围攻睢阳。这时，城中的粮草都吃光了，只剩下 1600 名士兵，他们又饿又病，没有力气打仗了。可就是在这种情况下，将士们仍然意志坚定。聪明的张巡用了很多方法，不断打退叛军的进攻，吓得叛军不敢再来攻城。

坚守了 1 个月，睢阳守军只剩下 600 多人，张巡和许远与士兵吃睡在一起，日夜守在城墙上。在这艰难的时刻，张巡仍不忘感化敌营中的士兵，他不断地向他们讲忠君爱国的道理，前后有 200 人因他的感召来到城中，誓死守卫睢阳。睢阳如此危急，周边各地却没有派兵增援。无奈之下，张巡命勇士南霁云率骑兵冲出睢阳去请救兵。

这次的求援，也让叛军意识到，睢阳已无外援，于是加紧攻城。最终，在围攻睢阳将近 10 个月后，叛军登上了睢阳城头，张巡和将士们全部被俘，英勇就义。

河南节度使张镐发檄文要谯郡太守闾丘晓发兵救睢阳，闾丘晓不受命，张镐杖杀闾丘晓。

睢阳保卫战意义非凡。张巡在兵力悬殊的情况下，与叛军进行了大小 400 多次战役，歼敌 12 万余人。张巡的坚守，不仅阻挡了叛军南下，富庶的江淮地区得以保全，保障了唐朝政府的赋税收入，还牵制了大量叛军，为朝廷组织力量反攻赢得了宝贵时间。

以一敌十守太原

安禄山谋反后，唐将李光弼奉命和郭子仪共同抗击叛军，取得了多个战役的胜利。757 年春天，以史思明为首的叛军率领 10 万大军攻打太原。而李光弼正奉命守卫太原，虽然麾下只有不到 1 万名士兵，但他毫不畏惧。

李光弼这个人文武双全，性格沉稳果决，军令严明，知人善任。这次太原之战，兵力如此悬殊，他却能不断地出奇招制敌。

在被围的一个多月里，虽然李光弼是被围攻的一方，他却神奇地将十分之三的敌军消耗掉了！事情是这样的：当时叛军内讧，安禄山被他那早想自己当皇帝的儿子安庆绪给杀了，安庆绪命令史思明去守老巢范阳，留下的人继续围攻太原。趁敌人分兵之机，李光弼决定偷袭敌营，他亲自率领敢死队出城，杀敌 7 万多人，缴获物资无数。太原之战取得完全胜利。

李光弼凭借卓越的军事才能，创造了以少胜多的奇迹，为收复两京奠定了基础。

郭子仪收复两京

郭子仪是武举出身，是开元初年的武状元。755 年，59 岁的郭子仪奉命讨伐安禄山。

河东地区处在长安和洛阳之间，被叛军掌控。郭子仪决定夺回这块地，为收复两京做准备。757 年的一天夜里，郭子仪与内应里应外合，大败叛军，收复了河东地区。之后，叛军以骑兵 2 万再次攻打河东，又被郭子仪击退了。

郭子仪建议唐肃宗征调回纥（hé）军队平定叛乱。不久，回纥的可汗派他的儿子率领精兵 4000 多人来朝见唐肃宗。肃宗大摆宴席，邀请他们一起攻打两京。

这年闰八月，郭子仪被任命为天下兵马副元帅，辅佐元帅广平王李俶，率领唐军和回纥、西域军队组成的联军，共 15 万人，浩浩荡荡地从凤翔出发了。

农历九月二十七日，各路大军到达长安城西。决战时刻，战况激烈，唐军将领们身先士卒，奋勇杀敌，从中午打到了黄昏，最终赢得了胜利。叛军连夜逃走，大军进入城中，收复了长安。

郭子仪一路追杀叛军到潼关，安庆绪集合了 15 万人与之对抗。双方在新店（今河南三门峡）交战，叛军顺着山形摆开阵势。郭子仪一边率大军从正面攻击叛军，一边命令回纥军队登山绕到叛军背后偷袭。在前后夹击之下，叛军大败，死伤无数。

见大势已去，安庆绪只得带着余部从洛阳逃走了。就这样，东都洛阳也被唐军收复了。

唐朝趣话

唐朝农民是怎么交税的

唐朝初期，政府按人口给农民分配土地（均田制），向农民征收赋税、征用劳役（租庸调制），一定程度上促进了农业生产的恢复。唐朝中期，随着租庸调制征税的难度增加，政府改革了赋税制度，实行两税法，以财产为计税依据，简化了税目和手续，推动了经济的发展。

租庸调制

- **租** 田租
  - 永业田：政府分配的永业田无需交租。
  - 口分田：政府分配给男丁口分田 80 亩，田主死后政府收回田地。种田期间每年每丁缴纳粟 2 斛。
- **庸** 劳役：男丁每年劳役 20 日，可以以绢代役，一日劳役折合绢 3 尺，这种代役金叫庸。
- **调** 贡品：蚕桑之乡，每丁缴纳绢 3 丈，绵 3 两；麻布之乡，每丁缴纳布 2.5 丈，麻 3 斤。

两税法

- **地税** 田租：按大历十四年的垦田数为准确定地税基数，此后不再核定亩数的变化。按登记的基数征收谷物。
- **户税** 货币：政府依据财产的多寡给各户划分户等，按户等高低征收货币，纳税时把实物根据市场价折算成钱数计额。每年夏季和秋季各纳税一次。

九原
唐军平叛
黄
河
汾
水
灵武
李亨北上
唐军平叛
渭
水
马嵬驿
长安
潼关
陕郡
洛阳
汉
水
襄阳
玄宗入蜀
成都
长
江

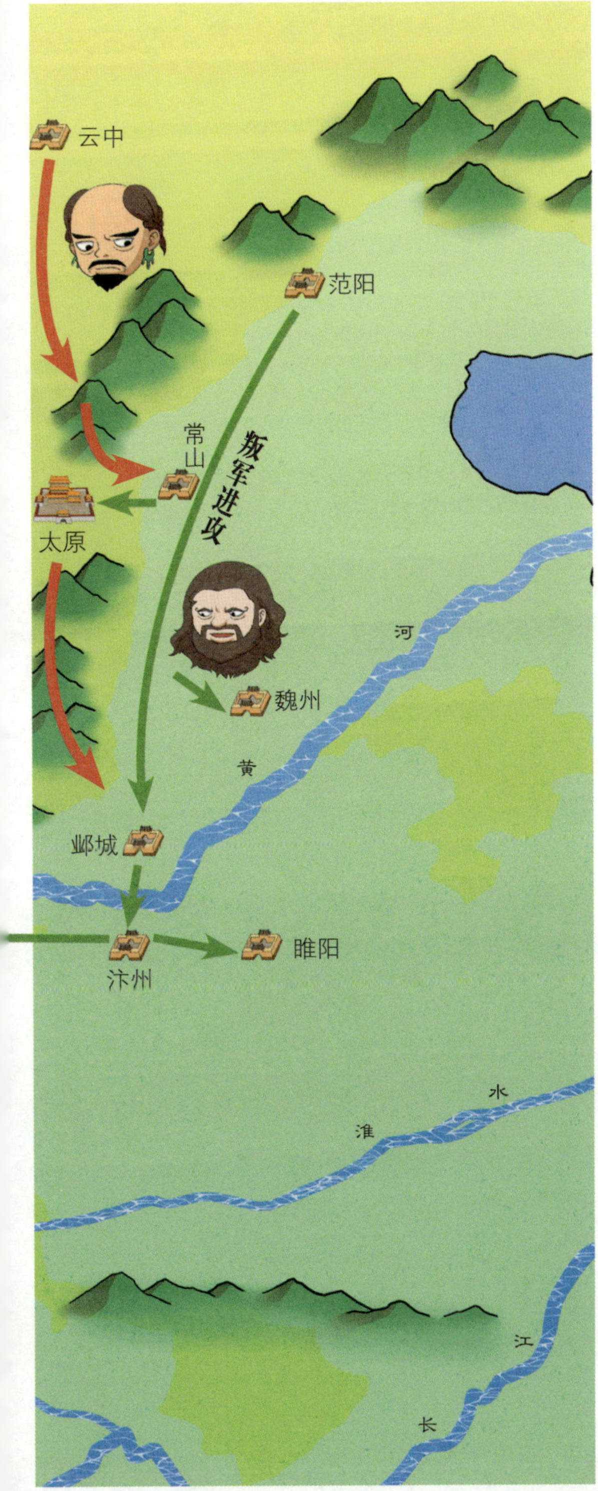

安史之乱形势图

李隆基	李亨	李豫	李适	李诵	李纯	李恒
唐玄宗	唐肃宗	唐代宗	唐德宗	唐顺宗	唐宪宗	唐穆宗

李湛 唐敬宗 —— 李昂 唐文宗

肆

叛乱终于平息了

安禄山叛乱后两年，大唐上下一心，将士们齐心协力，终于将安庆绪赶出了长安和洛阳。但是，叛乱远远没有结束。从洛阳逃跑的安庆绪并不是一无所有，七个郡、六十多座城依然在他的掌控之中，兵器、粮草也都充足。单单一个安庆绪就已经很叫人头疼了，而史思明比他还要难对付。那么，安史之乱最终是如何平息的呢？

史思明降后再叛

史思明是安禄山麾下的一员猛将，他跟随安禄山叛变，为安禄山打了很多胜仗，占领了很多地盘。如今，安禄山被儿子安庆绪杀了，史思明的心思发生了微妙的变化。而安庆绪也并不放心手握重兵的史思明，他派亲信带着重兵去范阳征调军队，趁机观察史思明。

史思明捉拿了安庆绪的亲信，然后派人上奏降书，表示愿意归顺朝廷。这正是唐肃宗心中所想，便马上接受了他的请求，为他加封晋爵。在史思明的影响下，很多叛军将领也都纷纷归顺了朝廷，形势看起来一片大好。

唐肃宗和李光弼知道史思明投诚只是权宜之计，过不了多久，还会再次发动叛乱。大臣乌承恩与史思明有私交，李光弼便派他去安抚史思明，并在暗中搜罗史思明谋反的证据、顺道拉拢史思明的部下。然而，急于求成、办事轻率的乌承恩落入了史思明的圈套。

史思明捉拿了乌承恩，搜出李光弼的公文，上奏给朝廷。唐肃宗只得派宦官前来安抚，说这都是乌承恩干的，并不是朝廷和李光弼的意思。这时，逃到邺城（今河北临漳县西）的安庆绪被郭子仪包围，不得已向史思明求救，承诺把大燕皇帝的宝座让给他。于是，史思明率领 13 万大军前去相助。

并不是所有的部将、官吏都愿意跟随史思明再次反叛朝廷。

久围邺城不能胜

758 年的秋天，郭子仪、李光弼等大将率领 20 余万大军讨伐安庆绪，吃了败仗的安庆绪逃进邺城。

郭子仪假装兵败撤退，引诱叛军追击，最终大败叛军。

史思明调派 1 万人进驻滏（fǔ）阳（今河北磁县），与安庆绪遥相呼应。之后，史思明亲自率大军南下，攻陷了魏州（今河北大名）。759 年正月初一，史思明在魏州自封为“大圣燕王”。

唐肃宗将九路大军的最高指挥权授予一个宦官，为此次行动的失败埋下了伏笔。

包括郭子仪在内的九路唐军包围了邺城，他们筑垒、挖壕沟，用漳河水灌城。安庆绪依仗兵器、粮草充足，死守邺城。到了第二年春天，城中已经弹尽粮绝了，安庆绪心急如焚地盼着史思明来救他。

城内想要投降的人被大水困住没法出城，而攻城的唐军因为没有主帅，只有宦官鱼朝恩从中协调，以至于号令不一，双方就这样一直僵持着。

正当唐军士气低落之时，史思明率军来到邺城。他使用疲劳战术，日夜骚扰唐军，伺机烧掉了唐军粮草，搞得唐军人心惶惶。之后，史思明与唐军相约决战。正当双方激战的时候，忽然吹起了一阵大风，一时间天昏地暗，敌我不辨，双方军队都各自撤退。由于群龙无首，唐军仓皇逃命，损失惨重。

史思明派人冒充督促运粮的官兵，随意杀人，放火烧粮，唐军因此缺少粮食，军心涣散。

安、史内讧

邺城之围既解，安庆绪便反悔了，不想兑现之前对史思明的承诺。史思明并不着急，他不和安庆绪联系，也不追击唐军。他表面上每天在军中与将士宴饮，实际在邺城南面驻军，对安庆绪威胁极大。无奈之下，安庆绪派大将安太清向史思明上表称臣，史思明假意不接受，把表书还给了安庆绪。

安庆绪以为史思明不想和他争老大，很是高兴，和史思明相约歃（shà）血结盟，带着他的弟弟和大将来到史思明军营。这正中史思明下怀，他马上把他们全都捉住杀了。之后，史思明接收了安庆绪的军队，霸占了他的地盘。

759 年正月，史思明在范阳称帝，国号大燕。

安史之乱终平息

李光弼接替郭子仪的职务，任天下兵马副元帅，辅佐赵王李系讨伐史思明。史思明率兵攻打郑州（今河南郑州），唐军撤退到洛阳。李光弼认为洛阳并不是有利的战场，于是，他将百姓和物资有条理地撤出洛阳，移师河阳（今河南孟州），留了一座空城给敌军。

李光弼亲率骑兵在最后，护卫百姓撤离洛阳。

史思明率兵多次攻打河阳，都被李光弼打败。之后，唐军与叛军多次交战，双方互有胜负。李光弼认为叛军士气还很旺盛，不适合出击。761年春天，在唐肃宗的催促下，李光弼攻打洛阳。交战时，由于大将仆固怀恩不听指挥，致使唐军大败，收复的多座城池再次被叛军占领。

李光弼设计将史思明的好马都拐进河阳城。

史思明生性残忍多疑，动不动就杀人全家，他的部下们人人自危。史朝义是史思明的长子，史思明却不喜欢他，总想杀了他立小儿子为太子。

这次，史思明又对史朝义修筑的城墙表示不满，扬言要杀了他。史朝义害怕极了，在他的许可下，他的心腹大将把史思明捉住杀了，推举史朝义做了皇帝。

史朝义将不归附自己的人都悄悄地杀了。叛军内部大乱，自相残杀了好几个月，势力越来越弱。史朝义与唐军几次交战，几乎每战必败。763 年，史朝义逃到温泉栅（今河北滦州）时，走投无路，在林中上吊自杀了。至此，历时 8 年的安史之乱宣告结束。

手下将领纷纷献城降唐，众叛亲离的史朝义陷入走投无路的绝境。

安史之乱大事记

（下图时间轴中，756 年做了加长处理。
图中所注月份为农历月份。）

十一月，安禄山范阳起兵反唐

十二月，洛阳沦陷，封常清、高仙芝被杀

叛军扩张阶段

756 年

正月，安禄山在洛阳称帝，国号大燕

六月，唐玄宗出逃，马嵬坡事变

六月，安禄山军进入长安

六月，潼关失守，哥舒翰投降

六月，太子李亨北上

七月，李亨在灵武即位

757 年

唐军反攻阶段

正月，安庆绪杀父安禄山，即皇帝位

一至十月，唐军睢阳保卫战

九月，郭子仪收复长安

十月，唐军收复洛阳

758 年

九月至次年三月，唐军攻邺城未成

759 年

双方僵持阶段

三月，史思明杀安庆绪，次月在范阳称帝

九月，史思明占领洛阳

760 年

761 年

三月，史朝义杀父史思明，即皇帝位

762 年

唐军决胜阶段

四月，唐肃宗去世，唐代宗即位

十月，唐军收复洛阳

正月，史朝义自杀，安史之乱平定

唐朝趣话

唐代丝绸之路

丝绸之路是指起始于古代中国，连接亚洲、非洲和欧洲的古代商业贸易路线，它为东西方的交流发挥了极其重要的作用。唐朝时，国力强盛，与外国的交往频繁、深入，往返于丝路上的商旅和行人络绎不绝。

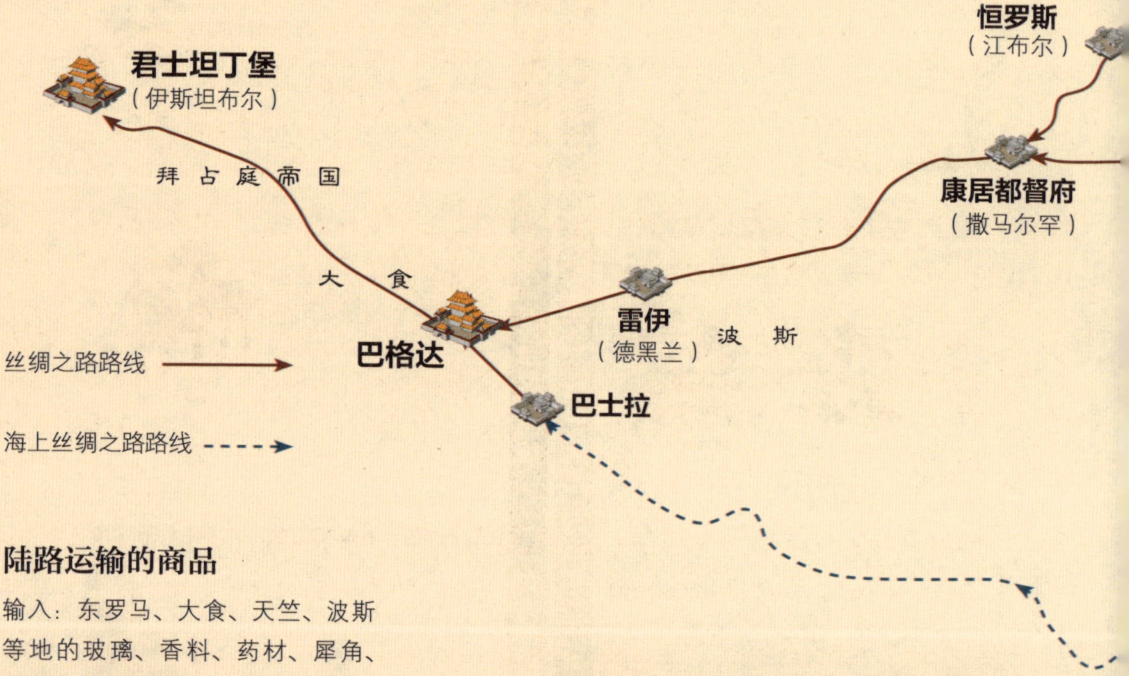

陆路运输的商品

输入：东罗马、大食、天竺、波斯等地的玻璃、香料、药材、犀角、象牙、驯象、狮子、骏马、胡椒、白豆蔻以及从甘蔗中榨糖的技术等。

输出：中国的丝绸、金银器、漆器、竹器、瓷器、茶叶以及造纸术、提炼硝用于制作火药的技术等，传入西方各国。

学历史长知识

唐人和唐人街

由于当时的唐朝对海外产生了巨大影响，久而久之，从这一时期开始，古代中国或与中国有关的事物被海外人称之为唐，古代中国被称为“唐国”，古代中国人被称为“唐人”，华人聚居的地方被称为“唐人街”。

学历史长知识

水密舱壁

用隔舱板将船舱分成若干个互不相通的独立船舱，当船舶发生触礁、碰撞等造成船壳破损时，即使某一船舱破损进水，也不致于波及其他船舱，从而大大提高了船舶的抗沉性，这就叫作水密舱壁，从 18 世纪开始逐渐成为各国造船业通行的技术。唐代的海船普遍使用了水密舱壁技术。

海路运输的商品

输入：海外的象牙、犀角、珍珠、宝石、珊瑚、琉璃，乳香、龙涎香等各种香料，以及玳瑁等物经海路运到中国。

输出：中国的丝绸、瓷器、茶叶、铁器等物产经海上丝路远销到东南亚、南亚、西亚、北非地区。

当时的广州港，桅樯林立，旌旗飘扬，巨船进出繁忙，每天从这里驶出的远洋船有 10 余艘，是一处云集中外商贾巨轮大舶的国际码头。

从广州出发至巴士拉（今伊拉克巴古拉），一般耗时 90 多天，从巴士拉继续向西航行到东非坦桑尼亚的达累斯萨拉姆则还需耗时约 48 天。

李隆基	李亨	李豫	李适	李诵	李纯	李恒
唐玄宗	唐肃宗	唐代宗	唐德宗	唐顺宗	唐宪宗	唐穆宗

李湛 唐敬宗 — 李昂 唐文宗

伍

疗伤没那么容易

安史之乱终于平息了，可是经过这场浩劫，大唐元气大伤，从此由盛转衰。百姓是国家的根本，他们在战乱中流离失所，被叛军抢劫、被朝廷勒索，苦不堪言，不仅人口锐减，土地也大量荒芜。此后，中央权力极大削弱，节度使的权势越来越大，藩镇割据的局面形成。战争使国家穷困，恢复经济是当务之急。那么，大唐还能恢复往日的辉煌吗？

生灵涂炭如炼狱

第二次收复洛阳时，唐王朝再次向回纥军队借兵。没想到，回纥军队进入洛阳城后，烧杀抢掠，比叛军还要凶残，洛阳城的大火烧了十几天都没有熄灭，甚至有部分唐军也加入了掠夺队伍，3 个月后才罢休。房屋被毁坏，百姓们无家可归，只能以纸蔽体。洛阳的百姓所遭受的苦难，其他地区的也无法幸免。

安史之乱使百姓流离失所，土地荒芜，户数只有之前的十分之一。百姓的生存都成了问题，但还是要交税。宰相元载规定，相对富裕的江淮地区，要按照原有户籍估算出 8 年来的欠交金额。他让残暴的官吏去征收，如果有不交的，就严刑拷打。另外，只要发现谁家有粮食或布匹，官府就要强行平分，叫作“白著”。在这种情况下，没有活路的人们只好聚在一起，被迫做了强盗。

代宗定计诛权臣

在唐肃宗重病之时，张皇后图谋杀掉太子李豫，被掌权太监李辅国发现了。在李辅国的帮助下，李豫顺利登基，为唐代宗。从此，李辅国更加专横跋扈（hù），甚至对代宗也口出狂言。唐代宗心中不满，找机会罢免了他的职位，不久又派人将李辅国暗杀了。

唐肃宗在世时，宦官鱼朝恩就已手握大权，唐代宗即位后，也对他宠爱有加，大臣们都不敢得罪他。鱼朝恩更加有恃无恐，目中无人。但他狂妄得过了头，后来触怒了唐代宗。因鱼朝恩党羽众多，与手握军权的将军们互相勾结，代宗有所顾忌，只能忍耐。

宰相元载察觉到唐代宗对鱼朝恩不满，就请求除掉他，代宗同意了。于是，在寒食节（禁火寒食，哀思介子推的节日）这天，代宗借着大宴群臣的机会，将鱼朝恩杀了。

元载因为杀鱼朝恩有功，受到唐代宗的信任重用，也骄纵专横起来。他不仅爱自吹自擂，还大肆受贿弄权。唐代宗了解元载的所作所为，语重心长地告诫他，希望他有所收敛，但元载仍然不改，代宗越来越讨厌他了。

元载与同为宰相的王缙狼狈为奸，连他们的亲戚都争相收受贿赂卖官。如果不巴结他们，即使有才能的人也无法做官。代宗想铲除他们，又怕消息泄露，只能和舅舅吴凑商量。终于，代宗瞅准机会，让吴凑在宫中逮捕了他们。最后，元载被赐死，王缙被贬。

刘晏帮大唐致富

刘晏自幼聪慧过人，是有名的神童。当年唐玄宗在泰山封禅祭祀，年仅 8 岁的刘晏作了篇歌功颂德的文章献给玄宗。玄宗很高兴，给他封了一个有名无实的小官。

刘晏做县令时，从来不催着缴税，百姓却总能及时上交。百姓们都很爱戴他，刻碑传颂他为人民做的好事。

刘晏还善于理财，因此受到唐肃宗的重用。后来，他又被唐代宗所信任，负责漕运粮食运输的事情。

安史之乱结束后，京城粮食供应不足，米价昂贵，刘晏亲自巡视，实地考察，疏通大运河，改善漕运，每年能向京城运粮 40 万斛（1 斛为唐制 120 升），这样粮食就不会短缺了。即使关中遇到旱涝灾害，物价也不会上涨。

唐代宗提拔他分管国家财政赋税。他革新了盐业，只在产盐的地区设置盐官，收购百姓煮好的盐，之后卖给盐商，可自由运销各地，只是需要向运输途经的地方政府缴税。

为了控制盐价，朝廷在各地设置盐仓，储备官盐，盐商不愿前往的地方，由官府调官盐到当地卖；当某地盐商哄抬盐价时，官府就发售平价官盐；而当盐商竞相降价时，政府就趁机收购储藏到盐仓，调节盐价。这样，老百姓不缺盐吃，盐价稳定，朝廷也获得了盐利。只盐业一项，就收入600万缗（mín），占到了朝廷收入的一半。

学历史长知识

缗

本意是指穿铜钱用的绳子，慢慢演化成了古代的一种计量单位。唐朝1串铜钱为1000文，即为1缗。

刘晏认为，人民是国家税收的保障，所以他十分关心人民。他在各地设置了专门观察农业情况的机构，每十天就上报一次，及早制定预防和补救措施，避免百姓受灾。在丰收时，高价买入粮食，做好储备；在灾荒时，就将之前买的粮食在受灾地区低价卖出。刘晏总能未雨绸缪，提前布局，减少损失，而不是等有人

刘晏故意提高造船价格，留有余钱，避免因官吏贪污挪用公款而造成资金短缺，保证了官造漕船的质量。

饿死的时候才去救济。在刘晏任职后期，他所管辖的地区，户口增加了100多万。

刘晏善于用人。他用人不重资历，大胆起用那些看重名声的、有真才实学的年轻人，让他们管理钱财之事。所以，他所任用的官员大都清廉能干，不管上司在与不在都能遵守法度，一丝不苟地办理事务。

刘晏工作勤勉，天一亮就开始办公，半夜才休息，即使休假时也是这样。他会在当天完成所有的事，从不拖到第二天。

刘晏是个清廉的好官，他住的地方朴素简陋，吃得也很简单。他又被唐代宗安排兼任吏部尚书，为国家培养了大量人才，他的门生大多在朝廷的重要部门工作，很能干，也很有威信。

可是，刘晏没得到应有的对待。780年，唐德宗听信了宰相杨炎的谗言，将刘晏赐死。这一年，他65岁。

唐三彩是用来干吗的

唐代陶瓷技术取得了飞跃式发展，首创了一种彩釉陶器。因为在釉色装饰上多以黄、绿、褐三种颜色为主，故得名“唐三彩”。有意思的是，唐三彩陶器主要用作随葬冥器。

唐三彩是怎么烧制出来的

01
造型
选取精炼的白色黏土制成胎型
↓
02
烧胎
送入 1000℃ ~ 1100℃的窑炉素烧，烧成陶胎

↓
03
涂釉
在胎底涂上加入一定比例的助熔剂铅的釉料
↓
04
烧釉
将挂好彩釉的陶胎，再次放入 850℃ ~ 950℃的窑炉中焙烧

乐手

七名男乐手身着汉服，分别执笛、箜篌、琵琶、笙、箫、拍板、排箫七种乐器，盘腿围坐一圈，全神贯注地演奏。

骆驼

站在长方形底座上，引颈长嘶，舌尖上卷，四腿强劲有力。驼背上的驮架为一平台，铺有彩色菱形花纹的毛毯。

女俑

梳着唐朝妇女典型的发型，身穿高束腰的长裙，亭亭玉立于七个乐俑中间，边歌边舞。

唐三彩的题材

- **人物** 如女俑、胡俑
- **动物** 如马和骆驼
- **器具** 如盘子、茶具
- **建筑** 如房屋、假山

唐三彩的产地

- 河南 **巩县窑**
- 陕西 **黄堡窑**
- 河北 **邢窑**
- 四川 **邛窑**
- 山西 **浑源窑**

李隆基	李亨	李豫	李适	李诵	李纯	李恒
唐玄宗	唐肃宗	唐代宗	唐德宗	唐顺宗	唐宪宗	唐穆宗

李湛　李昂

唐敬宗　唐文宗

陆

德宗也逃跑啦

话说刘晏一死，早已是千疮百孔的唐王朝更加穷困了。官府苛政无度，因安史之乱而壮大起来的藩镇乘机叛乱。国家战乱不断，百姓们再一次陷入水深火热之中。很多人为了生存，联合起来对抗官府。在这种情况下，一件意想不到的事发生了，唐德宗居然仓皇而逃。那么，德宗为什么逃跑呢？他还能回来吗？

税务专家杨炎

779 年，唐代宗病逝，德宗继位。新皇帝决心做一番大事业，任用了杨炎。

杨炎建议唐德宗按各户人家的实际收入确定他们应缴纳赋税的金额，只收钱币，废止徭役。因为收税时间定在秋天和夏天，所以称为两税法。德宗采纳了杨炎的建议，下令实施。两税法增加了国家的财政收入，对当时的唐朝政府有所助益。

国家赋税储藏于内库，造成公私不分、宦官贪污等问题，杨炎主张将国家岁入（一年的总收入）由皇帝私藏改归政府。

杨炎虽然有才干，是个理财高手，但心胸狭窄，他陷害与他有过节的刘晏，最终导致刘晏含冤而死。杨炎大权独揽，做了很多挟私报复的事，人们对杨炎又恨又怕。

唐德宗得知刘晏是被冤枉的后，起了杀死杨炎之心，于是提拔卢杞做宰相，分了杨炎的权力。杨炎看不起卢杞，卢杞怀恨在心。在卢杞的诬陷下，杨炎被贬，在赴任途中被赐死。

削藩引起的叛乱

各藩镇的主帅——节度使一职，本来必须由朝廷委任。安史之乱平定之后，许多节度使由归降朝廷的安史旧将、平定叛乱有功的将领担任。这些人往往居功自傲，骄横跋扈，隐隐开始与朝廷分庭抗礼，甚至出现了藩镇主帅一职父子相传，或部下拥立，造成既成事实，朝廷最后只能被迫予以追认的情况。

唐德宗李适做太子时就对此忧心忡忡，即位之后，他试图裁减、抑制藩镇的权力。恰巧成德（今河北中部）节度使李宝臣病死，他的儿子李惟岳上表请求继承父位，德宗当然不同意。李惟岳于是联合同样继承父位的魏博（今河北南部、河南北部）节度使田悦、部下拥立的淄青（今山东北部）节度使李正己和山南东道（今河南西南部、湖北北部）节度使梁崇义举兵违抗朝廷，于是，唐德宗调派其他节度使去讨伐他们。

梁崇义打不过淮西（今河南、湖北、安徽一带）节度使李希烈，兵败自杀。李希烈立了大功，企图将襄州（今湖北襄阳）据为己有。德宗派人去接收襄州，这让李希烈很不满，在离开时将全城的财物掳掠一空。

田悦被卢龙（今北京、河北北部）节度使朱滔击败，逃入城中负隅顽抗。李惟岳被他的部将王武俊杀了。李正己在这期间病死，他的儿子李纳继承其位，被忠于朝廷的其他节度使打败。德宗削藩的计划看起来似乎就要成功了。

朱滔、王武俊对朝廷的赏赐并不满意，田悦得知消息，派人劝说朱滔和王武俊，说虽然你们立了功，可朝廷也没给你们多大好处，不如大家联合起来，对抗朝廷。本来这二人就非忠君爱国之辈，于是都反叛了。

这反叛的四人自封为王，朱滔称冀王，田悦称魏王，王武俊称赵王，李纳称齐王。

镇压藩镇叛乱耗资巨大，朝廷每月要花费 100 多万串钱财，国库难以支撑。于是，唐德宗派人搜寻长安城中的商人，强行征借他们的财物。即使这样，也只搜得 200 万串，百姓被压榨得喘不过气，民怨渐深。

朱滔派人给在临近长安的凤翔做节度使的哥哥朱泚（cǐ）送信，让他做内应。这事让德宗知道了，于是派人接管了朱泚的军队。德宗又召来朔方节度使李怀光，让他镇压朱滔的叛乱。

唐德宗将朱泚软禁在长安。

唐德宗派李希烈讨伐李纳，然而李希烈却暗中与李纳勾结，共同谋划占领更多城池。李希烈还与朱滔秘密往来，商量双方的“共同利益”。因为李希烈兵力强大，朱滔等人劝说李希烈称帝。扬扬得意的李希烈自称“天下都元帅”。

783年，李希烈攻陷了汝州（今河南汝州），纵兵抢劫。又攻打郑州城，数次打败官军，东都洛阳的官员、百姓吓得都躲避到附近的山谷中。大将哥舒曜（yào）奉命讨伐李希烈，奋勇击敌，终于收复了汝州。

唐德宗动员各藩镇讨伐李希烈，李希烈一时间陷入惶恐之中。在德宗的催促下，哥舒曜继续攻打李希烈，不巧，在行军途中遇到大雨，哥舒曜只得躲入襄城（今河南襄城）防守，李希烈顺势将哥舒曜围困。德宗又召泾原军去援助他。结果救兵没等来，粮食已经吃光了，哥舒曜只得跑路。

被迫跑路奉天

783年的冬天，泾原节度使姚令言率5000泾原军冒雨前行，一路忍饥挨饿，日夜兼程准备解襄城之围，一心盼望到达京师后能够得到赏赐。可是，辛辛苦苦地赶到长安城外后，不光没有任何奖赏，送来的饭还难以下咽。士兵们怒火爆发，他们穿上铠甲，冲向长安城。唐德宗慌了，赶紧命人拿出金银布匹赏赐他们，但士兵已经攻入城中。他们闯进皇宫，争抢金银财宝。有的老百姓也趁乱进入皇宫，偷抢财物。

唐德宗和几个大臣仓皇逃到奉天（今陕西乾县）。听到消息的将领们纷纷带着军队来保护皇帝。

朱泚被泾原叛军拥立，称大秦皇帝。一时间，朱泚的兵力达到了数万人，他亲自领兵攻打奉天。奉天城内的官兵虽少，却拼死保卫。双方交战一个月后，奉天城弹尽粮绝。危急时刻，李怀光日夜行军，赶来营救，最终打败了朱泚，解了奉天之围。

向全天下认错

大臣陆贽（zhì）建议唐德宗纠正过失，发布“罪己诏”，向天下人谢罪。德宗想了半天，最终同意昭告天下，承认了自己的错误，并承诺原来投靠朱泚的官吏、士兵只要向朝廷投诚，一概赦免，还免除了向百姓加征的赋税。这“罪己诏”发出去以后，居然真的起到了效果。

唐德宗落到如此地步，与奸相卢杞的迷惑有一定的关系。

朱泚在奉天大败后，回到长安城躲着。唐德宗任命李晟为全军统帅，在他的指挥下，唐军一路大胜。兵败后，朱泚从长安逃跑，后来逃到彭原县（今甘肃西峰）西城屯时被部将所杀。

784 年秋，唐德宗终于回到了长安。

德宗的“罪己诏”一经发布，之前反叛的王武俊、田悦、李纳都上表认罪。只有李希烈仗着自己兵力强盛，在汴州称帝，国号楚。于是，德宗派宋亳（bó）节度使刘洽讨伐李希烈，攻克了陈州（今河南淮阳），又乘胜进攻汴州，把李希烈赶回蔡州（今河南汝南）。786 年，李希烈被亲信毒死，他的部下归顺了朝廷。

李希烈拒绝了朝廷的招安，还命人将招安使臣、大书法家颜真卿用布条缢死。

李怀光因为之前强迫德宗贬了奸臣卢杞等人，与皇帝有了隔阂，最主要是他自己有野心，想趁机浑水摸鱼，夺取天下。因此，他对攻打朱泚不那么上心了，随后又与朱泚暗中勾结，准备起事。朱泚兵败后，李怀光不听德宗召他进京的命令，还杀了宣旨的大臣，最终在 785 年的秋天众叛亲离，兵败被杀。

唐朝趣话

唐人也会预报天气

唐朝人对气象气候的认识有较大的进步，掌握了不少预测天气变化的经验。有个叫黄子发的唐人专门写了一本《相雨书》，收集了唐代及以前很多民间观测和预报天气的经验与方法。唐代的气象仪器有相风旗、羽葆、木乌（相风乌）、占风铎、占雨石等。

《相雨书》摘录

日出红云见，申刻有雨。
西北闻雷，雨至之侯也。
日出而雨，日入而息。
日中重影，大雨三日。

先进的唐代金融业

唐代商业繁荣，经济发达，金融业空前活跃，出现了不少新兴事物，如现代银行的雏形——柜坊，还有我国最早的汇兑业务——飞钱。

运作模式

商人将钱币存放在柜坊，缴纳部分费用后，柜坊给商人开具凭证。取款时，依据凭证提取。后来发展到可以代客保管金银珠宝、古玩字画等贵重物品，还开展放款业务。

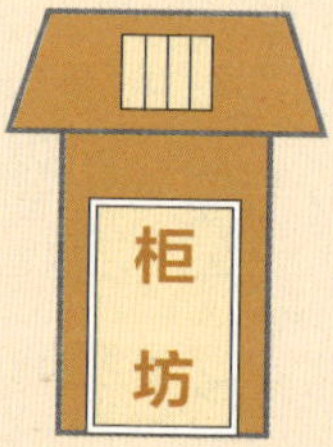

凭证

是一张书帖，上面写有付款数目、日期、收款人姓名、出帖人的署名。有时凭证甚至是存户的竹杖、席帽等信物。

运营机构

有专门的铺子，也有大商号、药店兼营存放款业务。

意义

为商人规避了长途运输钱帛的风险，降低了运输成本，方便商人大宗交易，对商业繁荣起到了积极作用。

飞钱

运作模式

各道、各藩镇等都在京都设有自己的官署，即进奏院（驻京办事处）。商人在长安把钱币交给进奏院，得到一个凭证。到了地方，就可以用这个凭证从当地官府拿到等额的钱。

意义

商人省去了携带现钱的诸多麻烦，地方官府省去了将税钱运送到京城的巨大不便。还降低了铜钱的需求，缓解了唐代钱币不足的窘境。

何谓飞钱

上面说的凭证，就叫“飞钱”，类似今天的汇票。商人将钱交给进奏院后，会收到半联凭证，另半联凭证则会寄到地方上相应的单位，商人回去后，两个半联凭证验证相合后，方可取款。

运营机构

地方官府，后来户部下辖的户部司、度支司、盐铁转运司也都可以发放飞钱。

李隆基	李亨	李豫	李适	李诵	李纯	李恒
唐玄宗	唐肃宗	唐代宗	唐德宗	唐顺宗	唐宪宗	唐穆宗

柒

宪宗想咸鱼翻身

李湛　李昂

唐敬宗 — 唐文宗

唐德宗重用奸臣，滥施苛政，使国家叛乱四起，民不聊生。好在有李晟、陆贽等人的辅佐，他又诚心认错，发布『罪己诏』，终于使叛乱平息。虽然国家暂时恢复了平静，可是，藩镇割据和宦官专权，严重削弱了唐朝政府的权力，国家仍在风雨中飘摇。唐德宗的孙子唐宪宗，一心想要改变这种局面，他能做到吗？

太监当老大

805年正月，64岁的唐德宗因太子李诵病重而伤心忧虑，一病不起，二十多天后就去世了。随后太子即位，是为唐顺宗。顺宗做太子时，赏识信任王伾（pī）和王叔文，如今更是重用二人。他们和8个有才华的年轻人组成了一个小团体，进行改革。他们反对藩镇割据和宦官专权，维护国家统一，主张加强中央集权，采取了一系列的改革措施。

唐顺宗虽然登基，却疾病缠身，不能说话，只能在宫中养病，由宦官李忠言、宠妃牛昭容侍候。因为王伾有入宫的特权，所以他可以将大臣们的意见报告给皇帝，而王叔文负责在翰林院处理政务。这就形成了王叔文依赖王伾，王伾依赖李忠言，李忠言依赖牛昭容的局面。他们控制着朝政大权，左右着官员们的前程，呼风唤雨，一时间，朝廷内外人心惶惶。

王伾为人贪财好利，收受珍宝古玩无数。

王伾、王叔文的所作所为引起了不少人的反感，宦官和藩镇节度使们更是如临大敌。宦官俱文珍等人劝唐顺宗立李纯为太子，之后又让太子代理国政。王叔文、王伾相继被排斥到权力中心之外。

改革派成员起内讧，也是改革失败的原因之一。

不久，唐顺宗宣布退位，自称太上皇。805 年农历八月，唐宪宗李纯即位。王伾、王叔文一个病死一个被赐死，韦执谊、柳宗元、刘禹锡等 8 人先后被贬到边远地区任司马一职，这就是历史上有名的“二王八司马事件”。

学历史长知识

二王八司马

“二王”指王叔文、王伾。“八司马”指韦执谊、韩泰、陈谏、柳宗元、刘禹锡、韩晔、凌准、程异。

藩镇不听话

唐宪宗李纯才即位，西川节度使刘辟就发动叛乱，宪宗派高崇文前去讨伐。唐军势如破竹，刘辟屡战屡败，最终彻底溃败，被逮到之后装进囚车送往京城斩首，西川得到平定。对于不听话的藩镇，唐宪宗直接开打，且旗开得胜，这让各藩镇节度使极为恐惧，纷纷请求入京朝见。

唐宪宗采纳宰相杜黄裳的意见，决心削弱藩镇势力。

刘辟被平定后，镇海节度使李锜（qí）也感到不安，请求入京朝见。但他又百般拖延，迟迟不肯动身进京。唐宪宗下诏书召他进京，李锜见赖着不去不行了，便举兵反叛。讨伐李锜的人马还没出发，李锜就已经被他的三位大将捉住，送往京城。

短暂的中兴

自安史之乱以来，河朔三镇卢龙、成德、魏博就成了朝廷的心腹大患。它们赋税不上缴，职位世袭，经常与朝廷对抗，基本上处于半独立状态。唐宪宗早就想收拾这样的藩镇，重新树立朝廷的威信。809 年，成德节度使王士真死了，在没有得到朝廷允许的情况下，他的儿子王承宗自己做了节度使。于是，宪宗宣布免去他的职务，派军队讨伐他。

出兵讨伐王承宗的昭义节度使卢从史与王承宗私下勾结，被擒获治罪。

恰巧卢龙、魏博的节度使先后病逝，唐宪宗顺势收回了对这些地区的控制权。之后，宪宗先后对占据淮西地区的节度使吴元济、占据山东地区的节度使李师道进行讨伐。王承宗见大势已去，便也归顺了朝廷。

官军围攻淮西四年都没有取得胜利，主战的宰相裴度主动请缨奔赴前线，指挥战事。

819年春，装着李师道首级的盒子送到了京城。至此，藩镇割据的局面终于告一段落。河南、河北30多个州的藩镇节度使们自己任命官吏、不向朝廷上供赋税的状态，持续了60年，至此才又重新遵守朝廷的法令，接受朝廷的管辖。

当初，唐宪宗派遣裴度安抚新任命的魏博节度使田兴，裴度很好地完成了任务，获得了宪宗的信任。因为主张讨伐藩镇，裴度曾遭到暗杀，头部受了重伤。被宪宗任命为宰相后，他坚决推动平定了吴元济、李师道的叛乱，辅佐唐宪宗实现了“元和中兴”的愿望。

裴度为人正直，辅佐了四代皇帝，一生都在与奸臣、宦官、藩镇势力作斗争。

裴度唯才是举，他任将相20余年间，推荐过李德裕、韩愈等名士，重用过李光颜、李愬等名将，还保护过刘禹锡等贤能之人。

大明宫含元殿

唐代建筑在结构技术上不断创新，形成了气势磅礴，形体俊美，庄重大方的时代特色，而且富于设计感，建筑组合更加完美。唐代的宫殿建筑比较丰富。大明宫位于长安城外东北的龙首原上，是一座兼备朝会、居住和御苑功能的宫城，始建于唐太宗，唐高宗时建成，是唐朝的政治中枢。其正殿含元殿将唐代建筑气魄宏伟、严整而又开朗的特点体现得淋漓尽致。

功能

含元殿是举行元旦、冬至、大朝会、阅兵、受俘、上尊号等重要仪式的场所，类似故宫太和殿

附殿

大殿两侧有钟鼓二朵楼，前方有翔鸾、栖凤二阁对峙，殿、楼、阁之间有飞廊相连，是“五凤楼”的形制

正殿

正殿面阔十三间，进深六间，四周是一圈回廊

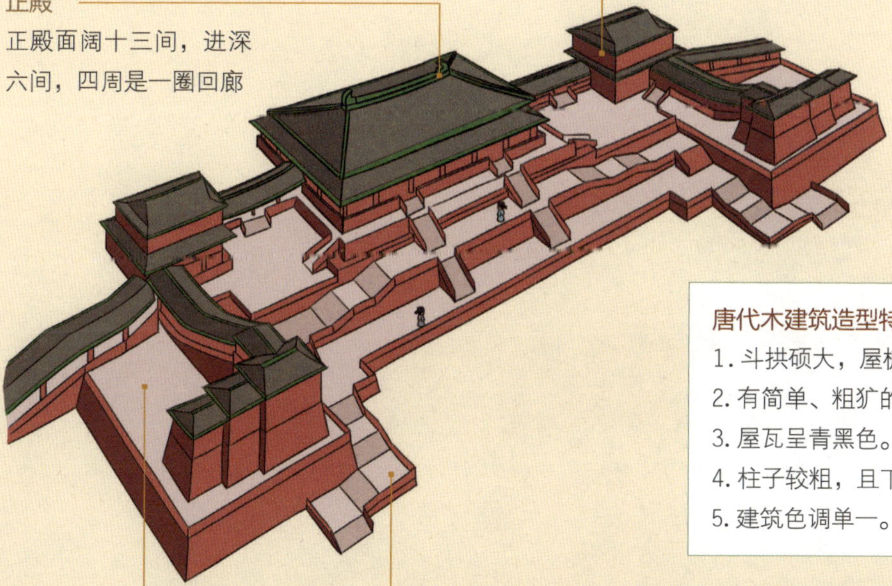

唐代木建筑造型特点

1. 斗拱硕大，屋檐深远。
2. 有简单、粗犷的鸱吻。
3. 屋瓦呈青黑色。
4. 柱子较粗，且下粗上细。
5. 建筑色调单一。

台基

凹形大台就龙首原南坡之势局部夯土补填，共三层，故宫太和殿也是如此

龙尾道

两条漫长坡道从两侧阁下盘旋而上，坡道如龙尾下垂，称为“龙尾道”

李隆基	李亨	李豫	李适	李诵	李纯	李恒
唐玄宗	唐肃宗	唐代宗	唐德宗	唐顺宗	唐宪宗	唐穆宗

捌

老牛和老李争权

李湛

唐敬宗

李昂

唐文宗

在裴度、李绛等一批贤臣的辅佐下，唐宪宗实现了平定藩镇的宏伟目标。全国一片祥和，饱受战争之苦的百姓得到了暂时的安宁，史称『元和中兴』。国家没有了战乱，唐宪宗开始骄傲自满起来。他沉迷于享乐，任用奸臣，后来甚至把裴度贬出了朝廷。不久，宪宗因吃仙丹，得暴病去世了，国家又开始动荡起来。

科举结怨仇恨深

牛李党争这事儿还得从唐宪宗说起。

808 年，长安举行进士考试选拔官员。牛僧孺（rú）、李宗闵（mǐn）等人在考卷里批评朝政，考官很赏识，将他们推荐给唐宪宗。宰相李吉甫不乐意了，向皇帝打小报告，说他们与考官有私情。结果，和这事儿有关联的人都受到了处罚。

唐穆宗即位后，李吉甫之子李德裕与李宗闵都在朝廷做官，李德裕因为李宗闵当年讽刺他父亲而记恨李宗闵。821 年，又举行进士考试。因为主考官钱徽不徇私情得罪了人，有人向皇帝举报他徇私舞弊。李德裕证实是实情，钱徽被降职，李宗闵也受到牵连，被贬到外地去了。

李宗闵认为李德裕存心排挤他，对李德裕非常不满。牛僧孺当然很同情李宗闵，他们跟一些科举出身的官员结成一派，李德裕也跟士族出身的人结成一派，两派明争暗斗不断。

牛李党争40年

唐穆宗看到某地方大员的行贿账本上这样记载：送户部牛侍郎钱1000万，拒而不收。

唐穆宗一向器重牛僧孺，任命他做了宰相。7年后，皇帝换成了唐文宗，牛僧孺和李宗闵都做了宰相，他们把持朝政，合伙把李德裕一派的人从朝廷中赶了出去。

830年，李德裕做了剑南西川节度使。他大力整顿边防，发展经济，使西川得到了初步安定。西川西边的吐蕃、南边的南诏因此都不敢轻举妄动，南诏国还主动放还了以前掳掠的4000名百姓。

831年，西川附近一个吐蕃将领投降，李德裕趁机收复了重镇维州（今四川理县东北），李德裕大喜，立刻上书朝廷，想趁机讨伐吐蕃。但是宰相牛僧孺却对唐文宗说："李德裕收复了一个维州，算不了什么，跟吐蕃搞坏关系，那才不划算呢！"牛僧孺还要唐文宗下诏，将维州还给吐蕃，将投降的人都交还给吐蕃。这些人刚到吐蕃边境，就被吐蕃人残忍杀害了。李德裕从此更加憎恨牛僧孺。

唐文宗对送回吐蕃降将一事很后悔，埋怨牛僧孺谋划不当。

唐文宗将牛僧孺调离，又将李德裕召回朝廷。虽然李宗闵百般阻拦，李德裕最终还是做了宰相。文宗和李德裕讨论朋党的问题，他回答说，有三分之一的人都参与了朋党活动。文宗听后十分不满，李德裕趁机将牛党成员调到地方当官。不久，李宗闵也外调当节度使去了。

李德裕当着唐文宗的面指责李宗闵党同伐异，李宗闵大惊失色，哑口无言。

没过一年，事情来了个大逆转，李宗闵重新当上了宰相，李德裕到外地当节度使。

到唐武宗在位时，牛党失势，李德裕又当上了宰相，牛僧孺、李宗闵等牛党的人被一贬再贬。846 年，唐宣宗即位后，撤了李德裕的宰相职务，最后把他贬到崖州（今海南海口）。

这样前前后后折腾了 40 余年，牛李党争才算结束。党争危害巨大，加速了唐王朝的衰亡。

登崖州城作

李德裕

独上高楼望帝京，

鸟飞犹是半年程。

青山似欲留人住，

百匝千遭绕郡城。

渔翁得利的宦官

前朝是两派争斗，后廷也没闲着。安史之乱后，宦官的权力越来越大。而从唐宪宗开始，宦官竟然能够主导皇帝的废立，唐王朝越来越没落。

唐宪宗妄想长生，大量服用金丹，身体越来越差，心腹宦官吐突承璀加紧策划改立皇次子李恽为太子。不久，唐宪宗暴病而死。宦官王守澄等人立即拥立太子继位。自此，宦官拥有了废立唐朝皇帝的权力。

后来，唐宪宗的孙子唐敬宗被宦官杀害，王守澄等宦官拥立敬宗的弟弟、18 岁的唐文宗即位。王守澄专横跋扈、贪污受贿，还不服从唐文宗的命令。于是，文宗任命近臣宋申锡为宰相，计划对付宦官。王守澄得知后，诬告宋申锡谋反。文宗信以为真，最终宋申锡被贬为开州司马，并死于任上。

虽然这次的计划失败了，但是唐文宗一直在寻找对付宦官的办法。后来，有两个人的出现，让事情变得一发不可收。这究竟是怎么回事呢？

唐朝趣话

唐代小孩在哪上学

早在夏商周时代，我国就有针对儿童的启蒙教育，相当于今天的小学教育。唐朝时，国家统一、社会稳定、以科举取士，人们对孩子的启蒙教育尤其重视，有村学、私塾、家塾、家学、寺学等多种“小学”。

村学

村学就是村子里的大户人家集资兴办的小学，附近的儿童都可以在其中学习。村学最常见也最富特色，有的村学为方便孩童白天帮家里干活，安排在夜晚上课。

私塾

私塾是文人自己开办的小型教育机构，一般设置在老师家中，当时的城市和农村都有私塾存在。

唐代蒙学教材

《太公家教》

道德教育读本，作者不详。大多是讲为人处世之道，宣扬忠君孝亲、隐恶扬善、委曲求全、明哲保身等思想。注意吸收古书上的话和流行谚语，通俗好懂；多用四言韵语编成，容易念，容易记。如：知过必改，得能莫忘。贪心害己，利己伤身。

《太公家教》名句摘录

勤是无价之宝，学是明目神珠。

慎是护身之符，谦是百行之本。

家塾

家塾就是家族创办的小学，专门培养家族内部或者亲戚的孩子，一般不接纳其他外人。

家学

贫困的家庭中，有文化的父母兄长对家中的子弟进行教育就是家学，唐代大诗人元稹、李绅小时候均是受业于母亲。

寺学

唐代佛学盛行，寺院多开办寺学，除了教授俗家子弟佛门经文，也教经史文学。“茶圣”陆羽自幼在寺院生活，接受寺学教育。

《蒙求》

历史知识读本，盛唐李翰编写。大部分是历史人物故事，用四字对偶句写成，涉及面广，思想境界开阔。如：孙康映雪，车胤聚萤。杜康造酒，仓颉造字。蒙恬制笔，蔡伦造纸。

《兔园册府》

引用经史解说古今事迹、典故，初唐杜嗣先编写。用对偶押韵的句子编写，文辞古奥。

图书在版编目（CIP）数据

你好啊 唐朝. 动荡中唐 / 周国宝，龚道军著. —北京：中国轻工业出版社，2024.7

ISBN 978-7-5184-4836-4

Ⅰ. ①你… Ⅱ. ①周… ②龚… Ⅲ. ①中国历史—唐代—通俗读物 Ⅳ. ①K242.09

中国国家版本馆CIP数据核字（2024）第053694号

责任编辑：罗雅琼　熊　隽　　责任终审：李建华　　封面设计：伍毓泉

策划编辑：罗雅琼　熊　隽　王雪莲　　责任校对：晋　洁　　责任监印：张　可

出版发行：中国轻工业出版社（北京鲁谷东街5号，邮编：100040）

印　　刷：艺堂印刷（天津）有限公司

经　　销：各地新华书店

版　　次：2024年7月第1版第1次印刷

开　　本：787×1092　1/16　印张：40.5

字　　数：800千字

书　　号：ISBN 978-7-5184-4836-4　定价：198.00元（全7册）

邮购电话：010-85119873

发行电话：010-85119832　010-85119912

网　　址：http://www.chlip.com.cn

Email: club@chlip.com.cn

版权所有 侵权必究

如发现图书残缺请与我社邮购联系调换

221455E2X101ZBW

你好啊唐朝

悲壮晚唐

周国宝　龚道军　著

中国轻工业出版社

阅读指南

唐朝趣话

归纳与唐朝相关的专题 51 个，加深对唐朝的认识。

学历史长知识

分享和唐朝相关的文化知识，一边读历史，一边长知识。

唐朝趣话

凌烟阁二十四功臣

西汉宣帝令人画 11 名功臣像置于麒麟阁，开中国历史“图画功臣”之先河。此后，东汉有南宫“云台二十八将”，唐朝有“凌烟阁二十四功臣”，宋朝有“昭勋阁二十四功臣”，清朝有“紫光阁二百八十功臣”。

凌烟阁有三重：内层有功勋最高的宰辅之臣画像，中层有功高王侯之臣画像，外层有其他功臣画像。唐太宗时常前往怀旧。

学历史长知识

南园十三首·其五

（唐）李贺

男儿何不带吴钩，收取关山五十州。请君暂上凌烟阁，若个书生万户侯！

本图参照清代画家刘源的《凌烟阁功臣图》所绘。

宰辅之臣

01 长孙无忌：长孙皇后的哥哥，大唐第一功臣，文武兼备。
02 李孝恭：唐太宗的堂兄，平定南方的主要功臣。
03 杜如晦：唐太宗两大智囊之一，贞观之治的大功臣。
04 魏征：大唐第一诤臣，敢于犯颜直谏。
05 房玄龄：唐太宗两大智囊之一，贞观之治的大功臣。
06 高士廉：长孙皇后的舅舅，参谋玄武门之变，善于识人。
07 尉迟敬德：唐太宗的头号保镖，玄武门之变的主要功臣。
08 李靖：大唐第一名将，为唐朝立下赫赫战功。

功高王侯之臣

09 萧瑀（唐高祖时宰相）
10 段志玄（平王世充、窦建德的功臣）
11 刘弘基（攻取长安立大功）
12 屈突通（平王世充立大功）
13 殷开山（统一战争中立下不少战功）
14 柴绍（唐太宗的姐夫，屡立功勋）
15 长孙顺德（长孙皇后的堂叔，参与晋阳起兵）
16 张亮（为唐太宗夺位立下大功）

其他功臣

17 侯君集
18 张公谨
19 程知节
20 虞世南
21 刘政会
22 唐俭
23 李勣
24 秦叔宝

46 47

本册导读

唐朝是我国古代最辉煌的时代，对我国政治、经济、文化的发展做出了巨大贡献。《你好啊唐朝》以轻松的笔调，有趣的插图，为读者勾画出唐朝的那些人和事。

本册讲述了从唐文宗发动甘露之变到朱温篡唐致使唐朝灭亡这一时期的历史。

为了铲除宦官势力，唐文宗发动政变，不幸失败。唐宣宗即位后，结束了持续40多年的牛李党争。可惜后来懿僖二帝昏庸无能，黄巢起义极大地动摇了李唐王朝的统治。907年，朱温逼迫唐哀帝禅位，以梁代唐，至此，唐朝灭亡。

享国289年的唐朝就此覆亡，这个强盛帝国的轰然倒塌，给后世留下太多值得反思的经验与教训。

目录

835 年　唐文宗

840 年　唐武宗

846 年　唐宣宗

859 年　唐懿宗

伍

黄巢反唐 /51

陆

有心无力的昭宗 /63

873 年　唐僖宗　888 年　唐昭宗　907 年　唐哀帝

柒

大唐灭亡倒计时 /71

捌

朱温灭唐 /79

李昂	李炎	李忱	李漼	李儇	李晔
唐文宗	唐武宗	唐宣宗	唐懿宗	唐僖宗	唐昭宗

壹

文宗斗不过宦官

李柷

唐哀帝

宦官本是皇帝的家奴，却把控了皇帝的废立生死，害死祖父唐宪宗、兄长唐敬宗的宦官和帮凶还活得好好的，这让年轻的唐文宗如坐针毡，每天做梦都想着把这些专横的宦官除掉！唐文宗汲取了上次除宦行动失败的教训，行动更加隐秘，他不露声色，暗中寻找可靠的帮手。终于，有两个人——郑注和李训进入了他的视线。这次，他能成功吗？

皇帝喊你来观露

郑注最初只是一名民间郎中，他出身低微，靠着精湛的医术和察言观色的本事，被当权的大宦官王守澄看重，做了他的智囊。郑注借着王守澄的权势狐假虎威，收受贿赂，左右官员任命，权倾一时。

当时，朝中很多大臣想治郑注的罪，可王守澄将郑注护得死死的。后来，唐文宗突然中风，话都说不了，王守澄推荐郑注给皇帝治病。没想到竟药到病除，郑注又得到了唐文宗的宠信。

王守澄还把一个叫李训的人推荐给唐文宗，给他讲学。李训的叔叔李逢吉当过宰相，跟宦官一向合得来，李训本人也口才好、反应快。王守澄安排好这一切，心里很得意，觉得皇帝的动静都瞒不过他了。

没想到郑注、李训都有自己的小心思。得知了唐文宗的心病，他们觉得是个好机会，一心想帮皇帝铲除宦官、立大功、掌大权，于是很快向唐文宗表了忠心。唐文宗觉得二人足智多谋、忠心耿耿，就视他们为心腹，他俩提的任何要求，没有拒绝的。而王守澄还蒙在鼓里，什么都不知道。

当初拥立唐文宗，王守澄手下的宦官仇士良也是出了大力的，但王守澄老压着他，没升他做大官，二人很不对付。李训、郑注叫唐文宗提拔仇士良做了左神策军总指挥，分走了王守澄一部分权力。

李训、郑注又帮唐文宗除掉了害死唐宪宗的太监，这使唐文宗对李训、郑注更加言听计从。

在李训、郑注的谋划下，唐文宗任命王守澄做左、右神策军的观容使，主要负责管理军队的纪律。明着是给他升了官，实际上是把他架空了，收了他的兵权。

唐文宗看李训、郑注这么能干，就让李训当了宰相，考虑到要除掉宦官，一定要掌握军事力量，所以又让郑注做了长安门户重镇——凤翔（今陕西宝鸡）的节度使，万一王守澄垂死挣扎，随时可以调凤翔军进入长安。二人掌了大权，胆子更大了，用一杯毒酒结束了王守澄的性命。二人还计划由郑注去凤翔调兵，趁着给王守澄办葬礼的机会，将仇士良等宦官一网打尽，彻底解决宦官干政这个痼疾。但是李训和另一位宰相舒元舆、负责京城治安的金吾将军韩约等人又商量了一个办法，他们决定撇开郑注提前行动。

李训寻思让郑注带兵杀了宦官，他的功劳就是第一，自己的地位就不稳了。

835 年冬的一天，唐文宗刚一上朝，韩约就上奏说金吾衙门后院的石榴树上夜降甘露，李训、舒元舆劝唐文宗亲自去看看，唐文宗命李训先去

查看，不一会儿李训回来报告说不像是真的甘露。唐文宗装作不相信，让仇士良带着一帮宦官再去查看。

宦官们到了金吾衙门，刚进后院，看到韩约直打哆嗦，脸上冒汗，又发现院里藏着许多全副武装的士兵，心知不妙，仇士良等人急忙往外跑。他们赶紧回去向唐文宗报告发生了兵变，一把架起唐文宗塞到轿子里，抬起软轿就跑。李训急忙招呼士兵说：“快保护皇上，每人赏钱百串。”

宦官们抬着唐文宗逃入宫门后马上关上了门，大臣们吓得脸色煞白，不知如何是好。丢了皇帝的李训急得直跺脚，无奈大势已去，只好换了身随从的衣服骑马逃走了。

血溅长安城

仇士良挟持了唐文宗后，派神策军包围了政事堂，见人就砍，将没能逃出的600多人全都杀死了。接着下令关闭各处宫门，又杀了1000多人。他还派1000多神策军在城中大搜捕，神策军趁机抢劫官员和富人的府邸。城中的无赖也趁乱作恶，到处乱杀人，强抢老百姓和商人的财物。一时间，长安城沦为人间地狱。

仇士良又命神策军出动骑兵1000多人出城搜捕。李训逃到终南山后被人发现，最终被砍了头。郑注带着几百个士兵正往长安走，听说李训的事情后连忙返回凤翔，也被逮住了。仇士良杀了李训、郑注，还杀了另外几位宰相和不少大臣，他们的家人也跟着遭殃，男女老幼无一幸免。历史上称这次事变为“甘露之变”。

宦官得势敢遮天

仇士良等人心里清楚唐文宗参与了行动，很是怨恨，当面辱骂他。身为皇帝的唐文宗大气也不敢出，不敢说半个不字。唐文宗和大臣们在朝堂讨论政事，仇士良就坐在一旁听着，凡是不称他心的，张口就骂。就这样，皇帝成了傀儡，国家大事都由宦官说了算，宰相只是奉命下达文书，文武百官形同虚设。宦官胁迫皇帝、轻视宰相、凌辱百官，气焰日益嚣张。

学历史长知识

南衙北司之争

唐朝后期，以枢密使、神策中尉为代表的北司宦官势力极度膨胀，引起以宰相为首的南衙朝官的强烈不满，引发了所谓的“南衙北司之争”，双方政治斗争不断，对唐后期政局产生了极坏的影响。唐顺宗时的“二王八司马事件”、唐文宗时的“甘露之变”是两次最激烈的斗争。

唐文宗神情落寞，心里忧郁，经常借酒消愁。838年，太子遇害，唐文宗更加伤感，既愤恨又惭愧，第二年开始干脆不再上早朝。840年，气病交加的唐文宗去世了，年仅30岁。仇士良等人为了抢夺拥立新帝的功劳，假传诏书，立唐文宗的弟弟、27岁的李炎为皇帝，史称唐武宗。

李昂	李炎	李忱	李漼	李儇	李晔
唐文宗	唐武宗	唐宣宗	唐懿宗	唐僖宗	唐昭宗

贰

武宗勤奋管国家

『甘露之变』后，宦官牢牢掌握了国家的军政大权和皇帝的废立生死，皇帝成了他们的玩偶，大臣们也被肆意捉弄。新继位的唐武宗性格沉稳刚毅，做事果断，喜怒不形于色，是一个很有抱负的人。面对这个棘手的局面，唐武宗将如何处理？他能改变现状吗？

李柷

唐哀帝

武宗智斗仇士良

唐武宗对宦官也非常不满。他吸取了哥哥唐文宗的教训，表面上尊敬、宠幸仇士良，对他加官又晋爵，实际上却逐步疏远他。同时，唐武宗极力扶持相权，重用李德裕，以此来牵制宦官的势力。

仇士良对于唐武宗的手段，洞若观火。为打击李德裕，重新控制唐武宗，他向神策军将士散布谣言，说李德裕与掌管国家财政的度支使计划减少神策军的军饷，怂恿他们在唐武宗加尊号的那天闹事。唐武宗得知后大怒，派人到军营宣旨说明情况，震慑了神策军将士，这让仇士良惶恐不安。

仇士良自知处境不妙，盘算着以退为进，没过多久，他就申请退休了。武宗顺势解了他的军权，让他回家养老。不久，仇士良就过世了。844 年，有人检举仇士良家中藏有好几千套铠甲、兵器，很可能会谋反！于是，唐武宗削了他的官爵，还没收了他的家产。经此一事，其他宦官成了惊弓之鸟，再不敢翻起大浪。唐武宗一朝，宦官的权力跌落到了谷底。

李党占了上风

唐武宗即位后，重用李党首领李德裕，官拜宰相。842 年，和他同一党派的李绅也做了宰相。而牛党的首领牛僧孺、李宗闵相继被赶出了朝廷。从此，李德裕一党把持朝政。唐武宗十分信任李德裕，对他言听计从。短短数年，唐武宗外攘回鹘、内平昭义（今山西东南部、河北西南部）、整顿吏治、裁汰冗官、压制宦官，朝政焕然一新。

841 年，回鹘内乱，回鹘贵族与部众大部分南迁到唐朝边境。有的大臣认为应趁机攻打回鹘，李德裕力排众议，认为应当安抚，运送粮食接济他们，同时调派兵力加强防御，静观其变。武宗采纳了他的建议，运粮 2 万斛赈济回鹘。第二年，回鹘侵扰唐朝边境，李德裕制定作战方略，征调六镇兵力，大破回鹘军，维护了边境安全。

学历史长知识

斛

斛是古量器名，也是容量单位，10 斗为 1 斛。唐朝也常用斛代用做重量单位，1 斛等于 120 斤（唐制斤）。

841 年，幽州（今北京）发生兵变，卢龙镇将军陈行泰拥兵驱逐节度使史元忠，让人向朝廷请求任命自己为节度使。唐武宗采取了冷处理的办法，将奏表留中不发，让其发生内乱。陈行泰没得到朝廷承认，部将张绛拉人作乱，杀死陈行泰，又奏表请职。唐武宗还是老办法，不表态。卢龙雄武（今天津蓟州）军使张仲武上表朝廷，请求讨伐张绛。唐武宗同意了，结果，张仲武剿灭张绛，平了卢龙之乱，提高了朝廷在藩镇的威信。

李德裕还不断寻找机会打压宦官，尽力减少宦官干政。以往中书省起草的诏令都必须经过由宦官担任的枢密使签押才能下达执行，842 年，中书省起草了关于禁军粮饷的诏令，李德裕命令不通过枢密使而直接下达主管此事的部门，从行政上裁抑宦官。

李德裕执政的日子长了，处理事务越来越凭自己的好恶，人们对他多有不满，但唐武宗十分信任他，还将说他专权的人贬官。大臣们敢怒不敢言，对李德裕更加愤恨。

不听话就打

昭义（今山西东南部、河北西南部）北接河北三镇，南临东西两京，横跨太行山，是战略要地。昭义节度使刘从谏多次上书朝廷，为在甘露之变中死去的人鸣不平，声讨仇士良庇护涉事官员的家属、轻视朝廷。

843年，刘从谏病死，他的侄儿刘稹秘不发丧，以刘从谏病重为由，要求朝廷让他接替伯父的职位。当时唐朝已经与回鹘打了两年多的仗，面对外忧内患，多数大臣认为应该效仿河北诸镇，答应刘稹。李德裕不同意，认为昭义与河北三镇不同，河北自立沿袭已久，人心难以改变，而昭义位于大唐心腹之地，一向忠于朝廷，如果对这样的藩镇采取姑息政策，把军权交给刘稹，那么其他藩镇就会效仿他，朝廷就不会有什么权威了。

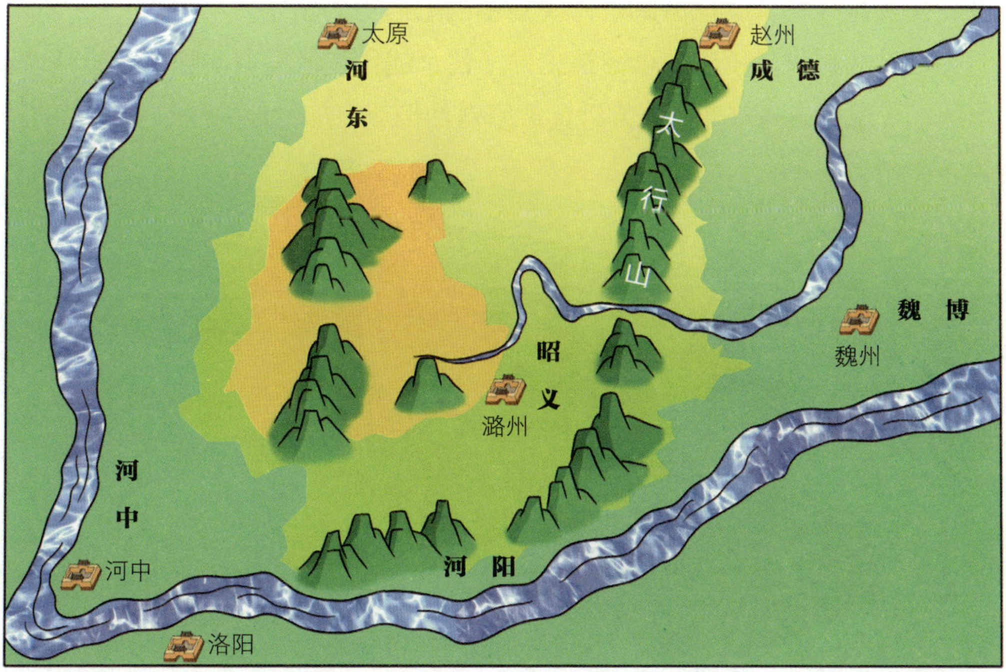

唐武宗决定征讨刘稹，以儆效尤。他一边派使臣到昭义查探实情，一边依计命李德裕起草诏书给河北三镇，表明用兵只针对昭义，不针对河北，消除他们的疑虑，并命令成德、魏博协助。成德节度使王元逵、魏博节度使何弘敬接到诏书，权衡利弊之后，一致表示完全服从朝廷命令。接着，唐武宗削了刘稹的官爵，又命令王元逵、何弘敬与河中（今山西西南部）节度使陈夷行、河东（今山西中部和北部）节度使刘沔、河阳（今河南北部）节度使王茂元合力进兵讨伐刘稹。

当时，宰相李德裕要求各路将领要先直取昭义各州，打下各州后，下属的县守备弱，自然易攻，这样可以迅速制服刘稹。李德裕认为这场战役最终会获得胜利，这让唐武宗讨伐刘稹的心思更为坚定。

在这场讨伐战争中，李德裕主导了整个战役，他根据实际情况灵活调动军队，采用更为高效的作战方针，武宗对他信赖有加，他的建议全部采纳。

期间，唐武宗调任前宰相李石为河东节度使，代替刘沔。正当征讨刘稹节节胜利之际，河东都将杨弁在太原煽动士兵兵变，与刘稹结盟。朝廷面临三线作战，大臣们纷纷建议停止讨伐刘稹，接受他投降。但李德裕劝诫皇帝说，如果此时妥协，只能功亏一篑，朝廷的权威会荡然无存，应该立即调兵进剿太原。皇帝听从了他的建议，调兵遣将，攻打太原。河东兵获悉朝廷派兵攻打太原，担心自己在太原城内的亲人被乱兵屠杀，就自发出兵，将太原攻克，活捉了杨弁。

此时的刘稹阵营，见朝廷的军队势如破竹，内部开始分化，先是刘稹的心腹大将高文端投降。高文端告诉李德裕，王钊虽是刘稹手下的大将，二人之间却互相猜疑、互有防备。于是，李德裕暗中派人向王钊转告皇帝的旨意，答应为他加官晋爵。于是，王钊打开仓库，给士兵每人发一匹绢，鼓动军士投降朝廷。与此同时，刘稹占据的另外两个州也投降了。

844 年，当初协助刘稹谋反的郭谊、王协听说三个州城都投降了朝廷，知道大势已去，他们为了活命，杀死刘稹，投降了朝廷。昭义叛乱平定，地方藩镇的分裂倾向被及时遏制，同时也震慑了其他藩镇，维护了唐朝的统一。

灭佛削势力

佛教在唐朝晚期得到了空前的发展，但佛教活动耗费了大量财物，寺庙占据了大量土地，僧人不服役、不交税，当时有很多男性为了逃避赋税、徭役而出家为僧，僧人越来越多，劳动力越来越少，严重影响了国家的兵源和财政收入。到了唐武宗时期，他崇信道教，宠爱道士赵归真，赵归真就不遗余力地鼓动武宗废除佛教。

845年，唐武宗颁布诏令，禁断佛教，只保留极少数佛寺，迫令僧尼还俗。朝廷还派遣御史去监督当地官府，将废除的寺庙立刻拆除，将佛寺的财产、田产全部没收；用寺庙的建筑材料修缮官舍和驿站；将铜铸的佛像、钟磬都熔化掉，用来铸造钱币，铁铸的佛像则交本州熔化后铸成农具。

当时，佛教圣地五台山的僧人有很多逃亡到了幽州，幽州节度使在朝廷施压下不敢再接纳他们。

据记载，845 年，全国共拆毁佛寺 4600 多所，佛祠 4 万多处，收得田产数千万顷，寺庙奴婢 15 万人，被勒令还俗的僧人 26 万多人。不过河北藩镇所管辖的州县，基本上没有贯彻废佛诏令，还成为僧人逃避还俗，免受打击的避难所。

经过这次灭佛，佛教由极盛走向衰微。大量僧尼还俗、寺庙土地与财富收归政府所有，客观上减轻了人民供养僧尼的经济负担，增加了纳税人口，扩大了国家的经济来源。

信奉道教的唐武宗一心想着长生不老，长期服用金丹，精神状态和身体都出现了问题，846 年就驾崩了，年仅 33 岁。唐宣宗即位后，废止了灭佛政策。

唐朝趣话

唐人吃什么

唐代饮食跟前代相比更具多元性，烹调原料更丰富，菜谱也有了更多选择。从国外引进的调味品、蔬菜等大大丰富了唐人的口感。

醋芹

一种下酒菜，是芹菜经过发酵之后制作而成的菜，酸如浸醋。相传名臣魏征特别爱吃这道菜，皇帝招待他的时候也经常准备醋芹。

黄金鸡

即白斩鸡，白煮加蘸酱，外表金黄。李白诗文“亭上十分绿醑酒，盘中一味黄金鸡”。可见黄金鸡是下酒好菜，李白很喜欢就着黄金鸡畅快豪饮。

酥山

宫廷甜品。将加入蜂蜜的酥酪，滴入器具中摆出山峰的造型，再使用冰进行定形，最后在“山”上插入鲜花等装饰品。

糖蟹

唐人喜欢吃蟹，尤其喜欢吃用糖浆卤制成甜味的糖蟹。加入姜末和盐汁后，蟹的味道鲜美咸甜还带有一点点辣，特别爽口。

唐人的主食

面食有饺子、馄饨、饼类。饼类包括汤饼（比如面条）、蒸饼（比如馒头）、胡饼。米食包括粥和米饭。米饭有粟米饭、稻米饭、黍米饭等。

胡饼

唐朝特别流行的主食，有素胡饼、油胡饼和肉胡饼等不同口味。诗人白居易还曾经寄胡麻饼给好友杨万州，并写诗称赞胡饼。可见这种酥脆咸香的胡饼在当时特别受欢迎。

槐叶冷淘

唐代凉食，将面粉与槐叶水等调和之后，切成饼、条、丝等形状，煮熟过凉水后即可。上到皇室成员下到民间百姓都很喜欢这种吃食，大诗人杜甫曾写过一首同名诗。

生鱼片

古时称之为“脍”。取鱼无刺并且是最嫩的部位，切成薄片，配以调料，或加萝卜丝等蔬菜即成。唐代比较流行，并传播至日本等国。

烤鸭

古代菜肴中“炙品”占很大的比重，唐代称之为“炙鸭”。特别是武则天时期，宠臣张易之创制的“明火暗味烤活鹅鸭”比较美味，但制作方式很残忍。

乌雌鸡汤

据说是一种有利于孕妇安胎的食疗菜肴，用毛、肉、骨均呈黑色的母鸡煮成的汤。

唐人的烹饪方式

炙（烤）、蒸、煮品是唐朝最主要的烹饪方式。现在常见的“炒”在唐朝很少见，究其原因，可能和当时铁锅稀有和油料不足有关。

李昂	李炎	李忱	李漼	李儇	李晔
唐文宗	唐武宗	唐宣宗	唐懿宗	唐僖宗	唐昭宗

参

宣宗想当“小太宗”

李柷

唐哀帝

唐宣宗没做皇帝前，一直以愚钝的形象示人。没想到，登基后的唐宣宗励精图治，致力于解决中唐以来出现的种种社会问题。此时的唐朝朝政腐败，官吏贪污，宦官专权，四夷不朝，国势衰微。唐宣宗治下的大唐还有希望重现往日荣光吗？

励精图治的宣宗

唐武宗去世，以马元贽（zhì）为首的宦官拥立唐武宗的叔叔、唐宪宗第十三子光王李忱即位，史称唐宣宗。马元贽等人本来以为李忱愚钝，容易控制。其实他跟他的父亲唐宪宗一样，非常贤明，刚登基做皇帝就展现出雷霆手段。

唐宣宗对专权的李德裕非常反感，听政没几天，就罢免了李德裕，将他外放到地方。那些一直反对李德裕的官员便乘机揭发他的罪行，李德裕从此一再被贬，直至去世。他的党羽也都相继被贬，牛僧孺一党重新被起用，长达 40 多年的牛李党争，最终以牛党获胜而结束。

对于道教、佛教，唐宣宗采取了和唐武宗相反的政策。他下令杖杀了以赵归真为首的几个道士，恢复了先前对佛教的管理政策。

唐宣宗勤俭治国，体恤百姓。他减少膳食，撤掉歌舞表演，将 500 名宫女放回了家，又放飞了宫里养的鹰，连宫殿的日常维修都暂停了。

唐宣宗注重人才选拔，整顿吏治，不随意赏赐亲近的臣下官爵。他喜欢听规劝之言，凡是谏官们的建议，只要合乎情理，大都能虚心接受。得到重臣上奏的章疏，他必定焚香洗手后阅读。他的行为很有唐太宗李世民的遗风，所以大家称他为“小太宗”。

宰相魏谟是唐太宗时著名谏臣魏征的五世孙，其他宰相进谏，唯恐君主不快，都是委婉谏言，独独魏谟开门见山，无所忌讳。

唐宣宗对唐宪宗的死耿耿于怀，自即位以来，大力整治参与弑杀唐宪宗的宦官、外戚，以及原东宫的官员，很多人受到牵连，被杀掉或被流放，这在很大程度上削减了宦官和外戚的势力，但也造成了人心不安、局势动荡的情况。唐宣宗又特地颁布诏书，称自己不再追究与罪犯较疏远的亲族，安抚民心。

重振李唐国威

安史之乱爆发时，朝廷抽调驻守河西、陇右的精锐边军平定叛乱，吐蕃趁机出兵攻占了河西走廊地区。

842 年，吐蕃王朝的达磨王逝世，引发王位之争，大将们纷纷拥兵自重，吐蕃王朝陷入内乱。吐蕃陇西大将论恐热的军事力量最为强大，吐蕃鄯州边将尚婢婢也起兵自立，双方交战多年，河西地区无一日安宁。

847 年，论恐热趁唐宣宗刚刚即位，伙同党项人和回鹘残部入侵河西诸郡，河东节度使王宰率军讨伐论恐热，将他击败，极大地鼓舞了河西人民反抗吐蕃的斗志。

论恐热性格残暴，他的军队所到之处烧杀掠夺，无恶不作，激起了河西人民的极大愤慨。这时，传奇英雄张议潮横空出世。

张议潮是沙州（今甘肃敦煌）人，他痛恨吐蕃的残暴统治，一心向唐，发誓要让河西回归大唐。848 年，张议潮率众袭击沙州城门，吐蕃守军逃走，张议潮占领了沙州。他派出十路使者，带着十份同样的奏表向长安进发告捷。只有高僧悟真一队历经 2 年将消息带到长安，震动朝野。

849 年，唐朝收复了原州（今宁夏固原）、长乐州（今宁夏中宁）、秦州（今甘肃天水）三州。为了使这些地区恢复安定繁荣，唐宣宗采取了一系列整治措施：招募百姓开垦当地的土地，免 5 年的租税；将获罪而被判流放的罪犯，全部发配到这些地区充实劳动力；优待当地驻守的军人，鼓励士卒耕种、屯田。

张议潮也没闲着，他一方面带领沙州人民发展生产，另一方面积极训练士卒，趁着吐蕃内乱接连攻下了瓜州（今甘肃瓜州）、伊州（今新疆哈密）、甘州（今甘肃张掖）等十州，只剩凉州（今甘肃武威）没有攻下。851 年，张议潮派哥哥张议潭等人携带陇右道的版图、户籍入朝告捷。除凉州外，被吐蕃占据近百年的河西地区重归大唐。

861 年，张议潮拿下凉州，河西走廊终于连成一片。从此，河西走廊再次畅通起来，敦煌等地的贸易逐渐恢复。

论恐热最终也没落得个好下场。因为性情残暴，他的部下不是背叛就是离开，势力越来越弱。势单力孤的论恐热来到长安，狂妄地请求大唐皇帝册封他为吐蕃的赞普，唐宣宗怎么可能答应？论恐热只好灰溜溜地回去了，最终他的部下只剩 300 多人。

866 年，尚婢婢的部将拓跋怀光派骑兵活捉了论恐热，历数他的罪行后杀了他，将他的人头送到长安。论恐热的残兵向东逃往秦州，又遭到截杀。吐蕃的势力从此衰绝。

西北的党项人以牧羊、马为生，镇守当地的唐朝将领们为了抢羊、马，经常欺侮他们，甚至随意杀人。党项人不得不自卫反击，边境不得安宁。唐宣宗知道后，改派文臣镇守，又在官员上任前再三叮嘱，告诫他们要和党项人和睦相处。由于宣宗用人得当，党项地区终于得到安定。

被仙丹要了命

唐宣宗对道教的发展给予了大力扶持。854年，他下诏重新修缮唐武宗时修建的望仙台，以便与道士们随时探讨道术神仙之说。不过因为工程浩大，此事遭到了大臣的强烈反对，最终只得简单修缮了事。857年，他派心腹宦官赶赴岭南罗浮山迎接曾被他下令流放的道士轩辕集入宫，想询问长生不老之术，索要灵丹妙药。

唐宣宗长期服用丹药，以求长生不老。859年，在吃了道士炼的丹药后，唐宣宗的身体状况越来越差，背上长了毒疮，一病不起，3个月后在大明宫病逝，享年50岁。

唐宣宗有12个儿子，因为他始终没有册立皇后，所以这些儿子只有长幼之序，没有嫡庶之分。他不喜欢长子郓（yùn）王李温，偏爱第三子夔（kuí）王李滋。在弥留之际，他召集枢密使等几个心腹宦官，叮嘱他们共同商议起草诏书立李滋为太子。

唐朝趣话　唐朝的户口本和身份证

唐朝人跟我们现在一样，也有户口本和身份证。只不过，唐朝的户口本叫户籍文书，每个家庭都有；身份证其实是一种挂在身上的“鱼符”“龟符”，这东西可不是每个人都有，只有少数很有身份地位的才有资格拥有。

户籍文书

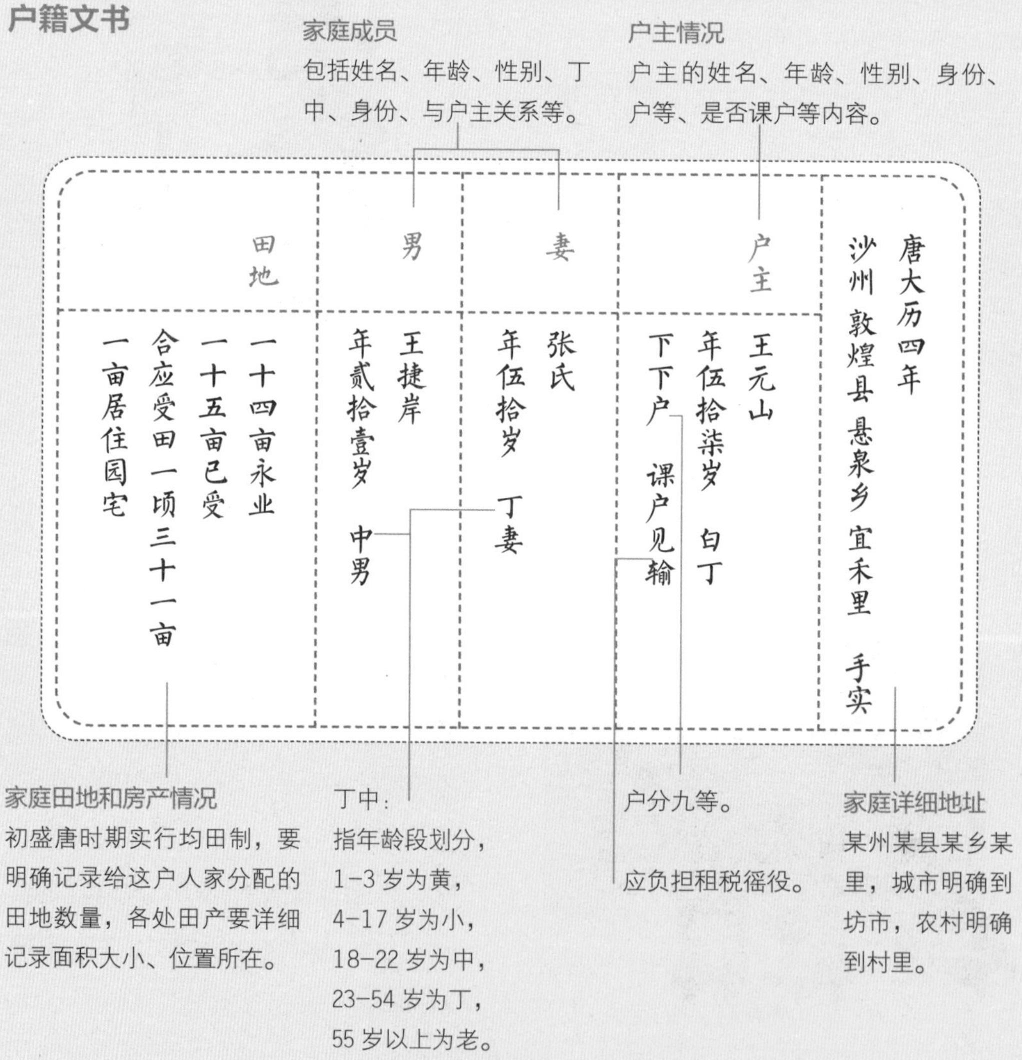

鱼符

鱼符分左右，左符放在“派出所”（唐朝内廷），作为身份证的“底根”；右符由持有人随身带着，作为身份的证明来使用。鱼符的第一功能并非是表明身份，而是一种“权力凭证”，类似于以前的虎符、龟符，可用于调动军队、任免官员。

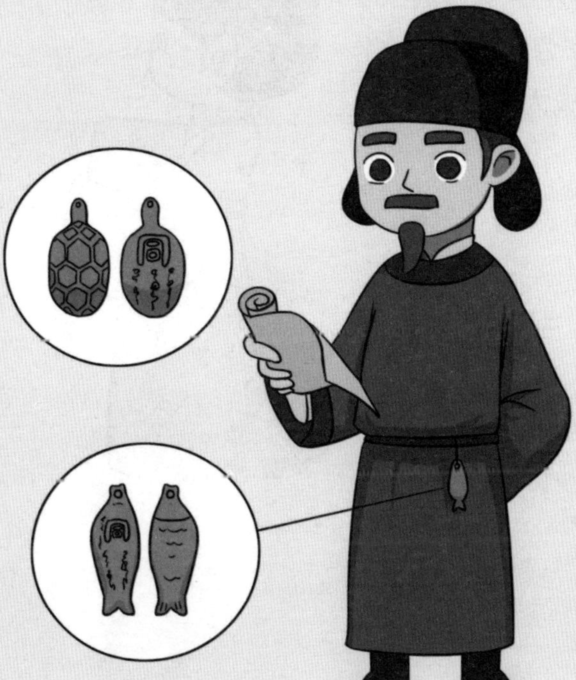

身份划分为士、农、工、商四类。
身份不同，分配的田地数量也不同。

龟符

唐朝廷重视“身份证制度”，给高句丽、安南等蕃国使者也配发了不同样式的符。蕃国符以雌雄来分，雄符留在朝廷，雌符（很多块）交给蕃国来使带回去。如再有来使，则通过雌雄符相合的方式来确认身份。

唐朝的公主

皇帝的女儿称为公主，唐朝的公主是一个特殊的贵族女性群体，她们地位高贵，人格独立，在中国的历史舞台上展现出了别样的风采。受女皇武则天的影响，唐朝前期有不少公主参与政治、争权夺利，充满政治欲望；后期的公主有很多为了朝廷牺牲个人情感，远嫁番邦成为和亲公主，还有的下嫁藩镇子弟。

参政型公主

平阳公主

唐高祖李渊之女，唐太宗李世民的妹妹。她是少有的巾帼英雄，为唐朝的建立立下赫赫战功。唐朝建立后，她退居幕后，享有极高的待遇，去世后，以军礼下葬，这也是独一无二的荣耀。

太平公主

唐高宗李治和皇后武则天之女，唐中宗李显、睿宗李旦之妹，唐玄宗李隆基的姑母，身份地位极其显赫。作为大唐最有权势的公主，太平公主诛杀武则天男宠，消灭专权的韦氏集团，与玄宗争权夺势，积极干预朝政，最终也因政治而死。

安乐公主

唐中宗李显和韦后之女，自小骄纵任性，成年后又极富政治野心，大肆受贿，任人唯亲，严重破坏了唐朝选官制度。为了权势和地位，她竟然与母亲韦后合谋杀害父亲中宗，后被李隆基赐死。

和亲型公主

文成公主

历史上十分著名的人物，公主入藏的故事更是家喻户晓。文成公主不是真正的公主，她是唐宗室女。因吐蕃首领松赞干布一再求娶唐朝公主，被唐太宗封为公主，嫁入吐蕃。文成公主入藏，对汉藏两族都产生了巨大的影响，西藏的布达拉宫就是为她而建。

金城公主

唐朝另一位重要的和亲公主，也是宗室女出身，被唐中宗封为公主。进藏时正值唐朝和吐蕃内部政治动荡之时，金城公主嫁入吐蕃后，不仅是敏感时期的调停剂，还促进了吐蕃与大唐文化、经济的交流。

驸马的社会地位高吗?

驸马是公主的丈夫、皇帝的女婿。可是很多青年才俊并不想当驸马，驸马要接受皇家的婚规，见公主还要报备，非常烦琐。此外，驸马往往都是虚职，没有实权。

其他有故事的公主

玉真公主

唐睿宗李旦之女，生母被武则天所杀。她远离政治舞台，终身未嫁，出家为道士，结识了众多才子，李白和王维均通过她引荐入仕。

永泰公主

唐中宗李显之女。其兄长和丈夫因得罪了武则天男宠，为武则天所杀。第二天，永泰公主因悲伤难产而死，命运凄惨。直到中宗复位，才为永泰翻案，改封公主，陪葬乾陵，她也成为中国历史上仅有的坟墓被称为“陵”的公主，规格与帝王等同。

李昂	李炎	李忱	李漼	李儇	李晔
唐文宗	唐武宗	唐宣宗	唐懿宗	唐僖宗	唐昭宗

肆

昏君一个接一个

李柷

唐哀帝

唐宣宗特别宠爱三儿子李滋，想让他继位，但这个愿望最终没能实现。859年，宣宗病逝后，神策军中尉王宗实假借宣宗的名义，立长子郓王李温（后改名为李漼）为太子。不久，李漼即位，史称唐懿宗。唐懿宗对治理国家不感兴趣，他把朝政事务委托给宰相处理，自己悠闲地过着奢侈享乐的生活。他在位的时候，唐王朝内忧外患，战乱不断。

战乱不断民怨重

唐宣宗虽然取得了不错的政绩，但是农民的生存状况依旧十分困窘，不时有农民不堪压迫起义反抗。当时，东南地区物产丰富，经济发达，是朝廷的财政命脉，这也导致当地百姓的苛捐杂税尤其繁重，遭到层层搜刮。到唐懿宗时，农民起义的情况已经一发不可收了。

859 年末，唐懿宗继位还不到半年，浙东地区的盐贩裘甫率百余位农民起义，多次打败官兵。他们招兵买马，其他地方的农民起义军和流亡农民纷纷前去投奔，队伍一下子壮大到 3 万人之多。起义军的势力一天比一天强，攻占了多座城池，官兵屡战屡败，朝野震动。朝廷急忙调派王式统率忠武（今河南中部）、义成（今河南北部）、淮南（今江苏、安徽省长江以北、淮河以南）三个藩镇的大军前去镇压。

王式上任后，整顿军队纪律，下令各县开仓放粮，根据当地形势部署军队。接下来的大大小小几十次战役，起义军全部失败，在坚持了 7 个月后被镇压，朝廷获得了胜利。虽然裘甫起义失败了，但加速了唐王朝统治的崩溃。

同时，唐朝西南边境面临南诏国的严重威胁。859 年，新任南诏王世隆叛唐，趁安南都护王式被调走之机侵占了安南，进而侵犯广西、贵州、四川地区。

由于用人不当，唐军屡次失利，被杀被俘十几万人。864 年，名将高骈临危受命，出任安南都护。高骈整治军队，练兵于海门（今广西合浦），经过一年筹备，率 5000 唐军开始反攻，多次打败南诏军。监军宦官嫉妒他立下战功，隐瞒消息，还诬陷他不敢进兵。唐懿宗大怒，下令召高骈回京治罪，直到后来知道真相，才又恢复了高骈的官职。866 年，高骈彻底打败南诏军，收复了安南。

收复安南后，高骈在当地恩威并施，安抚当地民众，加强防务，又疏浚到广州（今广东广州）的漕运水路，保障军粮的供应，南方边境从此安定下来。

世隆不甘失败，转而把目光投向四川。869 年，他动员全国力量，亲率数万大军，攻占四川多个城池，长驱直入杀到成都城下。守城的唐军顽强抵抗，苦战数日，各路援军也及时赶到，世隆被迫退军。此后，南诏军又多次入侵四川，进逼成都。

875 年，朝廷调高骈任西川节度使。南诏军得到消息，仓皇逃窜，高骈派兵追击，收复多座城池，又修复关隘城池，派兵驻扎。877 年，世隆再次率军入侵四川，又遭大败，愤恨而死，时年 35 岁。

南诏在安南和四川惨败，国力耗尽，不得不向唐朝请和，从此再难为患。但南诏的入侵造成了大量人员伤亡，使唐朝国库更加空虚，百姓更加穷困，这加剧了晚唐的社会动荡。

南诏的入侵还间接引发了一场农民起义。徐州军能征善战，是朝廷倚重的军事力量。862 年，南诏军袭扰广西，朝廷征调了 800 徐州军屯驻桂林。按规定，士兵戍边每三年轮换一次。868 年，已戍边 6 年的徐州军被要求再戍边一年。早就盼着回家的徐州军非常愤怒，他们拥立粮草官庞勋为首领，夺取兵器、铠甲，发动兵变，打算打回老家。

朝廷得知此事，发了一道诏令，没有治他们的罪，而是赦免了他们，允许他们返回家乡。但是，徐泗观察使崔彦曾派兵中途截杀，结果官兵大

败，徐州军趁势攻占了宿州（今安徽宿州）、徐州（今江苏徐州），兵变变成了起义。

崔彦曾派兵埋伏山中，准备以逸待劳，等庞勋等人到达时发动突然袭击。

江淮地区的农民积极响应，纷纷加入庞勋的队伍，起义军发展到 20 多万人，攻占了山东南部和江淮地区，切断了唐王朝从江南运输财赋的通道。

前去镇压的唐军，疲于奔命，屡战屡败。唐懿宗又派 20 万大军前往镇压，一年后，庞勋兵败被杀，起义失败。庞勋起义虽然最终以失败告终，但破坏了江淮漕运，直接影响了中央财政收入，对唐朝的打击很大，还拉开了唐末农民大起义的序幕。

荒唐的唐懿宗

即位时已经27岁的唐懿宗李漼，是个不折不扣的昏庸骄奢的皇帝，他的统治加速了大唐的衰亡。

虽然国家战乱不断，但这丝毫影响不了唐懿宗游玩宴饮的兴致。他每个月设宴不少于10次，席间山珍海味应有尽有，他还通宵达旦地观看优伶演出，不知疲倦。殿前为他奏乐的乐工经常多达500人，演出结束时对乐工、优伶的赏赐也非常丰厚，有时多达上千串钱。长安附近风景名胜中的行宫，是唐懿宗经常光顾的地方。他每次出游，皇族成员、相关部门人员以及神策军等10多万人都要陪同，钱财耗费无数。大臣们劝谏他，可是根本没有用。

学历史长知识

教坊

唐朝供欣赏娱乐的乐舞种类繁多，宫中设有演出这类乐舞的机构——教坊。教坊演出的节目，主要是音乐舞蹈，还有《大面》《踏谣娘》等民间歌舞戏与顶竿等杂技。教坊中以乐舞谐戏为业的艺人称为优伶。

唐懿宗不关心政事，朝政大事的担子自然就落在了宰相身上。他在位14年间，共任用了21位宰相，他们不是碌碌无为之人，就是贪污腐败之辈，甚至还有昏庸残暴之徒，将朝廷搞得乌烟瘴气。皇帝荒唐、大臣无能，这些问题加重了李唐王朝的统治危机。

他还是个孩子啊

873 年，唐懿宗意外病逝了，终年 41 岁。宦官们立唐懿宗的第五子、年仅 12 岁的李儇（xuān）继位，史称唐僖宗。

唐僖宗自幼由宦官田令孜照顾，因此很喜欢且依赖他。当了皇帝后，唐僖宗立马升了田令孜的官，让他掌管神策军。唐僖宗在田令孜的引导下，天天只顾着玩儿，久而久之，都忘了自己是个皇帝，完全没有处理国事的意识。田令孜趁势独揽大权，大肆收受贿赂，公然卖官鬻（yù）爵，擅自任命五品以上的官员。

田令孜一手遮天，胡作非为，在他的操控下，朝廷官员多是奸险侫幸之徒。朝廷整体不作为，加上全国各地灾患不断，各地出现大量的饥民和贫民。不久，王仙芝、黄巢起义爆发，进一步加速了唐朝的灭亡。

新罗人在大唐

大唐对外国留学生开放科举考试，考取功名的，称作“宾贡进士”。留学的经费，大部分由大唐政府买单。这一开明的政策，吸引四方学子纷纷前来求学，新罗（朝鲜古国名，位于朝鲜半岛南部）人崔致远就是其中一员。

崔致远是朝鲜历史上第一位留下个人文集的大学者、诗人。868年，年仅12岁的崔致远跟随商船来到了大唐，以留学生的身份在长安国子监就读。

苦读6年后，崔致远进士及第，之后去了洛阳，以教书为生。881年，他被当时的淮南节度使高骈聘为幕僚，充当了秘书和高级参谋的角色，写了大量的公文，其中就有著名的《檄黄巢书》，他的才华得到了高骈的赏识。唐僖宗也很赏识他。884年，唐僖宗让他带着国书，以唐朝使节的身份荣归新罗。

崔致远在唐16年间，创作了1万多篇作品，其中诗歌有300多首，其余都是散文和应用文。他所撰写的《檄黄巢书》，条理清晰，措辞犀利，据说黄巢读到后吓得从床上掉了下来。

唐朝趣话

唐人喝什么

烧酒

微火慢烧，把生酒
加热到 60~70℃，
既能杀菌，也不会使生酒沸腾变味。
用这种方法最终做成的
酒叫“烧春”。

李白斗酒诗百篇。
1 斗相当于现在的 2 升，
当时的酒度数很低。

葡萄酒

“葡萄美酒夜光杯”，
边塞诗人王翰诗中提到的
葡萄酒在唐代很受欢迎，
品酒、藏酒、酿酒都为
文人官宦津津乐道之事。

茶

初唐多为熬茶，
还添加葱、姜、蒜等佐料，
味道比较奇怪，人们不太喜欢。
中唐之后，受茶圣陆羽
的影响，改为煎茶，
茶作为饮料很快风行全国。

煎茶其实煎的是碾碎的
茶叶末子。喝茶一般用
各式各样的茶盏。

醍醐

外来词汇音译，
是赤黄色的精炼奶油，
是一种速酿的牛乳制品。
“醍醐灌顶”一词即来于此。
指灌输智慧，
使人彻底觉悟。

蔗浆

是把甘蔗汁晾晒、熬煎后
做成浓缩的甜浆，
一般作为甜度剂使用。
在新鲜的樱桃上浇上蔗浆，
是唐朝春季最受欢迎的
甜品之一。

唐朝趣话

唐朝男子爱玩的游戏

唐朝社会风气开放，民间娱乐活动十分丰富，上起皇室贵族，下到平民百姓，多积极参与。这里介绍四种唐朝男子尤其喜爱的娱乐游戏。

一、斗鸡

唐朝极受欢迎的娱乐活动，将两只斗鸡带到斗鸡场地，人们在场边围观，直至分出胜负。两只鸡打斗时，鸡毛乱飞，十分刺激，别具竞技魅力，很有观赏性。唐玄宗特别爱斗鸡，还专门在宫中训练皇家斗鸡。诗人韩愈和孟郊也曾以斗鸡为题联句。

二、弹棋

源于汉朝，流行于唐朝。弹棋棋盘特殊，像个隆起的小山包，底座是方形，顶部是圆形。双方各有黑红十二子，游戏时要用自己的棋子击打对方的棋子。杜甫、白居易等诗人都做过弹棋诗。

三、投壶

中国古代流行很久的娱乐活动，在士大夫群体中尤其受欢迎。投壶的规则很简单，将特制的箭投入壶中，投中多者赢。唐朝士大夫、军中宴席上多玩投壶，常伴以饮酒、赋诗助兴。

四、蹴鞠

足球运动的前身，是唐朝很普遍的娱乐活动，玩法多样。唐朝蹴鞠重技巧，讲究在踢球时展现出各式技艺，以此来评判球技的高低。唐朝有多位皇帝喜欢观看蹴鞠比赛。

李昂	李炎	李忱	李漼	李儇	李晔
唐文宗	唐武宗	唐宣宗	唐懿宗	唐僖宗	唐昭宗

伍

黄巢反唐

李柷

唐哀帝

唐懿宗奢侈无度，加上连年用兵，强加在人民头上的赋税越来越繁重。唐僖宗继位后，宦官田令孜掌权，朝政腐败混乱。水灾、旱灾、蝗灾连年发生，官吏强征赋税、徭役的现象愈演愈烈，百姓走投无路，最终引发了著名的黄巢起义。这次起义，沉重打击了唐朝的统治，风雨飘摇中的唐王朝还能支撑多久呢？

从卖盐到打天下

刚刚即位的唐僖宗，面临的是一个棘手的现状：饱受苛捐杂税之苦的老百姓遭遇饥荒，官吏、地主还加紧盘剥，人祸加上天灾，大批百姓被饿死，活着的人只能到处逃亡。

876年年底，朝廷招降，王仙芝动了心，黄巢坚决反对，心生嫌隙的两人分开，各带领一支队伍作战，义军的力量大大削弱。

874年，濮州（今山东菏泽）人王仙芝率领3000多饥民在长垣（今河南长垣东北）起义，队伍很快就发展到数万人。875年，曹州（今山东菏泽）人黄巢招募到几千人，在冤句（qú，今山东菏泽）起兵响应王仙芝。没有活路的农民纷纷前来投奔黄巢，短短几个月，起义队伍就发展到数万人。黄巢和王仙芝两支起义队伍会合之后，力量强大了不少，接连攻下中原地区许多州县。

878年，王仙芝兵败被杀，黄巢收编了他留下的队伍，成为义军总领袖。

纵横南北人人怕

与此同时，朝廷任命与南诏作战立下大功的高骈为镇海节度使，加紧围剿黄巢。连吃败仗的黄巢看中原不好打，好些个将领被招降，于是渡过长江，转战江南，于879年春打到了岭南。

黄巢的士兵都是北方人，到了岭南水土不服，很多人死于瘟疫。部下劝他回师中原，他也意识到广州非久留之地。十月，起义军沿着湘江北上，在荆门遇到严阵以待的唐军。唐军主力埋伏在树林里，以骑兵迎战，假装战败而逃，黄巢军队追击之时，唐军伏兵突起，大破黄巢军。超过七成的起义军不是被杀就是被俘，继续北上直取长安是不可能的了，黄巢只好率领残部渡过长江向东转移。

由于政治昏暗腐败，朝廷内部各方势力，存在严重的利益冲突。朝廷人心不齐，对待黄巢起义也是各有各的心思。

唐军停止了追击，让黄巢有了喘息的机会，他一路招兵买马，队伍又发展到了 20 万人。唐僖宗觉得多次打败黄巢的高骈挺靠谱，于 880 年三月任命他为镇压起义的最高军事统帅。

880 年是唐僖宗李儇即位后的第七个年头，时年 19 岁的他，依然玩性不减，浑然不觉大唐已经千疮百孔，江山已摇摇欲坠。

高骈很快招募到 7 万人马，他派部将张璘阻击黄巢。张璘多次打败起义军，招降多名义军将领。黄巢被迫退守信州（今江西上饶），不幸军中再次暴发瘟疫，死了很多士兵。形势对黄巢十分不利，他使出诈降的招数，写信给高骈表示愿意归降，高骈答应了。当时，唐军有好几路军队正在赶

黄巢在科举考试落第写过一首诗《不第后赋菊》。

来，高骈担心他们夺了平定黄巢起义的功劳，就让这些军队都撤走。唐军大部队退回后，黄巢就反悔，不投降了。他率军突袭张璘，将其杀死，一举突破了高骈的封锁线。

七月，黄巢军队浩浩荡荡地渡过长江，大举北上，一路势如破竹。十二月初一，黄巢带领大军到达潼关，朝廷派来增援的神策军也恰好赶到。双方从中午一直战斗到傍晚，第二天接着再战，最终唐军溃败而逃。

十二月五日早朝后，唐僖宗由500名神策军护卫着仓皇逃往成都避难。同一天，留在京城的宰相张直方率百官迎黄巢进长安。黄巢登基做了皇帝，定国号为大齐，大赦天下，分封百官。

黄巢明白，进长安仅仅是个开始，接下来首先要稳定住长安城的局势。他采取了以下策略：对于穷人，只要见到就加以赈济；对于留在长安的李唐宗室成员，全部杀掉；对于顽固不化、为非作歹的唐朝官员，重刑镇压；其他的官员，三品及以上的，停止任用；四品及以下的，官复原职；在逃的官员，若是在规定时间内到规定的地点报到，则官复原职。

朱温叛齐降唐

黄巢虽然称帝了，但大多数藩镇、州县还是不服他管，各路势力在新任镇压起义的最高军事统帅王铎的指挥下，逐渐对长安形成了包围圈，但是没有人愿意发动进攻。双方就这么僵持着。

882年，黄巢手下的得力干将朱温向朝廷投降，这件事对他打击巨大。

朱温很早就跟随黄巢南征北战，他作战勇敢，屡立战功，迅速成长为独当一面的将领。攻克长安后，黄巢把长安东面最主要的屏障同州（今陕西大荔）交给朱温。

然而，朱温被围攻他的唐军将领王重荣打败后，眼见黄巢军势一天不如一天，于是率领同州军民投降了唐朝。唐僖宗大喜过望，赐名“全忠”。朱温的投降，无异于斩断了黄巢的一支臂膀，把黄巢政权进一步推向绝境。

李克用大败黄巢军

打破黄巢与藩镇联军僵持局势的，是李克用。李克用是沙陀（今新疆准噶尔盆地一带）人，本来姓朱邪，他的父亲朱邪赤心因为镇压庞勋起义有功，被唐懿宗赐名李国昌。

878 年，仗着父亲李国昌是振武节度使，李克用强行占领了大同，自任大同防御使。结果，朝廷大怒，将李国昌调任为大同节度使，另外委任其他人做振武节度使。李国昌占据两镇的愿望落空，于是父子一同造反，兵败后逃到了北方的鞑靼部落。

882 年，朝廷赦免了李氏父子，李克用带领 4 万沙陀军，协助朝廷镇压黄巢起义。沙陀士兵镇压过庞勋起义，他们身穿黑衣，英勇善战，黄巢农民起义军内心畏惧他们。双方展开激战，起义军连连大败，数万人被俘、被杀。

李克用每天晚上派人潜入长安，烧毁黄巢起义军的粮食、草料等物资，攻杀一阵后就撤退，这使黄巢政权的官员无比恐慌。黄巢眼见军心涣散，加上长安城中粮食匮乏，有了退出长安的想法。883年四月，李克用攻打长安城，黄巢打不过他，带领15万义军连夜逃走了。

逃出长安的黄巢一路败退，直至陈州（今河南淮阳）。884年五月，陈州天降大雨，平地积水有1米深，黄巢的军营被大水冲的冲，淹的淹，又听说李克用大军快到了，只得率兵再度逃跑。没多久，李克用就追来了。这时，黄巢的军队正在黄河边渡河，李克用乘势袭击，黄巢军1万多人被杀，大将们纷纷投降了唐军。黄巢带着几百残兵逃到山东莱芜狼虎谷，自己抹了脖子，这场轰轰烈烈的起义以失败告终。

黄巢起义是唐末农民起义中历时最久、范围最广、影响最深远的一场农民起义，这场起义转战近半个中国，严重破坏了李唐统治的根基，唐朝国力大衰，步入末路。

唐朝趣话　唐朝时尚运动——马球

相传，马球源于吐蕃，后传进大唐。唐朝年轻人特别喜欢这种富有竞技性的游戏。唐朝中晚期的皇帝们，几乎人人都痴迷马球。神策军将士也十分热衷马球运动。

马匹

体格矫健、善于奔跑、较通人性，有的人还会特意给马鬃毛染色。

球

用质轻而又坚韧的木材制成，中间空心，小巧轻便，表面绘有朱漆或彩漆。

球杖

一般是用一根木头制作，顶端呈半月牙状，便于控球。

场地

皇室的马球场地十分考究，老百姓的场地则比较随意。

驴鞠

唐代有不少女子也喜欢马球，但是马球运动过于激烈，所以很多女子用骑驴代替骑马玩这个游戏，被称作“驴鞠”。

规则

分为两队，上场人数根据参加人数而定，球场上设有球门，出场者一人骑一马，手持一球杖，骑在马上用球杖击球，相互传球配合，球入球门则得分。

胜负方式

有头筹和记筹两种比法。先把球击入球门被称为头筹，拔得头筹即为获胜；记筹则是谁能先打入一定的球数为胜。

唐朝趣话

“大红大紫”有来历

古代官员穿的衣服，颜色很讲究。唐太宗在贞观四年（630 年）颁布《定服色诏》，制定了紫、绯、绿、青的服色等级，不同品级的官员穿不同颜色的官服。贵族高官主要穿紫、绯（红）二色，因此“大红大紫”和“红得发紫”被用来形容一个人声名显赫。

赭黄色

对应身份：皇帝

紫色

对应官阶：一至三品顶级官员

唐太宗时期的著名大臣魏征，晚年被封为太子太师，官阶是从一品，所以穿紫袍。

绯色

对应官阶：四至五品高级官员

唐太宗设立弘文馆时，请著名书法家欧阳询担任学士，官阶是五品，穿红袍。

绿色

对应官阶：六至七品中级官员

诗人王勃做过州参军，七品，着绿袍。

青色

对应官阶：八至九品低级官员

刘长卿被贬为县尉时，写过诗句“青袍今已误儒生”。县尉九品，所以穿青袍。

白色、褐色、皂色

对应身份：平民商贾

诗人孟浩然一生不曾入仕，被称为“孟山人”，常年穿白袍。

唐朝趣话

唐人的宠物

唐朝国力空前，唐人自信、乐观，对生活充满热情，饲养宠物成为一种时尚。当时饲养宠物之风盛行于宫廷和文人士大夫阶层，民间尚不普及。唐朝最流行的五种宠物是鹞（yào）、猞猁、鹰鹘、鹦鹉、京巴狗。

鹞

又称“鹞鹰”“鹞子”，性格凶猛，是一种短翅飞禽，唐朝人用它来抓鹌鹑和一些小鸟。“太宗怀鹞”的典故流传至今。

猞猁

高官贵族们很喜欢驯养这种动物来捕猎。猞猁的模样像猫，擅长扑杀兔鼠羊鹿等动物，身体轻捷灵便，奔跑速度快。

鹦鹉

宫廷和民间一些富贵人家爱养鹦鹉。杨贵妃有只白色鹦鹉名叫“雪衣女”，非常聪明，很受唐玄宗和杨贵妃的喜爱。

鹰鹘

又叫“海东青”，身形比鹞大一些，是一种驯鹰。唐朝人用它来捕捉苍鹭等大鸟以及野鸭等水禽。唐太宗养过一只名叫“将军”的白鹘。

京巴狗

唐时叫“拂林犬”或者“猧（wō）子”，聪明亲人，经训练可以做出很多有趣的动作，十分可爱，在当时的上流社会风行一时。贵妇人给自己画像，经常要求把自己的爱犬一起入画。

李昂 唐文宗 — 李炎 唐武宗 — 李忱 唐宣宗 — 李漼 唐懿宗 — 李儇 唐僖宗 — 李晔 唐昭宗

陆

有心无力的昭宗

李柷

唐哀帝

888年，从成都返回长安才十几天，唐僖宗就病逝了，年仅27岁。宦官杨复恭立唐僖宗的弟弟、22岁的李杰为帝，史称唐昭宗。此时，宦官控制朝政、藩镇目无朝廷、社会动荡、民心不稳、经济衰退、国库空虚。有着振兴王朝志向的唐昭宗，能够拯救大唐吗？

坚决不做木偶皇帝

唐昭宗身材魁梧，举止端庄，聪明好学，在皇帝的候选人中算是贤明的一个。他即位后，厉行节约，削减宫内开支；尊重大臣，对他们礼遇有加，起用善权谋的张濬（jùn）为宰相；重视儒学……一时间，朝廷上下充满了活力。

唐昭宗当亲王、跟随唐僖宗逃亡成都时，曾和田令孜结仇。

接着，唐昭宗在张濬、杜让能等宰相的辅佐下着手打压宦官专权，抑制藩镇，恢复朝廷权威。他第一个要收拾的人就是田令孜。这时田令孜在他的哥哥、西川（今四川中西部）节度使陈敬瑄那里做监军，唐昭宗撤了他的职，调陈敬瑄做空有其名的龙武统军。田令孜和陈敬瑄在西川造反，唐昭宗下令讨伐。

宦官杨复恭倚仗自己拥立皇帝有功，不可一世，一手把持禁军，对朝政独断专行，还收了众多的义子，把他们派到各州镇做节度使、刺史、监军，缔造了一个遍布朝野的庞大关系网。唐昭宗心中很是不满。

唐昭宗拉拢杨复恭最得力的义子杨守立，赐名李顺节，让他负责指挥禁军，兼任镇海节度使，不久又加封宰相。李顺节转而死心塌地效忠唐昭宗，与杨复恭明争暗斗。唐昭宗见李顺节成功掌控部分禁军，于是解除了杨复恭的兵权，逼他退休。

891 年，有人报告杨复恭谋反，唐昭宗派李顺节率军攻打杨复恭的住宅，杨复恭逃到兴元（今陕西汉中），和他的几个义子起兵造反。凤翔（今陕西宝鸡）节度使李茂贞想趁机扩张地盘，擅自出兵攻打杨复恭，并向皇帝请求做平叛的招讨使。

892 年秋，李茂贞攻克了兴元，杨复恭和他的义子们出逃，被华州（今陕西渭南市华州区及周边）刺史韩建俘获，送到长安处死了。唐昭宗的心腹大患杨复恭终于被彻底铲除。

李茂贞倚仗自己有功，更加专横，甚至写信羞辱皇帝。唐昭宗气坏了，决定讨伐他，命令宰相杜让能负责此事。893 年，唐昭宗派 3 万禁军讨伐李茂贞，李茂贞的士兵都身经百战，而禁军都是刚刚从民间招募的少年，哪里打得过？李茂贞获得大胜，联合邠（bīn）宁（今陕西彬州）节度使王行瑜带领大军包围长安，逼唐昭宗杀了杜让能，关中地区有 15 个州都被他占去了。

与藩镇的斗争

打那之后，朝政被凤翔、邠宁两大藩镇把持，神策军也被他们控制了，朝廷的大小事都得按照李茂贞和王行瑜的意思办，大部分大臣、宦官也依附这两个人，朝廷的一举一动他们知道得一清二楚。

895 年，李茂贞、王行瑜、韩建率领数千精兵来到长安，胁迫唐昭宗。

李克用听说李茂贞等人冒犯朝廷，立即率大军南下，并向唐昭宗上表，请求讨伐他们。李克用担心他们一旦联合起来、力量太大，会对自己构成威胁。

听说李克用要来，李茂贞等人吓坏了，赶紧撤离长安。李茂贞的义子在朝中担任神策军右军指挥使，想挟持唐昭宗，而神策军左军指挥使是王行瑜的弟弟，也想挟持唐昭宗，双方打成一团。最后，这两批人马被神策军将领李筠打跑了，在他的护卫下，唐昭宗仓皇逃出长安避难。

李茂贞自知不是李克用的对手，上表请罪，唐昭宗赦免了他，命李克用讨伐王行瑜。王行瑜兵败身死后，唐昭宗又回到了长安。李克用乘势攻打李茂贞，但是唐昭宗担心如果杀了李茂贞，李克用的势力将更为强大，到时候就没人可以制衡了，就委婉地拒绝了李克用的请求。李克用只得收兵回去，他一走，李茂贞又骄横起来，占据了河西大部分地区。

896 年，李茂贞率兵再次进逼长安，打败了朝廷新组建的军队。唐昭宗被迫再次逃离长安，开始了他的第二次流亡，这次他准备到太原避难。在镇国军节度使韩建的胁迫下，唐昭宗到了华州。唐昭宗被韩建控制，只能对他言听计从，刚刚立下大功的李筠和很多皇室王爷都被杀掉，新组建的军队也被解散了。

朱温一再请求唐昭宗迁都洛阳，李茂贞、韩建当然不愿意让唐昭宗落到朱温手里，又自知不是朱温的对手，就重建了长安的宫殿，于 898 年护送被软禁了近 3 年的唐昭宗回到了长安。

唐朝趣话

唐代藩镇的几种类型

说到藩镇，很多人都会把它跟割据联系在一起，认为它是唐朝末期政治动荡的罪魁祸首。其实，并非所有的藩镇都长期处在割据状态。各藩镇的历史渊源、经济状况、与中央政府的关系都不一样，史学界根据它们的特点，通常将其分为河朔割据型、中原防御型、边疆防御型、东南财源型。

①河朔割据型

是唯一一个长期处于割据状态的藩镇类型。魏博、成德、卢龙、淮西等藩镇为这一类型的代表。它们为安史残余势力，盘踞在河北一带。河朔割据型藩镇长期动乱不断，节度使由本镇自行拥立，不受中央政府委派。征收的赋税，也都不上交中央，全部截留自用。另外，河朔割据型藩镇还养蓄重兵，与中央分庭抗礼。

②中原防御型

是在安史之乱中新兴的藩镇类型，如昭义、河阳、河东、河中等。这些藩镇的节度使由中央任派，赋税可以不上交中央，而是优先供给当地军需。中原防御型藩镇也常年养蓄重兵，它们本是为防御河朔藩镇而设，同时也负责保护东南漕运。这些藩镇中易出骄帅，拥兵自重，动乱频发。

③边疆防御型

唐朝疆域辽阔，周边少数民族政权众多，巩固边防十分重要。边疆防御型藩镇，由原边防军镇发展而来，如凤翔、泾原、西川等。这些藩镇的节度使由中央任派，赋税收入不足，需要中央补贴。当时交通不便，这些藩镇离中央较远，常出现供给不足的情况。这些藩镇的将帅管理苛刻，兵乱时有发生。

④东南财源型

是中央政府牢牢控制在手的藩镇类型，动乱很少。东南财赋型藩镇是唐政府财政赋税的主要来源地，位于浙东、浙西、江西、福建等比较富庶的地区。它们的节度使也由中央任派，赋税需要上交，驻兵较少。

唐朝趣话

唐代女子超前的审美

唐代是一个充满变革与创新的朝代，女子在体型、服饰、化妆等方面对美的追求，体现了他们的审美观，也体现了大唐风范。

丰腴之美

在对人体美的认识上，唐代人将丰腴视为美丽的标志，丰腴代表着健康的身体和安乐的生活，进而代表着较高的财富水平。丰腴美的人物常被描绘为衣着华丽、举止优雅的形象，这进一步强化了丰腴与社会地位之间的联系。

牡丹情节

女皇武则天独爱牡丹，将其移植至宫中，使之在唐代大为流行，洛阳牡丹也随之兴盛。直至今日，洛阳牡丹仍闻名全国。花瓣层叠雍容的牡丹符合唐人雍容繁复的审美取向，因而极受欢迎，唐诗中有关牡丹的诗有 200 多首。

色彩之美

唐代女子服饰在色彩上采用了传统的“五色”——青、红、白、黄、黑为主色。这五种颜色在不同的服饰中都有着各自的特色，有效地提升服饰的整体美感，同时在搭配上也有着较强的包容性。“撞色搭配”能形成强烈的视觉冲击效果，也深受唐代女子喜爱。

装饰之美

唐代女子服饰纹样种类繁多，较为常见的有植物纹样、动物纹样、人物纹样等，其中牡丹纹特别受欢迎。在头饰和配饰上，也能体现唐代女子对美的追求，比如精致的步摇、精美的项链、精巧的香囊。

李昂	李炎	李忱	李漼	李儇	李晔
唐文宗	唐武宗	唐宣宗	唐懿宗	唐僖宗	唐昭宗

柒 大唐灭亡倒计时

李柷

唐哀帝

唐昭宗立志要恢复大唐荣光，当中兴之主。可惜，迎接他的是一个接一个的悲剧：剪除藩镇割据势力，屡战屡败；对付专权的宦官倒是有一套，可惜打倒一个又起来一个。最终，他把仅有的家当输了个干干净净，受尽屈辱而死，大唐灭亡进入读秒阶段。

朱温称霸中原

唐昭宗从华州返回长安后，朝廷更乱了：宰相崔胤（yìn）有朱温做靠山，趾高气扬，一心独揽大权。宦官头目则和李茂贞、韩建勾结，嚣张跋扈、目无法纪，双方针锋相对。

备受打击的唐昭宗这时仿佛变了一个人，他不仅酗酒，还喜怒无常，经常随意杀死侍奉自己的人。900 年十一月的一天，趁唐昭宗酒醉，宦官刘季述等率神策军进宫，囚禁了唐昭宗，逼着崔胤率百官请太子李裕即位。

崔胤写信给朱温，请他发兵帮助昭宗恢复皇位。得到朱温支持后，崔胤联合神策军将领孙德昭等人，于 901 年正月初一，杀了刘季述，迎唐昭宗复位。新上位的宦官韩全诲与李茂贞交好，崔胤又与他斗得不可开交。这年年底，朱温打着“清

学历史长知识

神策军

唐朝后期，北衙禁军中神策军风头最盛。神策军原本是防御吐蕃的边防军，唐代宗时成为天子亲兵，是朝廷直接控制的主要兵力，也是维护唐朝统治最重要的军事力量。神策军长期由宦官掌管，是他们干预朝政、操控皇位的主要依仗。

君侧”的旗号率大军向长安进发，想接唐昭宗到洛阳。韩全诲先下手为强，将唐昭宗劫持到了凤翔。朱温一路跟随到凤翔城下，让李茂贞放回皇帝。唐昭宗派人出来让朱温退兵，朱温只好气哼哼地走了。

902 年，朱温再次率大军讨伐李茂贞。朱温见凤翔城坚固难攻，于是移兵攻打周边州县。其他州县相继被朱温占领，凤翔变成了一座孤城。几个月后，凤翔城内的粮食吃光了，冻饿而死的百姓不计其数，李茂贞不得不和朱温和解。唐昭宗结束了第三次流亡生涯，又回到长安。

在朱温的支持下，崔胤一手把持朝政，任命、贬谪官员，全凭个人喜好，将朝廷的文臣武将大清洗了一遍。朱温还留下万余人留守长安，让他的侄儿担任保护皇帝的禁军首领，又将他的亲信安排到宫中、京城和京城周边地区的要害部门，唐昭宗正式成为傀儡皇帝。此时的朱温，已然成了中原霸主。

朱李争雄夺江山

早在镇压黄巢起义时，李克用、朱温二人就结下了深仇。当时，李克用大败黄巢后，在朱温控制的汴州（今河南开封）修整，朱温设宴款待李克用，李克用言语上多次侮辱朱温。朱温怀恨在心，夜里趁李克用酒醉放火想烧死他，李克用侥幸得脱。

890 年，朱温挑唆唐昭宗讨伐河东的李克用。唐昭宗削了李克用的官爵，召集好几个藩镇攻打李克用，二人矛盾加深。

李克用本来掌握着最强大的藩镇势力，但他性格直率，容易得罪人，又对奸诈之徒缺少防范，多次遭到背叛，元气大伤。而朱温很会打仗，也很会耍阴谋，陆续占领了黄河南北的大片地方，成为最强大的藩镇势力，这时，他盯上了河中。901 年正月，朱温属下大将张存敬一举攻陷河东的晋州（今河北石家庄）、绛州（今山西运城），随后直扑河中。

河中节度使王珂慌忙向李克用求救，他的妻子在信中质问李克用：“女儿随时可能被敌人俘虏，父亲大人为何坐视不救？”可晋州、绛州已经被朱温占据，河东救援河中必经的道路被切断，李克用爱莫能助。王珂又向李茂贞求救，可李茂贞根本就不搭理他。想要逃往长安，看来也行不通，王珂只好向朱温投降。

三月，朱温派大将氏叔琮兵分六路，对李克用发起总攻。氏叔琮一路所向披靡，逼降多名河东大将，直捣李克用的老巢太原，太原城一时人心惶惶。寝食难安的李克用昼夜巡城，指挥防守。

氏叔琮的军队多日苦战，身体已经虚弱到了极点，加上连日大雨，很多士兵感染了疟疾，战斗力大为削弱，另外，由于战线太长，粮草也供应不上。氏叔琮只好撤兵，李克用躲过一劫。

第二年，朱温派氏叔琮再次对河东发起进攻。氏叔琮对太原的进攻相当猛烈，忧心忡忡的李克用一度想弃城而去，但被手下部将劝住了。李克用派将领率敢死队在夜里搞偷袭，又遇到了阴雨连绵的天气，氏叔琮防不胜防，再一次撤兵，但李、朱两家的争斗还没完。

斩草除根杀宦官

903年，李茂贞与朱温议和。他向朱温辩解，说这场挟持天子的闹剧都是宦官韩全诲一手造成的，他自己愿意率部为朱温效力。为表诚意，李茂贞杀了韩全诲等20余人。朱温进城后，将所有宦官全部屠灭，前后共杀了72人。朱温又秘密下令，搜捕京畿所有已经辞官归隐的宦官，又杀了90人。

唐昭宗从凤翔回京后，朱温和崔胤一起入宫，崔胤向唐昭宗诉说宦官的危害，请求罢免掌握军政大权的宦官，召回各藩镇的监军宦官，以彻底清除宦官势力。正月二十八日这天，朱温在宫中展开了一场大屠杀，一天之内杀了700多名宦官，喊冤哀号之声，响彻宫廷内外。随后，那些奉命出使各藩镇的监军宦官，也纷纷被就地捕杀，只有30名年幼体弱的宦官侥幸存活，负责宫中的扫地、浇花等工作。宦官专权100多年的问题，算是被朱温彻底解决了。

从此，宫中宣布、传达唐昭宗旨意、诏令的事，都由宫女进出办理。左、右神策军和内外八镇禁卫军，全部归崔胤领导，开创了唐朝由宰相兼任禁军统帅的先例。

崔胤虽然嫉贤妒能，一心想独揽朝廷大权，但他内心始终是忠于李唐皇室的，当他发现朱温有篡位之心后，表面上还和朱温亲密，暗地里却在寻找解决办法。他以预防李茂贞再次劫持皇帝为由，招募新兵，扩充军队。其实，他的真实目的，朱温洞若观火。朱温将计就计，明面上表示同意，暗中派人关注崔胤的动向。

最终朱温还是先下手了。904 年正月，他秘奏唐昭宗，说崔胤擅权乱政，离间君臣，随后命心腹将领乘夜包围崔宅。守卫崔宅的是新招募的禁军，崔胤闻听有变，下令关门拒敌，但崔宅很快就被攻破了。战斗整整持续了一个晚上，崔胤最终死于乱军之中。朱温军队又趁机杀死数十名忠于李唐皇室的官员。新组建的禁军再次被打散了，唐昭宗最后的一丝希望也随之化为泡影。

李昂 唐文宗 — 李炎 唐武宗 — 李忱 唐宣宗 — 李漼 唐懿宗 — 李儇 唐僖宗 — 李晔 唐昭宗

捌

朱温灭唐

李柷

唐哀帝

朱温的实力越来越强大，他的野心越来越膨胀，他先是一心想将皇帝抢到手里，『挟天子以令诸侯』。这件事他很快就做到了，但他很快又不满足于此，想要取皇帝而代之。终于，907年四月，朱温上演了一出『禅让』大戏，存在了289年的李唐王朝终于覆灭，取而代之的是『后梁』，中国历史从此行进到了下一个阶段。

砧板上的鱼肉

朱温打败李茂贞，吞并了关中地区，声名威震天下，渐渐萌生篡权夺位的念头。904 年正月二十一，他强迫唐昭宗迁都洛阳。

长安百姓也被逼迁到洛阳，呼号哀泣声不绝于路。唐昭宗启程后，朱温派人拆毁长安的宫殿、官署、民居，将木料取出扔到河里，顺水东流到洛阳修建宫殿。长安成了废墟。

因为洛阳的宫殿还没有造好，唐昭宗暂时在陕州（今河南三门峡）住下。唐昭宗写下诏书，派人秘密送给李克用、王建等人，令他们火速出兵勤王。四月，洛阳宫殿建成，朱温一再催促唐昭宗前来。唐昭宗托词皇后刚刚生产，不便上路；又授意司天监上奏，说星象有变，东行不利。朱温便杀了医官、司天监臣，唐昭宗无奈，只能硬着头皮上路。

宦官被杀光了，禁军也都被遣散了，皇帝身边只剩下 200 多个打杂的少年。但朱温仍然不放心，又秘密地把这些人都杀了，换成了自己的人。这些人身高、相貌和原来的人差不多，又穿着同样的衣服，唐昭宗开始没有察觉，过了几天才发现，也只能装作不知道。唐昭宗到达洛阳后，朱温将皇宫、洛阳城各部门都安插上亲信，将唐昭宗防得死死的。

这时，李茂贞、李克用、王建等藩镇势力发布檄文，讨伐朱温，朱温和他们打得不可开交。朱温担心在洛阳的唐昭宗趁他不在，发动变乱。所以他打算弑杀皇帝，另立小天子，这样也更方便他将来取而代之。为此，他派部下蒋玄晖、朱友恭、氏叔琮合办这件事。

八月十一日夜晚，蒋玄晖等人带着 100 多名士兵敲响了皇帝寝宫的大门，声称有紧急军情要奏，必须面见天子。嫔妃裴贞打开宫门，一眼就看见了杀气腾腾的士兵，忙问：“奏事何须带这么多兵？”话音未落，就被砍倒在地。随后，蒋玄晖等人长驱直入，最终将唐昭宗杀害。唐昭宗李晔在位 16 年，享年 38 岁。

血染白马驿

鸱鸮（chī xiāo），即猫头鹰。传说这种鸟在人快死的时候，能闻到死亡的气息，因此被认为是不祥之鸟。

唐昭宗死后，13 岁的唐哀帝即位。皇帝已成摆设，一切都由朱温说了算，很多大臣都对他俯首帖耳，比如柳璨和李振。

柳璨出身寒门，但勤奋好学，考中进士后，被唐昭宗任命为翰林学士，朝廷里出身高贵的大臣们看不起他，柳璨因此记恨他们。他百般讨好朱温的亲信，不到四年就当了宰相。

李振年轻时也是个饱读诗书的才子，但始终没考上进士，因此特别恨那些通过考取功名做官的人。他每次从汴州回到洛阳，必定有人被贬出朝廷。人们给他起了个外号，叫“猫头鹰”，其出现预示死亡临近。

但朝廷中仍有很多大臣，比如裴枢、崔远等人，是忠于李唐皇室的。这些人的存在，妨碍了朱温篡权夺位，所以朱温总想找机会把他们除掉。

艺人张廷范，精通音律，深得朱温的喜爱，他想担任太常卿，请求朱温推荐自己，朱温认为这件事情易如反掌，便让手下带着张廷范入朝请求皇帝任命，不曾想遭到了宰相裴枢的反对。裴枢认为，张廷范已经得宠于藩镇，何必再通过朝廷乐官的职位以示荣耀，死活不答应，张廷范只好悻悻而归。

终于，机会来了。公元905年的一天，天上出现了彗星，有占卜者说不吉利，认为君臣即将大祸临头，必须杀一批人才能消除此难。柳璨乘机向朱温列出与自己不和的30多位大臣的名字，请求立即诛杀。李振也趁机向朱温进言，大人是想要成就大事的人，这些文官未来肯定会成为绊脚石，不如趁现在一举除掉。

一下子诛杀这么多的大臣，朱温一时间难以下定决心。可是听李振这么一说，朱温也不再犹豫。于是，他将以裴枢为首的30多名大臣聚集在黄河边上的白马驿，全部杀光，并将尸体抛进了黄河。历史上称此事为“白马驿之祸”。这些德高望重的大臣们一死，唐朝的统治根基几乎消失殆尽，李唐王朝名存实亡。

末代傀儡皇帝

唐哀帝十分惧怕朱温，连年号都不敢立新的，而是沿用了唐昭宗的年号。

朱温回到洛阳，装作非常震惊的样子，伏在唐昭宗棺材前，痛哭流涕地说：“奴辈负我，令我受恶名于万代！”之后，他在有士兵在洛阳街头抢大米这件事上大做文章，上书小皇帝，说朱友恭、氏叔琮治军无方，不能安抚民众，以致出现侵扰市肆现象，请求将朱友恭、氏叔琮贬谪。

对于唐哀帝而言，朱温的话就是旨，他立即批准了朱温的请求。唐哀帝似乎洞悉了朱温内心真实的想法，赐死了朱友恭、氏叔琮。

接下来，朱温对李唐宗室大开杀戒。905 年，在朱温的授意下，蒋玄晖在宫中摆酒设宴，邀请唐昭宗的儿子们参加，等他们喝醉后，把他们全部杀了，将尸体抛入九曲池中。

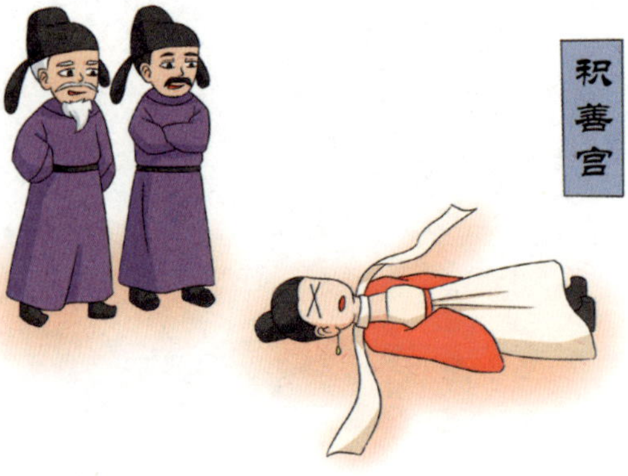

朱温的手下又诬告何太后与蒋玄晖私通，朱温于是暗中派人杀了何太后，逼迫唐哀帝下诏称何太后因为秽乱宫闱而自杀谢罪，他登上皇帝宝座的又一大障碍被铲除了。

李唐没了，后梁来了

朱温急着做皇帝，想让唐哀帝将皇位禅让给他，他指使蒋玄晖和柳璨等人为他策划这件事。他们商量后认为，目前还有多股藩镇割据势力，不可太急；历史上禅位流程是先封王，再加九锡，然后才是受禅登基，应依次进行。

心急的朱温嫌步伐太慢，大发雷霆。这时有人趁机在朱温面前进谗言，说他们是在故意拖延时间。

蒋玄晖、柳璨只得劝唐哀帝早点将皇位禅让给朱温。蒋玄晖携带唐哀帝亲笔书写的诏书，向朱温表达禅让之意，朱温拒绝了。没过几天，柳璨向朱温传达唐哀帝愿意禅让的意思，朱温又拒绝了。朱温不愿意接受蒋玄晖、柳璨的安排，唐哀帝于是任命他为天下兵马元帅。而这时，急不可耐的朱温已经在汴州（今河南开封）修建宫殿了，还下令杀了办事不力的蒋玄晖、柳璨等人。

另一方面，朱温加紧清除藩镇割据势力，可惜他的如意算盘落空了，南征、北战均不顺利，他的威望大减。朱温唯恐内外离心，盘算着尽快接受禅位。907年正月，朱温在潞州（今山西长治）吃了败仗，回来路过魏州（今河北邯郸）时旧病复发，准备留下来养病。魏博节度使罗绍威害怕朱温吞并自己，就面见朱温，建议他早登大位。朱温听后没等身体痊愈就返回汴州了。

过了两天，唐哀帝派御史大夫薛贻矩到汴州慰劳朱温，传达禅位之意。薛贻矩以参拜皇帝的礼仪对朱温行礼，朱温假装谦让，侧着身子避开了。此后，大唐君臣一再请求朱温接受禅让。

907年四月，唐哀帝正式退位，朱温登基，更名朱晃，改国号为“梁”，史称“后梁”，建都开封。李唐王朝就此灭亡，唐哀帝被降为济阴王，次年被朱温毒死。

朱温称帝时，成都王建、太原李克用的势力仍不可小觑，历史进入五代十国时期。

唐朝趣话

唐朝的“快递”

近些年物流事业迅猛发展，给我们的生活带来了极大的便利，隔天就能收到千里之外寄来的物品。很多人以为，“快递”是现代人的发明。其实，唐代的“快递”事业已经相当发达了，杜牧《过华清宫绝句三首 · 其一》的名句“一骑红尘妃子笑，无人知是荔枝来”便是佐证。当时，承担物流运输的单位叫驿馆，主要为官方服务。据史料记载，唐朝大约每 30 里就有一座驿馆，全国有约 1700 所驿馆，驿夫 17000 多人。

驿馆的功用

传递国家公文书信、军事情报，为官差提供食宿，中途换马，运输贡品。

驿馆的人员

2~20 人不等：
设驿长（驿丞）一名，
驿吏一名或几名，
驿夫若干名。

唐朝“天下第一驿”褒城驿。

驿馆配备的交通工具

马（8~60 匹），每天走 70 里；
驴，每天走 50 里；
车，每天走 30 里；
船（2~4 艘）。

驿馆的设施

驿楼，客厅，厨房，马厩，仓库（含粮库、酒库、茶库、咸菜库等）。

图书在版编目（CIP）数据

你好啊 唐朝. 悲壮晚唐 / 周国宝，龚道军著. —北京：中国轻工业出版社，2024.7

ISBN 978-7-5184-4836-4

Ⅰ. ①你… Ⅱ. ①周… ②龚… Ⅲ. ①中国历史—唐代—通俗读物 Ⅳ. ①K242.09

中国国家版本馆CIP数据核字（2024）第053696号

责任编辑：罗雅琼 熊 隽　　责任终审：李建华　　封面设计：伍毓泉
策划编辑：罗雅琼 熊 隽 王雪莲　　责任校对：晋 洁　　责任监印：张 可

出版发行：中国轻工业出版社（北京鲁谷东街5号，邮编：100040）
印　　刷：艺堂印刷（天津）有限公司
经　　销：各地新华书店
版　　次：2024年7月第1版第1次印刷
开　　本：787×1092 1/16 印张：40.5
字　　数：800千字
书　　号：ISBN 978-7-5184-4836-4 定价：198.00元（全7册）
邮购电话：010-85119873
发行电话：010-85119832 010-85119912
网　　址：http://www.chlip.com.cn
Email: club@chlip.com.cn
版权所有 侵权必究
如发现图书残缺请与我社邮购联系调换
221455E2X101ZBW

你好啊唐朝

唐诗有韵

周国宝　龚道军　著

中国轻工业出版社

阅读指南

唐朝趣话

归纳与唐朝相关的专题 51 个，加深对唐朝的认识。

学历史长知识

分享和唐朝相关的文化知识，一边读历史，一边长知识。

唐朝趣话

凌烟阁二十四功臣

西汉宣帝令人画 11 名功臣像置于麒麟阁，开中国历史“图画功臣”之先河。此后，东汉有南宫“云台二十八将”，唐朝有“凌烟阁二十四功臣”，宋朝有“昭勋阁二十四功臣”，清朝有“紫光阁二百八十功臣”。

凌烟阁有三重：内层有功勋最高的宰辅之臣画像，中层有功高王侯之臣画像，外层有其他功臣画像。唐太宗时常前往怀旧。

学历史长知识

南园十三首·其五

（唐）李贺

男儿何不带吴钩，收取关山五十州。请君暂上凌烟阁，若个书生万户侯！

本图参照清代画家刘源的《凌烟阁功臣图》所绘。

宰辅之臣

01 长孙无忌：长孙皇后的哥哥，大唐第一功臣，文武兼备。
02 李孝恭：唐太宗的堂兄，平定南方的主要功臣。
03 杜如晦：唐太宗两大智囊之一，贞观之治的大功臣。
04 魏征：大唐第一诤臣，敢于犯颜直谏。
05 房玄龄：唐太宗两大智囊之一，贞观之治的大功臣。
06 高士廉：长孙皇后的舅舅，参谋玄武门之变，善于识人。
07 尉迟敬德：唐太宗的头号保镖，玄武门之变的主要功臣。
08 李靖：大唐第一名将，为唐朝立下赫赫战功。

功高王侯之臣

09 萧瑀（唐高祖时宰相）
10 段志玄（平王世充、窦建德的功臣）
11 刘弘基（攻取长安立大功）
12 屈突通（平王世充立大功）
13 殷开山（统一战争中立下不少战功）
14 柴绍（唐太宗的姐夫，屡立功勋）
15 长孙顺德（长孙皇后的堂叔，参与晋阳起兵）
16 张亮（为唐太宗夺位立下大功）

其他功臣

17 侯君集
18 张公谨
19 程知节
20 虞世南
21 刘政会
22 唐俭
23 李勣
24 秦叔宝

46 47

本册导读

唐朝是我国古代最辉煌的朝代，对我国政治、经济、文化的发展做出了巨大贡献。《你好啊唐朝》以轻松的笔调，有趣的插图，为读者勾画出唐朝的那些人和事。

本册书讲述的是唐朝文学史上具有代表性的 13 位大诗人。唐诗，是唐朝留给后世的宝贵财富，是中华民族最珍贵的文化遗产之一，也是中华文化宝库中的一颗璀璨明珠。

在本书中，你会看到 7 岁能作《咏鹅》诗的神童骆宾王，看到诗仙李白波澜壮阔的成长史，看到忧国忧民的诗圣杜甫和诗画双绝的王维，看到晚唐小“李杜”的风采……他们都有着怎样传奇的一生呢？就让我们通过这本书来了解吧！

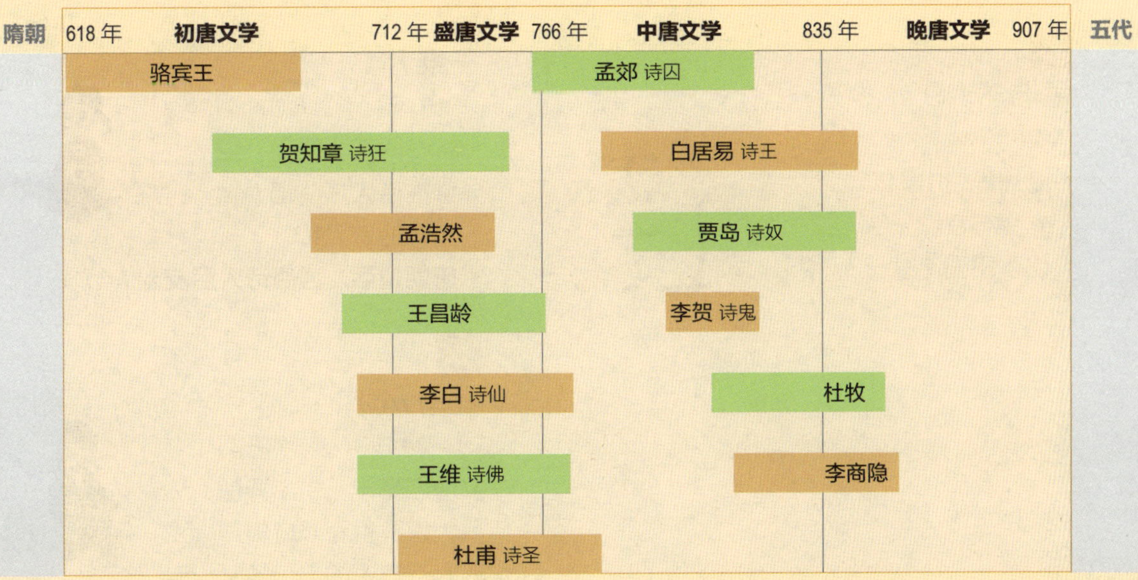

目录

618年　初唐文学　712年　盛唐文学

唐太宗｜唐高宗｜武则天｜唐玄宗

766 年 **中唐文学** 835 年 **晚唐文学** 907 年

唐代宗 | 唐宪宗 | 唐武宗 | 唐宣宗

619年
唐高祖
生于婺州义乌（今浙江金华）

玄武门之变
7岁，作《咏鹅》

唐太宗
22岁，京试落第
27岁，长安军中任职

唐高宗
33岁，任道王李元庆幕僚
38岁，闲居家中
高宗病，武则天掌权
49岁，中制举，太常寺小官
52岁，从军西域
56岁，回京任职
58岁，作《帝京篇》
61岁，下狱，作《在狱咏蝉》

武后称制
唐睿宗
66岁，反武则天，作《为徐敬业讨武曌檄》
687年
大约69岁去世

壹

骆宾王

天生一副侠骨，老来依然似少年

骆宾王是初唐四杰之一，打小就是神童，据说《咏鹅》就是他7岁时所作。他性格耿直、疾恶如仇，一生坎坷多艰。他晚年加入了反武则天的队伍，兵败后下落不明。骆宾王擅长五言、七言诗创作，他的诗辞藻瑰丽，感染力极强。

7岁神童，出口成诗

历史上有很多有名的神童，唐朝的骆宾王就是其中之一，传说他 7 岁就能即兴作诗。

据说这天，骆宾王带着家中的客人在村里散步看风景。村子里有处池塘，池水清澈见底，一群大白鹅悠闲地游来游去。客人看见了，就问骆宾王能不能以此来作首诗。

客人听完《咏鹅》诗，连连夸赞他是神童。尤其是这句“鹅，鹅，鹅”，令人觉得这鹅就在耳边叫唤似的，给人一种活灵活现的感觉。从此，骆宾王“神童”的美名就传扬开了。

敢想敢说，老得罪人

骆宾王并没有骄傲自满，他依然刻苦读书，县、州两级考试都是第一名。22 岁时，他到长安参加科举考试，因为被人构陷没有考上。但是他的诗才已经开始为天下人知，经人推荐，先在长安军中做文书，后又给唐高祖第十六子、道王李元庆做幕僚。他刚直不阿、疾恶如仇的性格，使得他的仕途坎坷多艰。

自述才能是当时考察晋升官吏的普遍做法，骆宾王最不喜欢自吹自擂了，为此还写过一篇《自叙状》表明自己的做人原则。

因不满官场的不正之风，骆宾王干脆辞了官宅在乡下，继续勤奋学习，名气也更大了。49 岁时，他考中制举，再次到长安做官。可惜没多久就因为遭人嫉妒丢了官，于是从军到了西域。那几年骆宾王写了不少边塞诗，“弓弦抱汉月，马足践胡尘”这样气势十足的诗句至今仍广为传颂。直到 56 岁时，他才被调回长安。

重返长安的骆宾王，对社会上的浮奢之风非常反感，写了著名的《帝京篇》。

在狱咏蝉（节选）

露重飞难进，风多响易沉。
无人信高洁，谁为表予心。

61 岁那年，骆宾王升为侍御史，负责监督百官。他敢想敢说，多次上书揭露现实流弊，得罪了一些人，被抓进了大牢。骆宾王在狱中受尽折磨，期间，他写下了一系列诗赋，最有名的是五言律诗《在狱咏蝉》。在诗中，骆宾王把自己比喻为蝉，借蝉的品性高雅，却受到秋风无情地摧残，来抒发他内心的不满。

第二年，朝廷大赦，骆宾王才被放出来，安排到临海（今浙江临海）做了个小县丞，所以后人也称他为“骆临海”。《久客临海有怀》是他作于临海任上的一首诗，借写景抒发了对国事的忧伤之情。

骆宾王在临海做了不少好事，当地百姓对他十分感念，建有骆宾王祠。

痛骂武则天，名气达到顶峰

骆宾王 66 岁那年，武则天废唐中宗，以太后的身份掌握大权。这让被贬官的“官三代”、唐开国功臣李勣之孙李敬业（因本姓徐，故也称徐敬业）非常不满，在扬州起兵造反。一向心系国家危难的骆宾王应邀奔赴扬州，还写了起兵的征讨檄文——《为徐敬业讨武曌（zhào）檄》（武则天称帝后改名武曌）。

这篇历数武则天累累罪恶的骈体文，比拟生动、形象丰富、声韵和谐，读来朗朗上口，连武则天自己看了，都夸骆宾王文采好。

学历史长知识

豺狼成性

成语出自《为徐敬业讨武曌檄》，指坏人的习性像豺狼那样凶残。

没过几个月，李敬业造反失败被杀，骆宾王也下落不明。有人说他被处死了，也有人说他投江了，还有人说他逃到杭州灵隐寺出家当和尚去了，谁也不知道他究竟去了哪里。

659年

生于越州永兴（今浙江杭州）

武后称制

唐高宗 | 武则天 | 唐中宗 | 唐玄宗

37岁，中状元

53岁，任国子监小官

张说任宰相

64岁，入丽正书院，参与修撰《唐六典》

张九龄任宰相

67岁，任职礼部

贰

贺知章

精彩开挂人生，我是大唐最狂人

贺知章是浙江历史上第一位有史料记载的状元，也是唐代诗人里为数不多做到三品官的。他性格爽直，豁达健谈。贺知章擅长绝句，他的诗反映人情人性，清新脱俗，语言朴实无华，雅俗共赏。

744年

86岁，逝世

86岁，告老还乡，作《回乡偶书》《咏柳》

84岁，与李白成忘年交

80岁，任太子老师，掌皇家图书馆

李林甫任宰相

吴中弟子多才俊

古代科举考试，殿试第一名即为状元。大诗人贺知章便是浙江第一位有史料记载的状元。

贺知章少年时就很会写诗文，是个不折不扣的学霸。他中状元时才 30 多岁，这在古代是非常了不起的。中状元后的贺知章，主要负责教育工作。

贺知章的仕途比较顺利，做到了唐朝诗人中少有的三品大官。80 多岁时，在京都工作生活了近 50 年的他，因为生病想退休回家乡。据说，贺知章离开长安这天，唐玄宗亲自写诗相赠，太子和文武百官都来为他饯行，这份殊荣，历史上绝无仅有。

学历史长知识

吴中四士

当时的吴中（现江浙一带）有四位才华名气出众的大才子，并称“吴中四士”，他们是贺知章、张若虚、张旭和包融。这四人中贺知章才华最佳，其次是张若虚，他的长诗《春江花月夜》有“孤篇盖全唐”的美誉。

被官场耽误的诗人

贺知章诗才很高，可惜长期忙于政务，没什么业余时间，所以留存下来的诗并不多。

很多人说，他是被官场耽误了的诗人。在他存世的 19 首诗中，清新脱俗的《咏柳》风格最不同。这首诗，据说是贺知章为了响应诗坛大佬陈子昂的诗歌改革，向汉魏诗人学习而作的。

咏柳

碧玉妆成一树高，
万条垂下绿丝绦。
不知细叶谁裁出，
二月春风似剪刀。

贺知章一直在长安做官，没有被贬过，如果不是生了场大病，他可能还会继续干下去。

744 年，86 岁的贺知章生了场很严重的病，躺在床上几乎不省人事，精神也恍恍惚惚，好不容易才死里逃生。病愈之后的贺知章突然顿悟了，想远离官场，回到家乡当个清修的道士。

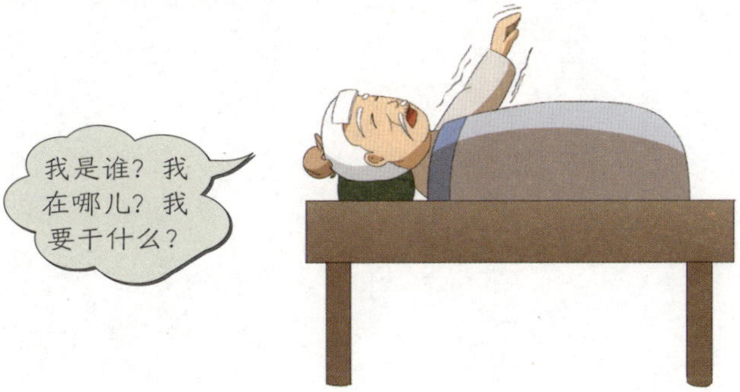

告老还乡后，贺知章写下《回乡偶书》二首，这两首诗知名度也很高，连小孩子都会背。

回乡偶书·其一

少小离家老大回，
乡音无改鬓毛衰。
儿童相见不相识，
笑问客从何处来。

没多久，贺知章在家乡的山坳里建道观、修凉亭；贺知章老家附近有座四明山，他以山名为自己取了外号，叫“四明狂客”。可惜没多久，他便病逝了。

与很多境遇凄惨的诗人不一样，贺知章没有悲凉的身世，也没有愤世嫉俗的哀叹。他生逢大唐盛世，为人洒脱旷达，仕途也很顺利，所以他的诗风也是从容不迫，感情自然，语言朴实，没有过多的雕琢。即使偶尔有惆怅，在贺知章看来，也是微不足道的。

学历史长知识

被官场耽误的书法家

贺知章还是当时著名的书法家，擅长草书、隶书，有草书作品《孝经》传世。他的书法作品笔力劲健流畅而不失法度，有很高的艺术水平。

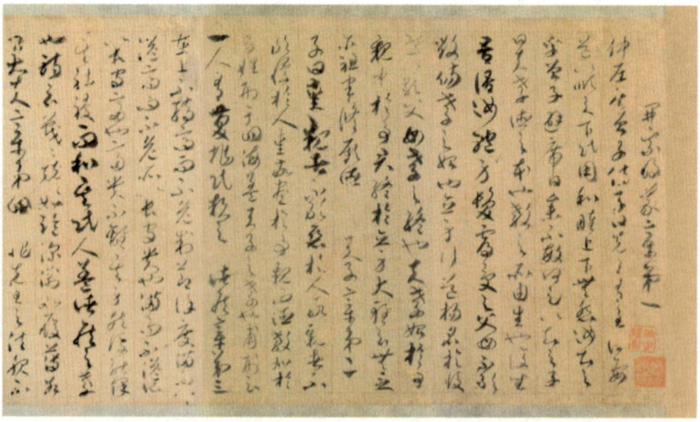

金龟换酒

据说，贺知章辞官还乡前，有一天偶遇了刚来长安打拼的李白。

他看了李白写的《蜀道难》，惊为天人。此时李白 42 岁，在 80 多岁的贺知章面前完全是个小辈儿，可这两人一见如故，有着聊不完的话。一晃眼聊到了天黑，两人相约去喝酒，边喝边聊。

刚坐下，贺知章发现自己没带钱，于是把腰上挂的金饰龟袋解了下来，拿着金龟去换酒钱。李白知道这金龟非常珍贵，吓得赶忙阻拦，可贺知章盛情难却，坚持用金龟换酒，这也是“金龟换酒”故事的由来。

这两个人都是出了名的能喝，一直喝到有了醉意才依依不舍地告别。之后也是贺知章向皇帝推荐李白，李白才终于有机会做了官。

两年后，贺知章去世，李白回想起两人第一次见面喝酒的情景，伤心地写下《对酒忆贺监》。因为贺知章曾做过秘书监，所以又称“贺监”。

689年：生于襄州襄阳（今湖北襄阳）

武则天

张柬之外放为襄州刺史

22岁，隐居鹿门山

25岁，作《春晓》

28岁，作《望洞庭赠张丞相》，求汲引

唐玄宗

张说任宰相

35岁，在张说推荐下，应诏入京

36岁，结识王昌龄

41岁，应进士科不第

41岁，结识王维

44岁，作《宿建德江》

张九龄罢相

47岁，韩朝宗欲向朝廷荐举，未成

47岁，与李白同游黄鹤楼

48岁，作《过故人庄》

49岁，做张九龄幕僚

740年：52岁，去世

叁

孟浩然

风流天下闻，我自田园居

孟浩然是唐朝山水田园诗派第一人，他一生没有做过官，大部分时间隐居于家乡。他的诗大多是五言律诗，写山水田园风光、隐居的闲逸和羁旅的心情。孟浩然与山水田园诗派另一代表人物王维，并称『王孟』。

隐居鹿门山

古人读书大多是为了做官，但也有很多一生都没当上官的，比如大诗人孟浩然。

孟浩然出生在襄阳一个书香世家，从小诗文双全。19 岁那年参加县试，轻轻松松上榜，得到了襄州刺史、同为襄阳人的张柬之的赏识。张柬之设宴招待了这次金榜题名的学子，在宴会上，孟浩然得知张柬之其实是被唐中宗的皇后韦后、宠臣武三思构陷而罢相还乡的，心中有些失落。没多久，张柬之又被剥夺爵位、贬到岭南，几个月后，病死在流放途中。孟浩然感到十分愤怒和不满，他决定罢试，不参加即将举行的襄州府试。

他的大义之举，很快就在襄州传扬开来，让他背负了“文不为仕”的才名，这对他后来的人生产生了巨大的影响。

此举也让他和指望他光耀门楣的父母产生了巨大矛盾，于是他乘船到离家不太远的鹿门山游赏散心。这里是东汉名士庞德公隐居之地，有佛教名刹鹿门寺，孟浩然乐而忘返。此后，他经常到鹿门山一带游玩。

第二年，孟浩然与客居襄阳的歌女韩襄客相识、相恋，他不顾父母的极力反对，执意与韩襄客结为夫妻。孟老爷子十分恼火，拒绝让他们回家。

孟浩然有些心灰意冷，产生了些许消极避世的心理，他打算追随偶像庞德公的足迹，在鹿门山结庐而居。在众多友人的帮助下，孟浩然在鹿门山建起草庐，过上了隐居生活。这一年，孟浩然 22 岁。直到 52 岁时去世，孟浩然都没有做过官，他是唐朝著名诗人中唯一没有入仕为官的人，这与他的性格和早年的经历有着极大的关系。

学历史长知识

《夜归鹿门歌》

此诗是孟浩然的七言古诗代表作，通过描写诗人夜归鹿门山的所见、所闻、所感，抒发了诗人的隐逸情怀。诗歌语言质朴，语调平和，感情真挚。全诗如下：

山寺钟鸣昼已昏，渔梁渡头争渡喧。
人随沙岸向江村，余亦乘舟归鹿门。
鹿门月照开烟树，忽到庞公栖隐处。
岩扉松径长寂寥，惟有幽人自来去。

除了饱读诗书，孟浩然经常顺着水路泛舟，到处游山玩水。在欣赏风景的同时，他也写了很多描写山水田园风光和隐逸生活的诗，比如家喻户晓的《春晓》《夜归鹿门歌》等。

春眠，鸟啼，风雨，花落……淡然的语调中浸透着孟浩然对国家、社稷的期望落空后的感伤。

一生与官场无缘

孟浩然并不是一直隐居在鹿门山，他心中也有诗和远方，经常出去旅游。这不，他出游到岳州（今湖南岳阳），登上岳阳楼，看着广袤的洞庭湖，心中泛起了对官场的向往。他希望报效国家，于是写下《望洞庭湖赠张丞相》，当作自荐信，投赠给前丞相、现岳州刺史张说。

在这首诗中，孟浩然委婉地表达了自己希望张说能帮忙引荐之意。诗写得有分寸又得体，不卑不亢，可结果却让孟浩然很失望，他还是没能踏入官场，一展心中抱负。

其实，孟浩然有好几次离仕途只有一步之遥。

传说有一次，他在王维的办公室里跟他聊天，唐玄宗忽然驾到。本来是大好的表现机会，可孟浩然一紧张，直接躲到床底下了。皇帝问他躲什么，还让他念一首自己的诗作。他选了《岁暮归南山》，当念到“不才明主弃”时，一下子把唐玄宗惹怒了，对着孟浩然一顿劈头盖脸地质问，说他不求仕，怎么能瞎说皇帝弃他。这下，孟浩然大好的做官机会泡汤了。

这个故事的发生地还有另外一个版本——唐玄宗在朝堂接见了他。

还有一次，非常欣赏他的襄州长官韩朝宗约他一起进京，准备向朝廷举荐他。结果，孟浩然和朋友喝酒喝高了，放了韩朝宗的鸽子。被爽约的韩朝宗十分愤怒，孟浩然再次错失了做官的机会。

像很多诗人一样，孟浩然也去考过科举，但没能成功。失望的他不是在家耕读，就是出去游山玩水、见老友。他曾与好友李白结伴同游黄鹤楼，李白为此写下传诵千古的《黄鹤楼送孟浩然之广陵》。从此，孟浩然的诗名越来越大了。

山水田园诗第一人

孟浩然是唐代著名的写山水诗的诗人。他的五言律诗《过故人庄》，写的就是他应邀到农村老朋友家做客的事，表达了诗人对美丽的田园风光和闲适的农家生活的向往。

虽然隐居山野，但孟浩然心中偶尔还是会愤愤不平。没考上科举、做不了官，壮志难酬的苦闷让他的诗中带了点儿愤世嫉俗的味道。所以他和脾性接近的李白、王维、王昌龄成了非常要好的朋友。

过故人庄

故人具鸡黍，邀我至田家。
绿树村边合，青山郭外斜。
开轩面场圃，把酒话桑麻。
待到重阳日，还来就菊花。

49 岁那年，孟浩然终于出来做事了。在朋友的引荐下，他去给刚罢相的张九龄做幕僚，但没干到一年，他就因后背生了毒疮，辞职回到襄阳卧床养病。740 年，王昌龄路过襄阳来看望他。老友好不容易见面，孟浩然很高兴，又感觉毒疮快痊愈了，就敞开了肚子大吃大喝，丝毫没有忌口。结果因饮食不当，导致毒疮复发，没多久便去世了。

孟浩然是唐代第一个专门创作山水诗的诗人，也是盛唐山水田园诗派第一人。由于人生经历比较简单，所以他的诗题材也比较单一，诗风大多清淡自然，充满了恬静闲适的美学意境。

698年

设置节度使

李林甫任宰相

安史之乱爆发

757年

武则天　唐玄宗　唐肃宗

生于长安（今陕西西安）

23岁，嵩山学道

27岁，开始漫游塞外

27岁，作《从军行七首》《出塞二首》

30岁，中进士，任职秘书省

37岁，中制举，任职汜水

42岁，因事贬谪岭南

43岁，遇赦返京，拜访孟浩然

44岁，升任江宁丞

44岁，作《芙蓉楼送辛渐》

52岁，贬谪龙标（今湖南黔阳）任职

59岁，离开龙标北上

60岁，被杀害

肆

王昌龄

纵酒且长歌，豪气干云霄

王昌龄年轻时家境贫困，主要靠耕田维持生计，后又当过道士，奔赴过边塞。他30多岁时做了官，后被贬到岭南。他擅长写七绝，以边塞诗最为著名，被后人誉为『七绝圣手』，代表作有《从军行七首》《出塞》等。

边塞留名，官场失意

王昌龄出生于京兆长安一个普通家庭。在十分讲究家族背景的唐朝，出身贫寒的他没有向命运低头，反而有着求学上进的坚定信念。

23 岁时，他忽然迷上了道教。同龄的人都忙着考科举，他却跑到嵩山当了道士，每天除了修身养性，就是种地钓鱼，过了几年与世无争的日子。

正值盛年的王昌龄没有一直安于现状，壮志凌云的他怀着一腔热血回到长安，准备大展宏图。可长安并不好混，他在求职路上接连碰壁。无奈之下，他决定西出长安，投笔从军，踏上出塞之路。

此后，王昌龄跟随军队在西北边塞留下了一串串足迹，他领略了边疆的壮美风光，也见证了战争的残酷。在这段时间里，他创作出大量豪情万丈的边塞诗，成为当时诗坛的一颗耀眼新星。

结束了动荡的边塞生活后，王昌龄踏上了科考应试之路，终于在 30 岁时考中了进士，被安排到国家图书馆当校书郎，工作很安逸。轻松悠闲的生活并没有让他迷失，又于 37 岁时参加了朝廷的博学宏词科考试。

学历史长知识

校书郎

唐代的校书郎主要职责是编辑、校对书籍。虽是个九品小官，任职资历要求却很高，一般需进士出身或同等条件，唐代很多诗人都做过校书郎。它还是个有前途的“美官”，有好几位校书郎后来官至宰相。

再次登科的王昌龄只被安排到汜水（今河南荥阳）当了个小小的县尉。考场得意，官场上却接连受挫，王昌龄的内心很受打击。

任职几年后，42 岁的王昌龄又因莫须有的罪名被贬到荒凉偏僻的岭南做官去了。王昌龄咽不下这口气，故意迟迟不去报到，在洛阳一待就是半年，每天靠喝酒打发日子。

从军行 · 其四

青海长云暗雪山，
孤城遥望玉门关。
黄沙百战穿金甲，
不破楼兰终不还。

朋友是疗伤良药

次年，唐玄宗大赦天下，王昌龄终于能回长安了。回去的路上，他兴致勃勃地去探访孟浩然。当时疽病快痊愈的孟浩然看到老友非常高兴，举杯痛饮，又大吃河鲜，结果导致疽病复发，去世了。

这次王昌龄被派往江宁（今江苏南京）任县丞，在赴任途中意外遇见了李白。两个才华横溢的人，一见如故，整天饮酒作诗，好不自在。

王昌龄很爱交朋友，和李白、高适、王维、王之涣、岑参等人都友谊深厚。特别是在他两次被贬、常年孤苦无依的情况下，是朋友的情谊一直在温暖着他，他也把自己的赤诚之心献给了朋友。

757 年，王昌龄北上路过濠州（今安徽凤阳），濠州刺史闾（lú）丘晓嫉妒他的才气，竟滥用职权杀害了他。

王昌龄一生共留下诗作 180 多首，以七言绝句最出名。他的边塞题材诗，写尽了西北边疆的广阔、空旷凄凉和贫瘠险恶，表现了一腔热血甘洒战场的男儿志向，是造景、写情的高手。

唐朝趣话

什么叫格律诗

从先秦到南朝，诗歌创作逐步繁荣，虽然诗歌有韵律和对仗等美感，但是诗人们还在不断努力提高创作水平，力求写出更好听的诗。于是，一种新的诗体——格律诗，也叫近体诗，逐渐壮大，影响了 1000 多年。

“格”是格式要求，按单句字数算分五言、七言；按句数算有四句的绝句、八句的律诗、超过八句的长律。

“律”是声律要求，包括四方面：对仗、押韵、平仄、黏对。四种声调中，除平声外的上声、去声、入声统称为仄（zè）声，每句的偶序字要严格讲究平仄。

登鹳雀楼　［唐］王之涣

白日依山尽，
黄河入海流（liú）。
欲穷千里目，
更上一层楼（lóu）。

押韵

对句（平仄相反，叫“对”）

邻句（平仄相同，叫“黏”）

对仗（白日对黄河，山对海，千里对一层，见下画线的词）

762年
唐肃宗
62 岁，病逝
61 岁，移居当涂
59 岁，遇赦被释，作《早发白帝城》
57 岁，做永王幕僚，受牵连流放
安史之乱爆发
54 岁，作《赠汪伦》《秋浦歌》
46 岁，作《梦游天姥吟留别》
44~45 岁，与杜甫两年三次会面
44 岁，离京再次漫游
42 岁，应诏再入长安，入翰林院，结识贺知章
37 岁，漫游江南
李林甫任宰相
张九龄任宰相
唐玄宗
30 岁，一入长安，作《行路难》
27 岁，在安陆与许氏结婚定居
25 岁，作《渡荆门送别》《望庐山瀑布》《静夜思》
张说任宰相
24 岁，离家远游，作《峨眉山月歌》
18 岁，漫游四周郡县
10 岁，读完《诗》《书》及诸子百家
5 岁，迁居绵州昌隆（今四川江油）
701年
出生

伍

李白

盛世大唐，绽放的青莲

李白是唐代具有代表性的伟大诗人之一，被后世誉为『诗仙』，与杜甫并称『李杜』。他性格洒脱豪迈，爱饮酒作诗，喜欢交朋友。他的诗以写山水和抒发内心情感为主，想象奇特丰富，意境独特，情感豪迈奔放，极具浪漫主义色彩。

仗剑走天涯

当代诗人余光中曾这样写道：“酒入豪肠，七分酿成了月光，余下的三分啸成剑气，绣口一吐，就半个盛唐。”说的就是李白。

李白小时候跟随父亲在西蜀读书，十几岁时就已经写了很多诗。他爱好剑术，性格爽朗，侠气十足。24 岁时，李白离开蜀地，开始仗剑远游。

渡荆门送别

渡远荆门外，来从楚国游。
山随平野尽，江入大荒流。
月下飞天镜，云生结海楼。
仍怜故乡水，万里送行舟。

就这样，过了十几年漫游生活的李白，结识了天南海北的很多朋友，游遍了雄伟秀丽的山河景色。也是从这一时期开始，他写下了很多赞美名山大川的壮丽诗作，如《望庐山瀑布》《望天门山》，诗中尽显豪迈奔放之气和清新飘逸之风，充满了浪漫主义色彩。

在湖北，李白认识了诗人孟浩然，二人结下深厚的友情。

一心要报国

热爱漫游和写诗的李白，最大的梦想其实是做官。据说因为他父亲是商人，唐朝禁止商人及其子弟参加科举考试，因此只得找人举荐出仕。李白投出去无数封自荐信，可惜的是，全都石沉大海，杳无音信。

于是，李白继续漫游，时而在深山老林里隐居，时而出门旅游、写诗、交朋友，收获了一大批忠实“粉丝”，声望越来越大。可是，朝廷依旧没有要招他做官的意思。李白心里委屈，但没人可倾诉，只能把心情写在诗里。

郁闷的李白写下《蜀道难》，来表达仕途坎坷、怀才不遇的愤懑之情。后来，身居高位的大诗人贺知章遇见李白，听李白读完这首诗时，惊叹得下巴都快掉地上了。他想，这哪是凡人能写出来的诗啊，怕是天上的“谪仙人”呐！李白“诗仙”的名号，便由此而来。

天上掉下个李太白。

在好“道”又爱才的玉真公主推荐下，李白得到了唐玄宗的召见。唐玄宗十分欣赏他的文采，让他做了翰林供奉，负责陪侍皇帝左右和写诗文娱乐。

这一时期，李白每天陪玄唐宗吃饭、喝酒、郊游。他一边玩，一边写诗赞美大唐盛世，赞美皇帝的爱妃杨贵妃。对，就是那个爱吃荔枝，以至于跑死好几匹马的杨贵妃。比如《清平调词》三首，就是李白天花乱坠地夸赞杨贵妃美貌的诗作。

李白得唐玄宗如此喜爱，让很多同事眼红，遭到了这些人的嫉恨。李白做官，是想建功立业、报效国家，但唐玄宗始终没有授予他做实事的官职。渐渐地，他对每天写诗娱乐皇帝的生活逐渐厌倦，开始终日沉溺在美酒中。后来就连唐玄宗召见他，他都懒得去了。没多久，李白离开了朝廷。

744 年，历史上伟大的两位诗人——“李杜”相遇了。此时已经是名满天下的大诗人李白和杜甫一见如故，两人约好去旅行。这期间，他们饮酒作赋，互相赠诗，友谊越来越深厚。

饮中八仙歌（节选）

李白斗酒诗百篇，
长安市上酒家眠。
天子呼来不上船，
自称臣是酒中仙。

窘迫的晚年

李白又漫游了十来年，安史之乱爆发了，他跑到南方避难。但李白仍想着建功报国，于是他加入了被唐玄宗派去南方平叛的皇十六子、永王李璘麾下，打算尽自己的绵薄之力，保卫大唐江山。

这永王本来是起兵平叛的，可打着打着居然掉过头造反了。没多久，永王兵败，李白也受到牵连，被打入大牢，还要被发配到夜郎（今贵州遵义一带）。

好在759年，朝廷大赦天下，受尽漂泊之苦的李白终于被赦免。当李白乘舟顺着长江疾驰而下，他心中的欢喜如脚下的江水一样奔腾而来，连绵不绝。那首流传千古的名篇《早发白帝城》，就是此时写的。全诗用夸张的手法，描写了自白帝城到长江舟行若飞的情景，表达了自己重获自由时的喜悦之情。全诗清新飘逸，灵动脱俗。

早发白帝城

朝辞白帝彩云间，
千里江陵一日还。
两岸猿声啼不住，
轻舟已过万重山。

虽然重获了自由，但经过永王这件事后，李白也失去了斗志。生活一落千丈的他，在很长一段时间里，都是靠着老友救济才勉强度日。他常常往返各地，和老朋友喝酒，回忆潇洒的往昔。对李白而言，虽然落魄，但有好友陪伴，日子也没那么难熬。

61 岁时，生病的李白回到金陵（今江苏南京），因为生活窘迫，他只得去投奔在当涂（今安徽当涂）做县令的叔叔李阳冰。第二年，病重的他把诗作手稿交给了叔叔。想到自己一生壮志未酬，悲怆的李白作绝笔《临终歌》后，与世长辞。

关于李白的死，还有两种说法。一说他喝酒喝太多了，醉死在安徽的宣城；另一种说法极具浪漫色彩，说李白在当涂的江上喝酒喝醉了，跳入水中捉月导致溺亡。无论是什么原因，762 这年，一代诗仙陨落了。

李白的漫游人生

纵览李白的生命轨迹，似乎他在这个世界注定是一个过客，总是在路上，或者即将远行。

青少年
中年
老年

四川江油 5～24岁
李白成长于此。18岁开始周游蜀地。

江苏扬州 26岁
25~27岁仗剑远游扬州等地，创作丰富。

湖北安陆 27岁
结识孟浩然，娶许氏，安家安陆。

陕西西安 30岁
首次入京求职不成。
游中原　游晋地

山东兖州 38岁
许氏亡，迁兖州，后娶刘氏。
游襄阳　游巴陵

陕西西安 42岁
再入京就职翰林院，对酒当歌，结识贺知章。
游会稽

河南洛阳 44岁
辞官，漫游中原，结识杜甫。
游山东

江苏南京 47岁
漫游扬州、会稽、霍山等地。主要居住在金陵。

北京 51岁
漫游幽州、中原、山东等地，创作丰富。

江苏南京 53岁
漫游宣城、扬州、庐山等地，主要居住在金陵。

重庆白帝城 59岁
57岁因永王事件入狱，后流放。59岁于流放途中遇赦，返江南。

安徽当涂 62岁
59~62岁，流连于宣城、金陵等地。后寄居当涂，病逝。

701年

生于蒲州（今山西永济）

15岁，游学长安

17岁，作《九月九日忆山东兄弟》

21岁，中进士，任太乐丞

21岁，贬谪济州

31岁，妻子去世

张九龄任宰相

李林甫任宰相

35岁，张九龄荐任谏官

37岁，出使凉州劳军

37岁，作《使至塞上》

44岁，亦官亦隐

45岁，作《山居秋暝》

唐玄宗

安史之乱爆发

53岁，作《送元二使安西》

56岁，被叛军俘获

58岁，复官后不断升迁

61岁，辞官归田，作《鸟鸣涧》

761年

唐肃宗

61岁，去世

陆

王维

徘徊在入世和出世之间的『佛系』诗人

王维精通诗书画乐，是盛唐山水诗派的代表人物，有『诗佛』之称，还开创了水墨山水画派。他的诗以五言为主，多写山水田园，风格清新淡远、自然脱俗，自带『诗中有画，画中有诗』『诗中有禅』的意境。

诗书画乐全能王

王维出生于蒲州，祖籍太原，太原王氏是当时的名门望族，从汉代开始，世代为官。王维父亲任州司马，虽为闲职，但也是五品官。王维母亲来自博陵（今河北安平）崔氏，同样是名门望族。

王维聪颖早慧，是个少年天才，9 岁能赋诗作文。也是在这年，王维父亲去世了，作为家中的长子，才气过人的小王维肩负着重振门庭的家族期盼，15 岁就离家去了长安。王维长得一表人才，气质高贵，举止优雅，更重要的是，他是位全才，不仅诗写得好，琴棋书画还样样精通，没两年就成功打入长安上流社会，闻名京都，成为唐玄宗长兄宁王李成器的座上宾，和唐玄宗四弟岐王李范关系更是密切。

17 岁那年的重阳节，他非常想念家中亲人，于是写下《九月九日忆山东兄弟》，名震京师。

当时王维辗转于长安和洛阳两地。

这里的“山东”，指的是王维位于华山东面的家乡蒲州。“九月九日”是重阳节，有登高、插戴茱萸的习俗。只身漂泊在外的王维，在这一天特别思念家乡的亲人，因而写下此作。

王维的绘画造诣也极深，擅画山水、人物。他画画从来不拘成法，敢于创新、善于创新，赋予画作多种艺术风格，被后世誉为“文人画之祖”。

王维以水墨画山水，在用笔上有独到之处。他的画笔墨精彩，笔迹遒劲，以渲染见长。更厉害的是，他把诗和画结合起来，创造了诗情画意的境界。据说他是中国绘画史上最早描绘雪景题材的画家，被尊为中国雪景山水画的“开山鼻祖”。

王维还擅长画道释人物与历史人物，非常重视反映真实的生活，他笔下的罗汉，同普通人无异，流传至今的人物画有《伏生授经图》。

王维的音乐才能也很突出，有这样一个故事足以证明。有人得到南唐画家周文矩的《按乐图》，很想知道图上演奏的是什么曲子，王维看后说：“这是《霓裳羽衣曲》第三叠第一拍。”随即召集乐工来演奏，竟然与画中人物表现不差分毫。

王维尤其擅长弹琵琶，他演奏的琵琶曲，既有宫廷礼乐的典雅细腻，又有民间曲调的清新奔放，令人耳目一新。

王维还弹得一手好古琴。

佛性诗人炼成记

21 岁时，王维中了进士，做了官，前途一片大好。然而不久，因为手下小弟疏忽犯了事，连累着王维也被贬了官。几年后，王维索性辞了官，开始了悠游生活，有时找个山村隐居，有时四处闲游，闲腻了再回去做官。这一时期，王维交了很多朋友，写了很多诗。

相思

红豆生南国，
春来发几枝？
愿君多采撷，
此物最相思。

王维 31 岁那年，相敬如宾的妻子不幸去世；几年后，他的伯乐张九龄一心为公却被罢了宰相之职。这两件事对王维的心态影响很大，才 30 多岁的他，变得越来越佛性。

37 岁时，王维被派到凉州慰问守边将士。这段经历让他作出了很多

边塞诗，诗中流露出漂泊天涯的悲壮孤寂之感，这也是他当时心境的写照。

本来就信佛的王维，官虽然越做越大，对名利却越发看淡，他最大的梦想已经不再是当官，而是过隐居生活。后来，他干脆在长安城郊的终南山购置了一座乡间别墅，给别墅取了个非常好听、文艺的名字——辋川别业。工作闲暇或者是休假期间，王维和好朋友就在这里闲游吟诗、弹琴长啸，还出了本诗集——《辋川集》。

这一时期，王维创作的都是饱含禅意的山水田园诗。这种禅意，是王维与其他诗人最不同的地方，也奠定了他盛唐山水田园诗派领袖的地位。

此时的王维虽然还在做官，但退朝后就在家焚香独坐，参禅念经。日常生活中，他吃斋念佛，不沾荤腥，不穿华丽的衣服。这样的日子本来过得挺滋润的，但是唐朝历史上最要命的安史之乱打乱了他的生活节奏。

山居秋暝

空山新雨后，天气晚来秋。
明月松间照，清泉石上流。
竹喧归浣女，莲动下渔舟。
随意春芳歇，王孙自可留。

终南别业

中岁颇好道，晚家南山陲。
兴来每独往，胜事空自知。
行到水穷处，坐看云起时。
偶然值林叟，谈笑无还期。

救命的诗

安史之乱爆发后，唐玄宗逃往蜀地，王维没来得及出逃，被安禄山抓住，囚在洛阳。

一天，安禄山在皇家园林神都苑的凝碧池大摆宴席，负责演奏的乐工都曾是唐王朝的梨园子弟，他们边演奏边痛哭。王维听说后，悲痛不已，作《凝碧池》一诗。

后来，朝廷收复洛阳，那些在安禄山手下做过官的人，不是被杀就是被贬。曾被安禄山逼迫当了伪官的王维，因为这首饱含亡国之痛和思国之情的《凝碧池》，受到了皇帝赞赏，加上他的弟弟王缙为他求情，王维才幸免于难。

几年后，王维升任尚书右丞，故又称“王右丞”。761 年，他辞官彻底退隐，不久在辋川别业安然离世。

唐朝趣话

盛唐诗人朋友圈

盛唐诗坛，以李白、王维为核心，形成了两大朋友圈，这两大朋友圈相互交织，绘就璀璨星空。

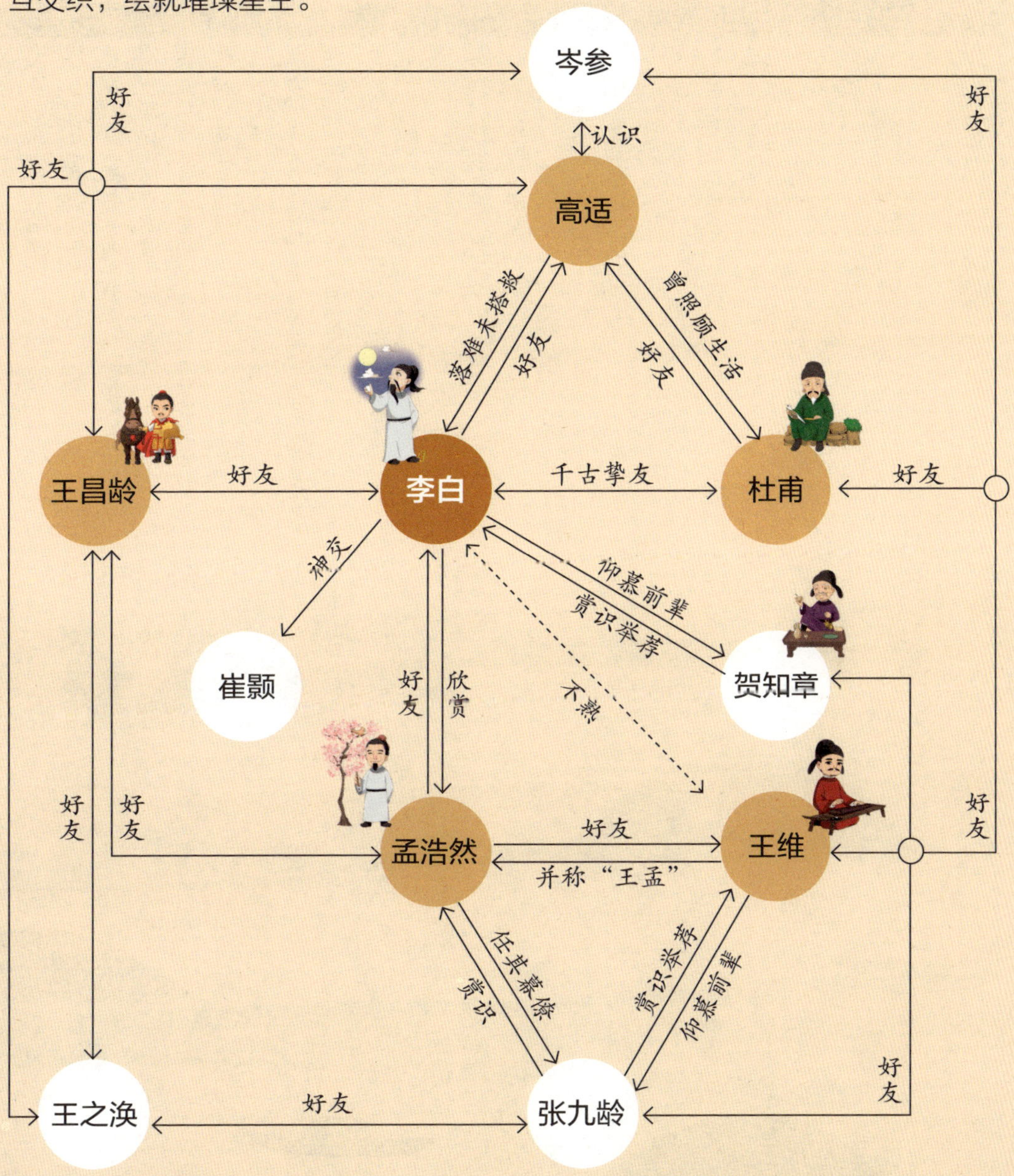

770年

唐代宗

59岁，病逝

58岁，作《江南逢李龟年》

57岁，作《登岳阳楼》

55岁，作《秋兴八首》

53岁，作《绝句（两个黄鹂鸣翠柳）》

安史之乱结束

52岁，作《闻官军收河南河北》

唐肃宗

50岁，作《春夜喜雨》《茅屋为秋风所破歌》

49岁，建成都草堂

48岁，作『三吏』『三别』

46岁，作《春望》，五月投奔唐肃宗，任谏官

安史之乱爆发

45岁，被困长安，作《月夜》

唐玄宗

35岁，到长安生活困苦，历经10年

33岁，与李白初遇

李林甫任宰相

张九龄任宰相

25岁，漫游齐赵，作《望岳》

712年

生于洛州巩县（今河南巩义）

柒

杜甫

一生颠沛流离，始终忧国忧民

杜甫是唐代伟大的诗人之一，被奉为『诗圣』。杜甫在艰苦漂泊、忧国忧民中度过大半生。他的诗真实记录了唐代由盛转衰的历史巨变，诗风沉郁顿挫，充满家国天下的情怀，极具现实主义色彩，因而被誉为『诗圣』『诗史』。

潇洒青年，中年抑郁

历史上被称为“圣”的人，往往都拥有极高成就，如文圣、书圣以及诗圣等。

“诗圣”杜甫是唐朝文学史上唯一能与“诗仙”李白相媲美的大诗人。比起浪漫主义的李白，杜甫更贴近现实。小时候的杜甫，家庭环境还算不错，是个名副其实的贵公子，他很有才华，7 岁就能作诗。

25 岁那年考科举失败后，杜甫走遍南北，四处旅游。当他登上雄伟的泰山山顶，彻底被壮观的景象震撼到了，于是写下豪情万丈的《望岳》。这时期的杜甫过着快意潇洒的生活，他的诗也充满了朝气和抱负。

33 岁时，杜甫与李白在洛阳相遇，他们一见如故，成为知己。

35 岁时，杜甫为了仕途又来到长安，他向很多权贵投去自荐信，希望能进入官场，但同李白一样，惨遭拒绝。

杜甫在长安待了10年，满腹才华无处施展，在贫困中迎来了中年危机。也正是如此，他走进老百姓的真实生活，才有了后来那么多反映现实的名作。

又过了几年，杜甫终于得到唐玄宗的赏识，但也只是被派去做小小的河西县尉。他不愿干这种难免要折腰的工作，于是被改派做看守兵器仓库的兵曹参军。

此时杜甫已经44岁，无奈接受了这份闲职。之后，他回家探亲，得知小儿子已经饿死了。悲痛中的杜甫，写下《自京赴奉先县咏怀五百字》，把自己从京城到奉先县一路的所见所闻所感，一股脑儿全写了出来。洋洋洒洒五百字，写出了老百姓生活的苦难和统治阶层的荒淫腐败。著名的“朱门酒肉臭，路有冻死骨”就出自这首诗。

望岳

岱宗夫如何？
齐鲁青未了。
造化钟神秀，
阴阳割昏晓。
荡胸生曾云，
决眦入归鸟。
会当凌绝顶，
一览众山小。

大唐乱世写“诗史”

这时，安史之乱爆发，大唐瞬间陷入一片混乱。不久，叛军攻进长安，唐玄宗带着杨贵妃连夜跑路。一心想报效国家的杜甫，只身北上投奔流亡朝廷，却不幸被叛军俘虏。绝望的他，创作了很多触景伤怀、忧国忧民的感伤诗。

春望

国破山河在，城春草木深。
感时花溅泪，恨别鸟惊心。
烽火连三月，家书抵万金。
白头搔更短，浑欲不胜簪。

后来，杜甫冒着生命危险终于逃了出来，去投奔接手皇位的唐肃宗。肃宗是唐玄宗的儿子，和杜甫年纪相仿，他看杜甫衣衫褴褛、蓬头垢面，非常感动，任命杜甫为左拾遗（专门给皇帝提意见、指出错误的官员）。

性格耿直的杜甫，很快就因为老挑唐肃宗的刺儿，惹得龙颜大怒，被贬到华州（今陕西华州）。

杜甫被贬后辗转多地，看到了战乱给百姓带来的沉重灾难，感慨万千，奋笔写下不朽的史诗“三吏”“三别”。此后的一年，杜甫深陷国难民苦的

忧伤中。终于，他看透了官场的黑暗，毅然辞官，辗转漂泊到了蜀地。

在好友帮助下，他在成都城西建了座草屋。有了安身之处和友情陪伴，杜甫稍感慰藉，他努力生活，认真写诗，诗歌创作达到了顶峰。

几年后，思念故土的杜甫离开成都，准备返回家乡。当时杜甫的身体很差，思乡心切的他仍坚持乘船出发。

一路辗转漂泊到了岳阳，杜甫登上岳阳楼，俯瞰广阔的洞庭湖，想到又老又病的自己仍然漂泊在外，不禁悲从中来。

登岳阳楼

昔闻洞庭水，今上岳阳楼。
吴楚东南坼，乾坤日夜浮。
亲朋无一字，老病有孤舟。
戎马关山北，凭轩涕泗流。

杜甫在回乡的路上，遭遇江水暴涨，被洪水围困的他常常吃不上饭。来回辗转几地后，他最终也没能回到家乡。59 岁这年，忧国忧民了半辈子的杜甫，在一条破船上病逝。

心系苍生的“诗圣”

杜甫之所以被后世尊为“诗圣”，不仅是因为他像史学家一样真实地记录了当时那个动荡的时代，更重要的原因是他心系苍生，胸怀天下，他对时代的深沉忧思，他对仁政精神的传承，这决定了杜诗的基本品质。

石壕吏（节选）

暮投石壕村，
有吏夜捉人。
老翁逾墙走，
老妇出门看。
吏呼一何怒！
妇啼一何苦！

当然，杜诗的创新也奠定了其诗坛的极高地位。杜甫常用一组律诗来写时事，难度很大，他却能写得既合律对仗，又浑然天成。杜甫在长篇叙事诗中，既有精妙的特写，也有强烈的抒情，还常常杂以议论，这在诗歌史上是空前的。杜甫还善于借用意象，工于遣词用字，达到了极高的诗境。

杜甫一生写了1400多首诗，可惜，他活着的时候并不十分出名。直到几十年后，经韩愈、元稹、白居易等中唐诗人大力弘扬，才渐渐出名。他心系国家安危、同情民生疾苦的思想情操，也深刻地影响着后世诗人。

唐朝趣话

杜甫的流离人生

杜甫生活在唐朝盛极而衰的历史转折时期，一生历经坎坷，却也造就了他。

青少年
中年
老年

712 年 河南巩义 1 岁
杜甫出生于此。家境优越，自小好学，7 岁能作诗。

江苏 浙江 20 岁左右
南下游历吴越，增长见识，晚年回忆此段经历写下《壮游》。

山东 25 岁
科考失败，前往齐赵游历，胸怀壮志，写下《望岳》。

河南洛阳 33 岁
初遇李白，结伴游历，惺惺相惜，结下深厚友谊。

陕西西安 35 岁
困顿京城求职，屡不得志，折腾八年才任小官，饱尝辛酸。

陕西宝鸡 46 岁
安史之乱爆发后，投奔肃宗，授为左拾遗不久被贬到华州。

四川成都 48 岁
辞职后辗转入川，后建草堂，日子清贫，但相对平静。

重庆奉节 53 岁
离开成都东游，后暂居奉节，此间创作了大量诗歌。

湖南岳阳 57 岁
思乡心切，乘舟出峡，先来到岳阳楼。归乡不成，徘徊于长沙、潭州等地。

湖南船上 59 岁
地方动乱，东躲西藏。决心归乡，浪迹船上，旅途劳顿，心情低落，病逝船上，享年 59 岁。

751 年

安史之乱爆发

藩镇叛乱

永贞革新

削藩战争

814 年

唐玄宗 | 唐代宗 | 唐德宗 | 唐宪宗

生于苏州昆山（今江苏昆山）

10 岁，父亲去世

24 岁，隐居嵩山

30 岁，离家宦游

41 岁，结识韩愈

46 岁，中进士，作《登科后》

50 岁，任地方小官

51 岁，作《游子吟》

56 岁，任河南尹属官，定居洛阳

58 岁，幼子夭折

59 岁，老母去世

64 岁，病逝

孟郊

穷愁死不休，天地一诗囚

孟郊有『诗囚』之称，与贾岛同为苦吟诗人代表，并称『郊寒岛瘦』。生活贫困的他，两次考科举不中，46岁时才考中进士做了个小官，仕途也一直不顺畅，他中年丧子，一生坎坷。他的诗多是五言古诗，代表作有《游子吟》《登科后》等。

命运由自己改写

孟郊是个苦命的人，父亲原本是个小官，但很早就去世了，母亲一人抚养三个孩子长大，生活非常艰辛。

孟郊为人内向，性格孤僻，喜欢独来独往，甚至跑到嵩山隐居了好几年。

30 岁时，孟郊准备出去闯一闯，于是外出漫游。这段时间里他到过长安、苏州等地，想求个职位，但是每次都碰了一鼻子灰。

从 41 岁到 46 岁，孟郊共参加了三次科举考试，前两次都名落孙山，第三次终于中了进士。他特别开心，写了《登科后》一诗，算是他一生中较为风光的时刻。

学历史长知识

春风得意　走马看花

这两个成语均出自孟郊《登科后》。“春风得意”形容科考得中后的得意心情，也用来形容事业成功或事事顺畅时心满意足、洋洋自得的样子。“走马看花”指骑马欣赏美好的春光，也比喻观察事物或了解情况不深入细致。

登科后

昔日龌龊不足夸，
今朝放荡思无涯。
春风得意马蹄疾，
一日看尽长安花。

坎坷的仕途之路

在唐朝，中了进士并不意味着马上就能做官，孟郊也不例外，只能一直等。直到 50 岁时，他才等到一个溧阳县尉的官职。这个芝麻小官跟孟郊想象中的职位相差甚远，他实在是不甘心。

内心苦闷的孟郊疏于公务，常常跑出去游玩作诗。结果县令向上级告状，另外找了个人代他办公，把他的薪水分走了一半。孟郊拿到手的钱少得可怜，连饭都吃不饱。

四年后，孟郊辞去了这个让他恼火的职位。不久后，他去了长安，日子过得更是清苦，时常靠朋友接济维持生活，但能与韩愈、张籍等好友谈文论诗，他也乐在其中。

后来在韩愈的推荐下，孟郊去河南做官，从此定居洛阳。他到这时候才算脱了贫，不用再忍饥挨饿了。

困境里作出好诗篇

不幸的是，接下来的几年，孟郊的三个儿子相继夭折，这对年近六旬的孟郊来说，是致命的打击。几年后，郁郁寡欢的他在赴任新职的路上患病去世，终年 64 岁。

孟郊一生穷愁潦倒，历经辛酸。他性格耿直，不愿随波逐流。在诗歌创作上，孟郊主张应写时世、抒真情，在当时诗坛有着极大的影响。他现存的 500 多首诗中，更多的是抨击黑暗世俗，表现自我悲慨和贫寒生活之作。这些作品，写事抒情真切感人，用词造语古拙直率。

孟郊在困顿中，也感受到亲人之间无微不至的爱，因此写出了很多真挚动人的诗篇，比如大家耳熟能详的《游子吟》。

游子吟

慈母手中线，
游子身上衣。
临行密密缝，
意恐迟迟归。
谁言寸草心，
报得三春晖。

唐诗的流派

唐朝是中国诗歌最辉煌灿烂的时期，大诗人多，诗歌流派多，许多名句传颂至今。唐诗在初唐、盛唐、中唐、晚唐四个时期，也表现出了不同的特点。

初唐　社会安定　朝廷重视诗歌创作

1. 沈佺期、宋之问完成格律诗形式创造
2. 初唐四杰“轻绮碎，重骨气”
3. 陈子昂诗歌革新

李白与杜甫

过渡：张若虚

盛唐　国家昌盛　唐诗全面繁荣

1. 浪漫诗派（豪放飘逸）：李白
2. 山水田园诗派（静谧明秀）：孟浩然、王维
3. 边塞诗派（慷慨奇伟）：高适、岑参
4. 豪侠诗人（清刚劲健）：王翰、王昌龄、李颀、崔颢、王之涣
5. 社会现实派（叙事手法写时事）：杜甫

中唐　渴望中兴　诗坛革新

1. 韩孟诗派（求新求奇）：韩愈、孟郊、李贺
2. 元白诗派（通俗易懂）：白居易、元稹、张籍、王建
3. 田园诗派（孤寂散淡）：韦应物、刘长卿
4. 其他名家：刘禹锡、柳宗元、李益、张志和

晚唐　国势衰危　感伤色彩浓郁

1. 杜牧（怀古咏史，悼古伤今）
2. 李商隐（咏史诗→借古讽今，抒情诗→朦胧忧伤）

772年
唐代宗
生于郑州新郑（今河南新郑）

藩镇叛乱
唐德宗
15岁，漫游江南
16岁，作《赋得古原草送别》
29岁，中进士
32岁，经吏部选拔，任职秘书省
32岁，结识元稹

永贞革新
削藩战争
唐宪宗
35岁，中制举，任地方小官
35岁，作《长恨歌》
37岁，调京任谏官
44岁，贬为江州司马
45岁，作《琵琶行》

牛李党争
唐穆宗
51岁，出任杭州刺史
52岁，作《钱塘湖春行》
54岁，出任苏州刺史
55岁，作《酬乐天扬州初逢席上见赠》

甘露之变
唐文宗
58岁，在洛阳为官

846年
会昌灭佛
唐武宗
75岁，去世

玖

白居易

懂得放下，乐天知命了无忧

白居易是中唐的代表诗人，有『诗魔』『诗王』之称。他倡导了新乐府运动，主张诗歌应反映时代，是继杜甫之后现实主义文学的领袖人物。他的诗题材广泛，语言通俗，其中讽喻诗的艺术成就最高。

诗作老人小孩都能读

伟大的人物往往经历了坎坷的人生。白居易出生不久，家乡发生了战乱，民不聊生，加上家庭接连发生变故，他的童年在颠沛流离中度过，亲眼看见了广大劳苦人民的悲惨生活。

白居易从小学习十分刻苦，写字把手都磨出厚茧，二十来岁就白了头发。白居易如此用功，加上天赋异禀，很早就成了同龄人中的佼佼者。

据说，白居易总是把自己新写的诗念给老妇人听，老妇人听不懂的地方他就会重新修改，改过后再念，直到老妇人能听懂为止。

所以，白居易的诗语言通俗易懂，又大多取材于现实生活，老人小孩都能懂，在当时广泛流传。据说他的诗句名篇，还流传到了日本、朝鲜。

是金子到哪里都会发光

据说白居易十五六岁时到长安游学，当时有个著名的学者叫顾况，声名远播，很多名士都求见他，他却不肯赏脸。白居易初生牛犊不怕虎，直接带着自己的诗文到顾况府上去求教。顾况见到“白居易”三个字，便跟他开起了玩笑。

但是，当顾况读到《赋得古原草送别》时，眼前一亮，忍不住朗声诵读：“离离原上草，一岁一枯荣。野火烧不尽，春风吹又生。”读完后更是连声赞叹，又一口气把手中的文稿读完，对眼前这个少年更加刮目相看。

上面的故事不一定是真的，但是白居易少年时即已诗名远扬却是事实。他 29 岁考中进士，32 岁开始做官，为官四十几年，得到帝王的青睐、百姓的爱戴，可以说是功德圆满。

文人之间的友谊

白居易珍重友情，一生交有不少朋友，元稹是他的挚友，他们的友谊可以说是至死不渝。二人刚步入仕途时相识，都是当时著名的诗人，经常在一起饮酒吟诗，是亲密无间的朋友。

有一年，元稹因为惹怒了达官贵人，被贬到外地任职。没过几年，白居易也因为被权臣嫉恨，被贬到今天的江西。

据说，白居易赴任途中的一天，在一个驿站留宿时，在墙柱上发现了元稹先前路过这里时写的一首《西归》，这让他惊喜不已，感慨万千的他把诗抄写下来。此后，他常常反复诵读好友的诗，来安抚自己落寞的心情，甚至会一直看到眼睛肿痛为止。

因元稹在家中排行第九，故称元九。

西归绝句（十二首之二）

五年江上损容颜，
今日春风到武关。
两纸京书临水读，
小桃花树满商山。

元稹听到白居易被贬的消息很震惊，他不顾自己病重，立即提笔给白居易写信。不久，白居易收到来信，被好友的关爱之情深深感动，立马回了一封，两个人你来我往，情深义重。据说元稹一收到信，还没拆开就哭起来，这反常的举动把妻子吓坏了。

吊白居易

缀玉联珠六十年，谁教冥路作诗仙？
浮云不系名居易，造化无为字乐天。
童子解吟长恨曲，胡儿能唱琵琶篇。
文章已满行人耳，一度思卿一怆然。

相似的被贬命运，同样的文学素养，使两位诗人惺惺相惜。他们一生交情很深，共同倡导了诗歌革新运动——新乐府运动，世人称他们为“元白”。

846 年，75 岁的白居易在洛阳去世。他的离世惊动了唐宣宗李忱，唐宣宗非常哀痛和惋惜，后来还亲笔写下悼诗。

作为中唐时期伟大的现实主义诗人，白居易的诗歌题材广泛，语言通俗易懂，且具有鲜明的讽喻意义，如《琵琶行》《长恨歌》和《卖炭翁》等。

白居易的朋友圈

有“诗魔”之称的白居易才华横溢，诗写得接地气，上到皇帝下到百姓都爱读他的诗，所以白居易人缘极好，有一个庞大的朋友圈。

据统计，白居易一生为91位诗人写过诗，其中给53位写的诗超过一首，也有44位诗人向他赠过诗，其中12位赠诗超过一首。特别是元稹和刘禹锡，跟白居易是“铁哥们”。

好朋友元稹

元稹（779—831）和白居易同年考取功名，后来又共同倡导新乐府运动，他俩常常诗歌往来，是一生的挚友和诗友。白居易写下的《别元九后咏所怀》《同李十一醉忆元九》等诗文，从诗名就可以看出对元稹的思念之情。元稹为白居易写了《梁州梦》，更有感人之作《闻乐天授江州司马》，表达了对好朋友的真诚关怀。元稹、白居易二人的友谊是中国文学史上的一段佳话，后世称为“元白”。

好朋友刘禹锡

刘禹锡（772—842）和白居易同岁，后来在官场上也被贬谪。相似的人生经历和同样的理想抱负令两人惺惺相惜，在危难时刻相互扶持，互赠了许多脍炙人口的诗篇，结下了深厚的友谊。两人晚年退居洛阳后，常相约饮酒赏花、郊游赋诗，好不快活！世人合称他们为“刘白”。

新乐府运动

经历了安史之乱的唐朝，元气大伤，昔日盛世的荣光不再，人们无不追忆曾经的美好时光。很多诗人感到人生无常、内心惆怅，诗歌的格调不再昂扬积极，而是体现出清冷孤寂、生不逢时之感。

唐朝贞元、元和之际，很多士大夫提出要革新政治，让唐朝再现盛世辉煌。在这个背景下，白居易、元稹等人提出了他们的诗歌革新主张，即新乐府运动。新乐府运动倡导诗歌创作要着重反映当下的社会现实，白居易在写给元稹的《与元九书》中提到“文章合为时而著，歌诗合为事而作”，意思就是说诗歌创作要通俗易懂，针砭时弊、反映现实，要为民、为事而写。

新乐府运动的代表作品有白居易的《卖炭翁》《琵琶行》、李绅《悯农》二首、元稹《田家词》《织妇词》等。

卖炭翁

卖炭翁，伐薪烧炭南山中。满面尘灰烟火色，两鬓苍苍十指黑。卖炭得钱何所营？身上衣裳口中食。可怜身上衣正单，心忧炭贱愿天寒。夜来城外一尺雪，晓驾炭车辗冰辙。牛困人饥日已高，市南门外泥中歇。

翩翩两骑来是谁？黄衣使者白衫儿。手把文书口称敕，回车叱牛牵向北。一车炭，千余斤，宫使驱将惜不得。半匹红纱一丈绫，系向牛头充炭直。

779年
藩镇叛乱

唐德宗

生于幽州范阳（今河北涿州）

10岁，离乡四处漂泊

少年时，出家为僧

成年后，云游四海

23岁，结识韩愈

削藩战争
永贞革新

28岁，结识孟郊

唐宪宗

33岁，定居长安

34岁，还俗，参加科考

牛李党争

唐穆宗

43岁，作《寻隐者不遇》

44岁，作《病蝉》揭科举弊端

甘露之变

唐文宗

58岁，任地方小官

62岁，升任州官

843年

唐武宗

65岁，死于任所

拾

贾岛

凄苦一世，苦吟一生

贾岛是著名的苦吟诗人，人称『诗奴』。他早年因家境贫寒当过和尚，还俗后科考不顺、仕途坎坷的经历，造就了他诗中独有的凄苦味。他一生为诗耗尽心血，诗作经过反复锤炼，精雕细琢，具有引人入胜的意境。

家贫入寺做了和尚

贾岛出生于一个贫苦的平民家庭，自幼聪颖好学，因为家里穷没钱入馆读书，七八岁时就给富绅家做牧童。每次从私塾馆学门前经过，他都被馆内传出的琅琅书声吸引，流连许久，于是他总是在馆学周边放牧。放任牛自己食草，他则偷偷溜到窗前偷学。天长日久，私塾先生所教之学，他尽数了然于胸。

贾岛常常因为牛没吃饱，或是牛踩了人家的庄稼而挨打，但他的求学之心却矢志不渝。一天，私塾先生偶然发现了他，感到很惊奇，便叫他进馆考了考，竟然对答如流。先生感叹不已，约定下课后给他单独授课，贾岛非常感激，行大礼拜了师。先生将平生所学悉数传授给他，贾岛有了一定的学识。

可是好景不长，十来岁时，贾岛的父母先后得病去世。失去了生活依靠，贾岛只好四处漂泊，过着近于乞讨的生活。虽然颠沛流离，贾岛却将诗书视为珍宝，常常在树荫下、河流边发奋攻读。他不顾风霜雨雪，不顾酷阳盛暑，不顾饥饿干渴，以大地作纸，以树枝为笔，写下一首首诗作。

为了解决温饱问题，少年贾岛只好在家乡范阳出家当了和尚。生活安定下来的贾岛继续攻读诗书。他刻苦学习，挑灯夜读，增长学识，诗文有了很大进步。没过几年，贾岛就成为寺内众僧敬仰的人。得主持应允，贾岛成为游方僧，他开始四方游历，为诗文创作积累素材。

学历史长知识

唐代诗僧

唐代诗歌兴盛，诗僧众多。据统计，唐代共有诗僧420余人，诗作6000多首。除了无本（贾岛），你还知道哪些唐代诗僧呢？

皎然　齐己　贯休　寒山
拾得　灵澈　灵一　无可
清塞　尚颜　子兰　虚中
处默　王梵志

作起诗来目中无人

贾岛是个诗痴，不管是坐卧行走还是吃饭都要吟上几句诗，常常到了忘我之境，有时甚至给自己惹来麻烦。

据说有一天，他骑着驴走在长安的街上，看到秋风四起，落叶满地，就脱口而出“落叶满长安”。得了一句好诗的贾岛苦苦思索着另一句诗，没仔细看路，结果一头撞上“市长”大人刘栖楚的马车，被拘了起来。

据说“落叶满长安”上句“秋风生渭水”，是贾岛被关押了一天放出来之后才补足的。

关于贾岛撞车的故事还有一个版本。一次，贾岛去拜访好友李凝，虽然吃了闭门羹，却得到“鸟宿池边树，僧敲/推月下门”的好句。

题李凝幽居

闲居少邻并，
草径入荒园。
鸟宿池边树，
僧敲月下门。
过桥分野色，
移石动云根。
暂去还来此，
幽期不负言。

这些故事或传说虽然不太真实，却自有其文化意蕴，为后人津津乐道。

回来的路上，他一直纠结是用“敲”字还是“推”字，骑在驴背上不停比画这俩动作，一不留神撞上了“市长”大人、大文豪韩愈的车马。韩愈不但没发火，还和他兴致勃勃地探讨起来，相互欣赏的两人，因此成了朋友。

传说唐宣宗李忱年轻时，曾微服出游来到一座寺中，听见有人正忘情地吟诗。李忱寻着声音好奇地登上楼，见书案上有个诗卷，就顺手拿起翻阅。正在吟诗的贾岛不识李忱的真面目，立刻冲上前去，一把夺走了诗卷，还讥讽李忱不懂诗。因为这事，贾岛后来被贬出了长安。

贾岛被贬时，在位的皇帝其实是唐文宗，不是唐宣宗。传说虽然不大可信，但反映了贾岛视诗如命的性格。

在韩愈的劝说下，贾岛还俗参加科举考试，但屡考不中。贾岛气不过，作了首《病蝉》诗来讽刺，被冠上“举场十恶”的坏名，从此与科考无缘。直到58岁时他才步入仕途，做上了官，65岁时病逝在官舍。

早年凄苦的僧侣生活，造就了贾岛喜欢描写枯寂之境的风格特点，诗中透着凄切悲凉，与孟郊有着“郊寒岛瘦”之称。

“两句三年得，一吟双泪流”，是贾岛作诗的真实写照。刻苦努力的他，留下了许多名篇佳作。

816 年

唐宪宗

27 岁，返乡后病逝家中

25 岁，往潞州寻找机会

24 岁，辞官归乡

22 岁，任太常寺小官

21 岁，科举考试前遭非议

18 岁，漫游洛阳，拜谒韩愈

削藩战争

永贞革新

18 岁，作《雁门太守行》

藩镇叛乱

唐德宗

790 年 生于洛州福昌（今河南宜阳）

拾壹

李贺

人妒天也妒，鬼才志未酬

李贺是唐宗室后代，虽然天资聪颖，但仕途不顺，后来因为体弱多病、长期抑郁而英年早逝。他的诗大多是感叹生不逢时、表达内心苦闷、抒发对理想抱负的追求之作。其诗作想象丰富，常出现神仙鬼魅，所以后人称他为『诗鬼』。

年龄不是障碍

李贺出生在一个破落的贵族之家，虽说是皇室远亲，但到他这一代，基本没多大关系了，家境十分贫寒。他从小长得细细瘦瘦，两道眉毛连在一起，两只手像鹰爪，让人过目难忘。

奇异之貌有奇异之才，李贺 7 岁时就能写一手好诗文，还擅长“疾书”，即快速地书写，逐渐成了家喻户晓的小名人。

据后人考证，韩愈、皇甫湜探访发生在李贺 20 岁时。

高轩过（节选）

华裾织翠青如葱，
金环压辔摇玲珑。
马蹄隐耳声隆隆，
入门下马气如虹。

相传，大文豪韩愈听说有这种奇人后并不相信，他和学生皇甫湜（shí）来到李贺家，想考一下这个小不点儿的真才实学。韩愈让李贺即兴赋诗一首，只见李贺不慌不忙地鞠躬问礼，接着大笔一挥，写下名作《高轩过》。

韩愈二人完全被震撼到，他们惊叹李贺渊博的才识和自信的谈吐，直夸他是“天才”。打这以后，李贺声名远扬。

毛驴背上灵感涌

李贺喜欢从生活中寻找创作素材。他经常骑着一头毛驴四处闲逛，边走边观察。一旦看到有意思的场景，就开始琢磨句子，迅速地把只言片语记录下来，扔进背着的布袋里。

晚上回到家里，李贺连饭也顾不上吃，从背袋里拿出那些宝贝诗句，马上开始整理，把它们打磨成一首首令人叫绝的诗作，可见他写诗是多么用心、勤奋。

学历史长知识

呕心沥血

这个成语源自李贺驴背攒诗的故事，形容费尽心血。

忧郁人生多磨难

家乡环境封闭，父亲长期在外做官，导致李贺的性格有些内向。所幸得到了韩愈的特别青睐，李贺有了自己的交友圈子，与“韩门弟子”成为挚友，相互切磋诗歌。

21 岁时，李贺雄心勃勃地来到京城长安，准备参加次年正月的进士考试，没想到声名与才华却成了羁绊。一些与李贺一起应举的士子妒忌他，想阻止他参加科举考试，便散布流言蜚语，说李贺的父亲名“晋肃”，与“进士”属于“家讳”，李贺参加进士考试，是对父亲的不孝，一时间闹得满城风雨。

学历史长知识

避讳

所谓“避讳”，就是不能直接称呼君主或尊长的名字，凡是遇到与君主或尊长名字相同的字，要用“缺笔”或“改字”的办法予以回避。如唐代要避李世民讳，改“世”为“代、系、太”等字，“民”也改称“人”。中唐时的“避讳”要求非常苛刻，文人们还得避“家讳”。如白居易的祖父名“锽”，与“宏”字音近，所以他没有参加博学宏辞科考试，而改参加书判拔萃科。

因小人作梗而无法参加科举考试，对李贺的打击很大。

李贺承受着避“家讳”的流言蜚语带来的巨大压力。韩愈、皇甫湜也为李贺抱不平，韩愈作《讳辩》，为李贺据理力争，却没能斗得过那些居心叵测的小人。李贺不得不放弃科举考试。

这之后韩愈一直在公卿中推荐李贺，加上他又是皇族后代，得到一官半职也不是不可能的。811 年，李贺再次入京，做了两年多的奉礼郎。

李贺对这个卑微又无聊的差事很不满，感觉自己建功立业、振兴宗国、光耀门楣的理想化为了泡影，妻子在这期间也不幸患病死去。他看透了世态炎凉，写下很多抒发悲愤不满情绪的诗作。

学历史长知识

奉礼郎

奉礼郎是一个从九品上的小京官，属太常寺。往往由皇族子孙担当，一般也需经过考试。在朝会、祭祀的时候，奉礼郎在一旁招呼排位次，安排祭品，赞礼跪拜；在公卿巡行诸陵的时候，奉礼郎领着仪仗队伍，专司仪礼。

不过，在担任这个闲职期间，他对当时的社会生活有了更全面、更深入的了解，与社会名流有广泛的交往，结识了不少文人学士，与这些朋友交游唱和，切磋诗文。李贺大大地丰富了自己的阅历，开阔了眼界，积累了知识，极大地促进和丰富了他的诗歌创作。他迎来了诗歌创作的高峰期，创作了近 60 首诗，作品的内容和创作技巧也有了很大的变化。

不久之后，李贺辞官回到家乡调养了一段时间的身体，然后游历南北寻找施展抱负的机会，最终拖着衰弱的身体无功而返。他便在家整理积存的诗稿，不久，这位大诗人就病死了，当时只有 27 岁。

雁门太守行（节选）

黑云压城城欲摧，
甲光向日金鳞开。
角声满天秋色里，
塞上燕脂凝夜紫。

李贺的一生虽然像流星一样短暂，但他在苦难现实的磨砺下创作出很多反映现实、鞭挞黑暗的诗篇。他的诗作想象力非常丰富，常常妙用大量神话故事来隐喻讽刺，博得了“诗鬼”之名。《雁门太守行》《李凭箜篌引》《马诗》都是脍炙人口的代表作。

852年

50岁，病逝

唐宣宗

49岁，回京任起草诏令的官

48岁，任职湖州

收复河西

44岁作《泊秦淮》

41岁作《赤壁》《清明》

会昌灭佛

唐武宗

40岁，先后任职黄州、池州、睦州

37岁，回京任小官

37岁，作《题乌江亭》

35岁，在地方做幕僚

甘露之变

唐文宗

33岁，在东都洛阳为官

31岁，给牛僧孺做幕僚

26岁，在地方做幕僚

26岁，进士科、制科皆中，任职秘书省

23岁，作《阿房宫赋》

牛李党争

唐穆宗

15岁，父亲去世，家道中落

唐宪宗

削藩战争

祖父杜佑为相10年

永贞革新

803年

生于京兆万年（今陕西西安）

拾贰

杜牧

纵有经世之才，只能片纸谈古今

杜牧是晚唐代表诗人之一，他出身官宦世家，26岁时就中了进士，先后做过很多地方的父母官。他的诗、赋、古文都极负盛名，以诗的成就最高，尤其是七言绝句，多为咏史怀古之作。他的创作风格立意出奇，意境与韵味并存。

父辈给的好家境

与其他穷苦出身的诗人不同，杜牧十分受上天眷顾。他出生于名门望族，住在长安城的中心地段，生活条件很优越。他的爷爷杜佑是三朝宰相，写过《通典》，父亲也在朝中做大官。

学历史长知识

《通典》

它是中国第一部记述典章制度的通史，记载了上古至唐代宗年间各种典章制度的变迁，在历史学上具有重要地位。

杜牧的母亲是名门闺秀，据说在杜牧 4 岁时，就开始教他读书认字。杜牧聪明好学，不仅写得一手好字、通晓历史，还擅长作诗。

正是春风得意时

23 岁时，杜牧一鸣惊人，写出了神作《阿房（ē páng）宫赋》，名震一方。3 年后，杜牧在东都洛阳考中进士，接着又通过了皇帝在长安举行的选拔人才的制举考试。短时间内两次中举，可以说是人人称羡。

一时成了众人吹捧的对象，杜牧不免春风得意。据说有一天，杜牧和朋友到一个寺中游玩，看到一位盘腿打坐的老僧，很有世外高人的风采，几个人就攀谈了起来。

老僧问杜牧叫什么，杜牧心想这天底下谁不认识我，便报上姓名。谁知僧人面色平静，好像从来没听过这个名字。杜牧怅然若失，失望过后开始深刻反思，并赋诗告诫自己，做人处事应该要低调。

一心为民的父母官

杜牧先后干过弘文馆校书郎、史馆修撰等文职工作，也做过黄州刺史、睦州刺史等地方大员。做地方父母官主政一方时，他爱民如子，恪尽职守，体察民情，事必躬亲。

黄州（今湖北黄冈）邻近的藩镇多次作乱，朝廷派兵征讨时，当地一些官吏、乡正里长趁机利用职务之便欺凌百姓、抢财夺物。叛乱平息后，积习难改，弄得乌烟瘴气。杜牧痛恨这些人的丑恶行为，大刀阔斧进行整治，当地的风气大有好转。

黄州曾经发生过一场罕见的特大旱灾，田地里颗粒无收。杜牧积极组织抗旱救灾，亲自虔诚求雨，并写下了一篇祈雨文，人人都称颂他是百姓的父母官。

祈雨的做法在今天看来并不科学，受当时的科学认知水平所限，是值得称道的为民解忧之举。

公务之余，杜牧也时常到附近的一些名胜古迹游玩。有一天，杜牧信步来到黄州州城外江滩，不经意间发现一支满是铁锈的戟。杜牧素来知兵，拿回去令人洗干净，判定是赤壁之战的遗物。杜牧由此认定黄州州城即是三国周郎赤壁之战发生地，写下著名的七言绝句《赤壁》，借以表达自己生不逢时、怀才不遇的愤慨。

学历史长知识

赤壁在哪

赤壁之战的具体地点自古争论不休，如今湖北境内有六个赤壁，分别在沿汉江的钟祥、汉川和汉阳（今属武汉蔡甸区），沿长江的蒲圻、武昌（今属武汉江夏区）和黄冈。其中以蒲圻和黄冈的呼声最高。

两年后，杜牧从黄州迁池州（今安徽池州）做刺史，在这里也做了不少造福百姓的事儿。他根据别人传授给他的刻漏图，命工人制造了一座铜壶银箭刻漏，放置在池州城南门楼，用最新最准的计时工具，向百姓击鼓报时。

虽然不愿意离京到外地做官，但杜牧做各州刺史的这几年，确实做到了他向皇帝所表态的“大小之狱，必以情恕；孤独鳏（guān）寡，必躬问抚”。这期间他作的好些诗篇，记述真实经历，抒发真情实感，所以更能打动人，他的诗境也更进一步。

留下传世名作

杜牧博古通今，极富才情，诗、赋、古文样样拿手，堪称全才。他在做好本职工作的同时喜欢闲游吟诗作文，写下许多名垂千古的佳作。比如传唱广泛的诗作《清明》，是歌咏清明节最广为流传的诗作。

清明

清明时节雨纷纷，
路上行人欲断魂。
借问酒家何处有？
牧童遥指杏花村。

杜牧是写怀古诗的顶尖高手，他常借历史事件，来抒发自己的情感，比如《题乌江亭》，就是他赴任池州刺史途中，在传说中的西楚霸王项羽自刎之处驻留凭吊，有感而发写下的。

还有《泊秦淮》一诗，是当时诗人来到古都金陵（今江苏南京），夜泊秦淮河边，看见酒家遍地，耳闻亡国曲调，又想到唐朝国势衰微，当权者昏庸荒淫，不禁感慨万千，触景生情而作。

晚年时，杜牧住在祖上留下来的樊川别墅里，所以后世人也叫他“杜樊川”。据说杜牧在临终前，感觉到自己快不行了，于是为自己写了墓志铭，还将平生诗文烧毁了大半，所幸他的诗文此前都抄录下来寄给了外甥，因此大都保存了下来。这一年，杜牧 50 岁。

811年

唐宪宗

生于怀州获嘉（今河南获嘉）

4岁，随父辗转浙东、浙西

牛李党争

11岁，父亲去世

19岁，做令狐楚幕僚

唐文宗

甘露之变

27岁，中进士，做令狐楚幕僚

28岁，做王茂元幕僚，娶其女

29岁，任地方小官

唐武宗

32岁，经吏部关试，任职秘书省

32岁，母逝居家守丧

会昌灭佛

35岁，复任秘书省原职

37岁，继续做幕僚

38岁，任京兆尹属官

收复河西

44岁，作《夜雨寄北》

46岁，任盐铁税官

47岁，辞职返乡

47岁，作《乐游原》

48岁，作《锦瑟》

唐宣宗

48岁，病逝家中

858年

拾叁

李商隐

落魄才子的迷幻人生

李商隐是和杜牧齐名的晚唐诗人，合称『小李杜』。他考中进士步入官场后，因卷入政治斗争而受到排挤，一生困顿不得志。他的诗构思新奇，风格朦胧，喜欢用典，以『无题』为名的爱情诗最为著名。

成长路上多贵人

李商隐幼年经历坎坷，4 岁时随父亲到了浙江，但 11 岁时父亲就去世了，他只好随母亲回到家乡，生活艰苦清贫。

作为家中的长子，养家的重担自然落在李商隐的肩上。他没有别的本事，只能靠给官府抄写文书来挣些零碎钱，小小年纪的他成了家里的顶梁柱。

遇到良师，是人生中最幸运的事情。李商隐回到故乡后，一位同族叔父成了对他影响最大的老师。这位叔父在经学、古文、书法方面都很有研究，在他的耐心指导下，李商隐少年时就写得一手好字，文采出众，成为远近闻名的小名人。

后来，李商隐搬家到洛阳，结识了白居易、令狐楚等前辈。令狐楚是李商隐的伯乐，非常欣赏李商隐的才华。他不仅鼓励李商隐与自己的儿子令狐绹交友，还教他写骈文，慷慨资助他去长安。在这位既是高官，又是古文大家的前辈的无私帮助下，李商隐的生活有了保障，写作水平飞速提高，也找到了自信。

被卷入党争官难做

李商隐一边努力学习，一边积极应试，终于在 27 岁时中了进士，第二年做了泾原节度使王茂元的幕僚。王茂元被李商隐的才华折服，甚至把女儿嫁给了他，但这桩婚姻也把李商隐拖入了“牛李党争”的泥潭中。

当时，王茂元被看作是“李党”成员，而令狐楚父子属于“牛党”，两边都是至交，李商隐犯了难，他原本想保持中立，不偏不向，结果两边都不讨好。渐渐地，令狐楚的儿子令狐绹开始疏远他，把他当成忘恩负义的小人，对他不理不睬。

之后李商隐参加授官考试，结果在复审中被除名，第二年再考才顺利通过，做了秘书省校书郎。不久，他到弘农（今河南灵宝）任县尉，因为替死囚减刑得罪了上司，上司对他一顿斥责。李商隐受不了这份屈辱，干脆提出请长假，后又辞了职。

32 岁时，李商隐再进秘书省任职，但没多久母亲去世，他回家守了三年孝。这次变故对他仕途的打击是致命的，在家为母守孝的他，错过了升迁的最好时机。

紧接着，岳父王茂元也病故了，李商隐的处境雪上加霜。

结束守孝后，李商隐回到秘书省任职。人到中年的他，仍然每天为仕途升迁无望而郁郁寡欢。

却凭诗篇留史册

李商隐到地方任职也不顺利，38 岁时，他无奈地回到了长安。穷困潦倒的他给故友令狐绹写信，希望他看在当年的交情上多多提携，但遭到了无情的拒绝。

夜雨寄北

君问归期未有期，
巴山夜雨涨秋池。
何当共剪西窗烛，
却话巴山夜雨时。

李商隐最后还是靠自己的努力，通过考试争取到一个县尉的小官职。

第二年，李商隐有幸得到贵人卢弘正的提携。没想到一年后卢弘正就病故了，李商隐不得不再次背起行囊另谋出路。此时的他，已经没有心思再去追求名利了。不久，妻子病逝，李商隐变得更加忧伤。

理想无法实现，李商隐只能通过诗歌来排遣心中的愤恨。李商隐一生写了很多咏史诗，借历史巧妙地评论和讥讽政治时事。李商隐个人情感丰富，善于描写细微的情感，感情诗是他诗歌中最富有特色的部分，《锦瑟》《夜雨寄北》是其中的名篇，他创作的描写男女爱情相思的无题诗，开创诗歌朦胧风的先河，为世人传颂。

48 岁那年，李商隐积郁成疾，在郑州病故。

图书在版编目（CIP）数据

你好啊 唐朝. 唐诗有韵 / 周国宝，龚道军著. —北京：中国轻工业出版社，2024.7

ISBN 978-7-5184-4836-4

Ⅰ. ①你… Ⅱ. ①周… ②龚… Ⅲ. ①中国历史—唐代—通俗读物 Ⅳ. ①K242.09

中国国家版本馆CIP数据核字（2024）第053365号

责任编辑：罗雅琼 熊 隽　　责任终审：李建华　　封面设计：伍毓泉
策划编辑：罗雅琼 熊 隽 王雪莲　　责任校对：晋 洁　　责任监印：张 可

出版发行：中国轻工业出版社（北京鲁谷东街5号，邮编：100040）
印　　刷：艺堂印刷（天津）有限公司
经　　销：各地新华书店
版　　次：2024年7月第1版第1次印刷
开　　本：787 × 1092 1/16 印张：40.5
字　　数：800千字
书　　号：ISBN 978-7-5184-4836-4 定价：198.00元（全7册）
邮购电话：010-85119873
发行电话：010-85119832 010-85119912
网　　址：http://www.chlip.com.cn
Email: club@chlip.com.cn
版权所有 侵权必究
如发现图书残缺请与我社邮购联系调换
221455E2X101ZBW

你好啊唐朝

唐艺无双

周国宝　龚道军　著

中国轻工业出版社

阅读指南

唐朝趣话

归纳与唐朝相关的专题 51 个，加深对唐朝的认识。

学历史长知识

分享和唐朝相关的文化知识，一边读历史，一边长知识。

唐朝趣话

凌烟阁二十四功臣

西汉宣帝令人画 11 名功臣像置于麒麟阁，开中国历史“图画功臣”之先河。此后，东汉有南宫“云台二十八将”，唐朝有“凌烟阁二十四功臣”，宋朝有“昭勋阁二十四功臣”，清朝有“紫光阁二百八十功臣”。

凌烟阁有三重：内层有功勋最高的宰辅之臣画像，中层有功高王侯之臣画像，外层有其他功臣画像。唐太宗时常前往怀旧。

学历史长知识

南园十三首·其五

（唐）李贺

男儿何不带吴钩，收取关山五十州。请君暂上凌烟阁，若个书生万户侯！

本图参照清代画家刘源的《凌烟阁功臣图》所绘。

宰辅之臣

01 长孙无忌：长孙皇后的哥哥，大唐第一功臣，文武兼备。
02 李孝恭：唐太宗的堂兄，平定南方的主要功臣。
03 杜如晦：唐太宗两大智囊之一，贞观之治的大功臣。
04 魏征：大唐第一诤臣，敢于犯颜直谏。
05 房玄龄：唐太宗两大智囊之一，贞观之治的大功臣。
06 高士廉：长孙皇后的舅舅，参谋玄武门之变，善于识人。
07 尉迟敬德：唐太宗的头号保镖，玄武门之变的主要功臣。
08 李靖：大唐第一名将，为唐朝立下赫赫战功。

功高王侯之臣

09 萧瑀（唐高祖时宰相）
10 段志玄（平王世充、窦建德的功臣）
11 刘弘基（攻取长安立大功）
12 屈突通（平王世充立大功）
13 殷开山（统一战争中立下不少战功）
14 柴绍（唐太宗的姐夫，屡立功勋）
15 长孙顺德（长孙皇后的堂叔，参与晋阳起兵）
16 张亮（为唐太宗夺位立下大功）

其他功臣

17 侯君集
18 张公谨
19 程知节
20 虞世南
21 刘政会
22 唐俭
23 李勣
24 秦叔宝

46　47

本册导读

唐朝是我国古代最辉煌的朝代，对我国政治、经济、文化的发展做出了巨大贡献。《你好啊唐朝》以轻松的笔调，有趣的插图，为读者勾画出唐朝的那些人和事。

唐朝时，书法、绘画、音乐、舞蹈等艺术都取得了极高的成就。在此时期，涌现出了一大批大师级人物。他们的作品艺术造诣极高，也从侧面反映出唐朝时社会经济的繁荣。

本书讲述了唐朝艺术史上具有代表性的13位艺术家。在本书中，你会了解到书法史上“楷书四大家”之三的欧阳询、颜真卿和柳公权，看到阎立本、吴道子等著名画家笔下的大唐盛世，仿佛聆听到美妙的盛唐之音，看到古代四大美女之一的杨贵妃的倾城舞姿……打开这本书，一起来感受唐朝艺术之美吧！

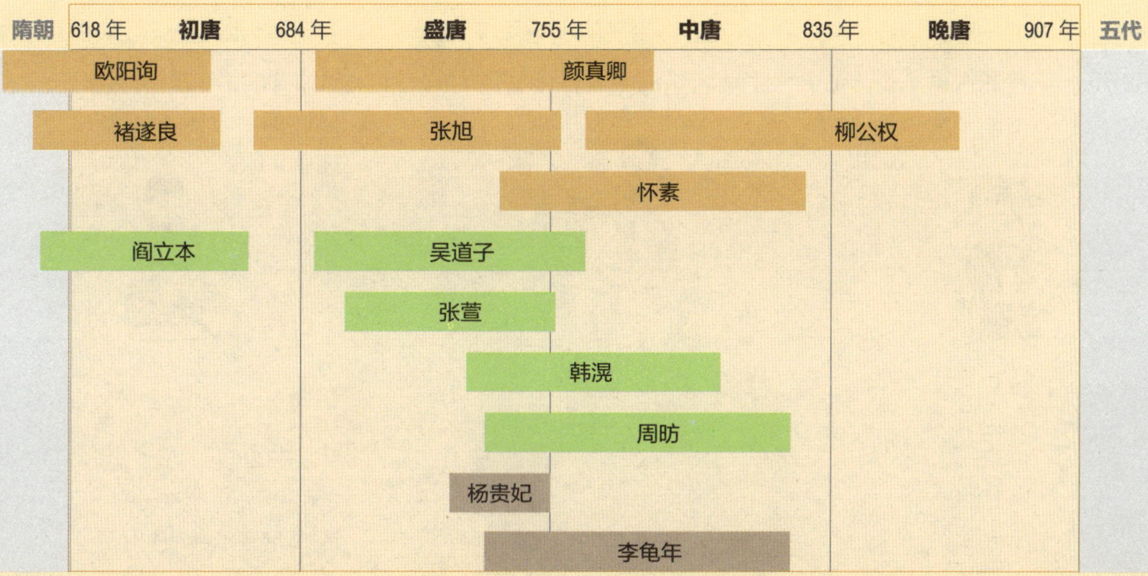

目录

618 年 初唐 684 年 盛唐

唐太宗 | 唐高宗 | 武则天 | 唐玄宗

755年 中唐 835年 晚唐 907年

唐代宗 唐宪宗 唐武宗 唐宣宗

557年

生于衡州（今湖南衡阳）

南朝（陈）

13岁，父亲举兵造反

14岁，兵败家灭时逃匿，后被父亲好友收养

隋文帝灭陈

33岁，养父入隋做官

隋

49岁，书《周罗喉墓志》

50岁，任太常博士

李渊建唐

李世民大败窦建德

唐高祖

63岁，加入窦建德队伍

65岁，入唐为官，书『开元通宝』钱

66岁，参与编撰《艺文类聚》《陈书》

玄武门之变

70岁，加授弘文馆学士

71岁，入弘文馆教授楷书

壹

欧阳询

用笔工谨，结体方正

欧阳询小时候学王羲之行草书法，后来在隋朝做官，开始琢磨楷体书法。在唐朝为官时，他把大部分精力投入到修编图书和书法创作中，开创了『欧体』。晚年所书的《九成宫醴泉铭》被后人称为『天下第一楷书』。

唐太宗

641 年 85岁，去世

76岁，书《九成宫醴泉铭》

75岁，书《化度寺碑》《房彦谦碑》

楷书大师成长记

非凡的人往往有着非凡的人生经历，楷书大师欧阳询就是一个有着非凡人生经历的人。

欧阳询出生不久，南朝的陈朝建立，父亲欧阳纥（hé）是当朝大官。欧阳询 13 岁那年，父亲被逼造反，兵败后全家遭难，只有他偷藏起来逃过一劫。不久后，朝廷大赦，他才因此免于一死，被父亲生前的好友江总收养。

欧阳询跟着江总住在人才济济的建康城（今江苏南京），他非常聪明，看书能一目十行，喜欢经学、历史，酷爱书法。江总很用心地栽培这个养子，在百忙之中抽出时间亲自教他读书、练字。

那时候，欧阳询最喜爱王羲之的书法，传说他曾花重金购买王羲之给儿子写的书法宝典——《指归图》，刻苦钻研，用心揣摩。所以后人说欧阳询的书法有王羲之的风格。

一手好字走天下

欧阳询33岁时，隋军灭了陈朝，他也跟随养父离开建康城，去隋朝都城长安寻求发展。凭借着满腹的学问和一手漂亮的字，他很快就获得了长安城里达官贵人的青睐。后来，欧阳询做了太常博士。

太常寺

太常博士负责朝廷祭祀方面的事，撰文立碑是其中极为重要的一项工作内容。当时碑文一般用楷书，而欧阳询以前主要学的是行草。于是，他开始研究学习楷书碑帖。后人说他的书法有北方碑书的味道，也是源于此。

据说，欧阳询有一次在路边发现一块晋代名碑。他本来骑在马上观看，后来干脆下马，走到碑前细细品味。天渐渐黑了，他想走又舍不得，一步一回头。最后还是返回来，继续欣赏。

不知不觉天已经完全黑了，他就在碑边上铺了块布，随地一坐，借着月光继续看，困了就休息一会儿，醒来又接着看。就这样一直琢磨了三天三夜，才不舍地离开。

欧阳询无心在官场打拼，书法水平却不断提高。他还认识了一个好朋友，常去他家做客，这个人就是后来的唐高祖——李渊。李渊建立唐朝后，请一把岁数的欧阳询做了负责审核奏章的给事中，还给他在长安城安排了一处大宅子。

没多久，李渊发现欧阳询不适合搞政治，就让他主持编纂《艺文类聚》。这套书有一百卷，光想想就知道，欧阳询花了多少心思，费了多少毛笔，用了多少墨汁。

欧阳询70岁那年，新皇帝李世民继位。给前太子李建成当过老师的欧阳询，地位自然大不如前，国舅长孙无忌甚至公开嘲笑他的长相。欧阳询并没有把这些放在心上，而是把心思全用在书法创作和研究上。

天下第一楷书

632 年的夏天，唐太宗李世民到九成宫避暑。九成宫雄伟壮观，但是建在高山上，取水很不方便，所以宫中总是缺水，这让宫里上上下下都头疼不已。

有一天，唐太宗在九成宫中游览，偶然间发现有块地方很潮湿，他拿手杖捣了几下后，这里居然“咕噜咕噜”往外冒清泉。他给这泉水起名为“醴泉”，形容这水跟美酒一样香甜。

随行的一大帮人都说这泉水是祥瑞之兆，李世民开心得不得了，他立刻让魏征作文章，欧阳询来书写，第二年还把它刻成碑做纪念。就这样，被后世誉为“天下第一楷书”的《九成宫醴泉铭》诞生了。

《九成宫醴泉铭》是欧阳询晚年书法的得意之作，也奠定了他“唐楷第一”的地位。全篇约1200字，笔力刚劲清秀，结字险绝瘦峻，有北碑的峻利之势，也有南帖的秀雅之韵。此碑一出，很快就受到了追捧，前往拓碑临摹的人络绎不绝。拓的多了，原碑破损严重。现在留存最好的《宋拓唐九成宫醴泉铭》，藏于北京故宫博物院。

除了《九成宫醴泉铭》，《化度寺碑》也是他的楷书代表作。欧阳询的书体被后人称为“欧体”。他还是个全能的书法家，其行书、草书也为妙品。

初学者在临摹《九成宫醴泉铭》时，会发现即使是一个字中的一个点画，都是不能随意改变的，不然就失去了这个字的精彩之处。这也说明欧阳询的书体结构极为严谨、规范，非常讲究。

后人把欧阳询、颜真卿、柳公权、赵孟頫，称为“楷书四大家”。

唐代书法成就

唐代书法艺术随着时代的进步得到了空前发展，书法人才辈出，其中以楷书、草书的影响最大。

楷书

初唐楷书的书法家多以魏晋以来的笔法为基础，以欧阳询、虞世南、褚遂良和薛稷为代表。唐太宗喜欢书法，大唐上下兴起一股好学书法之风。中唐时，颜真卿使楷书艺术取得新的突破。晚唐时，柳公权成就较大。唐代楷书的造诣对后世影响深远。

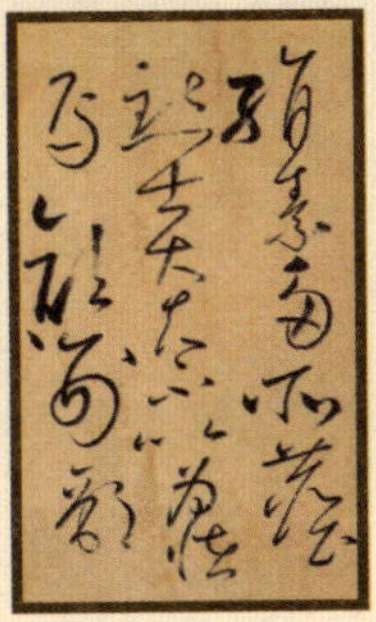

草书

唐代是中国书法史上草书的一个完善成熟时期，以孙过庭、张旭、怀素为代表。他们的草书作品力量充沛、感情奔放、纵横飞舞，极具艺术美感。张旭和怀素，是中国草书史上的两座丰碑，怀素的《自叙帖》被后世誉为“天下第一草书”。

行书

行书是介于楷书、草书之间的一种字体，实用性和艺术性都很高。盛唐时，李邕（yōng）将二王（王羲之、王献之）书法与魏碑结合，以行书写碑文，令人耳目一新。大书法家颜真卿的《祭侄文稿》，被后世称为仅次于《兰亭序》的天下第二行书。

658 年

唐高宗

63岁，死于贬所

62岁，先后转任桂州、爱州

60岁，谏阻立武则天为后，贬任潭州

58岁，书《雁塔圣教序》

57岁，书《房玄龄碑》

唐太宗

54岁，受太宗临终托孤，起草太宗遗诏

53岁，升任中书令

48岁，建言立李治为太子

46岁，兼任谏官

44岁，鉴别内府书法作品真伪

41岁，任起居郎

37岁，参与整理内府藏王羲之等人真迹

玄武门之变

31岁，任弘文馆馆主

唐高祖

李渊建唐

23岁，入唐，任职秦王府

隋

22岁，随父加入薛举队伍

596 年

生于长安（今陕西西安）

贰

褚遂良

妍媚多姿，刚柔相济

褚遂良隋末时追随过薛举，后来跟随唐太宗，得到重用，唐高宗时曾执掌朝政大权。因反对高宗立武则天为后，接连被贬，悲凉离世。褚遂良博学多才，是著名的书法家，与欧阳询、虞世南、薛稷并称『初唐四大家』，传世墨迹有《房玄龄碑》《雁塔圣教序》等。

深得帝王信任

褚遂良深得太宗器重，主持新成立的弘文馆的日常工作。

褚遂良是含着金汤勺长大的，他出身名门贵族，父亲是个大官。从小受书香熏陶的褚遂良博学多识，尤其精通文史。

当时薛举在兰州称帝，欣赏褚家父子的学识，对他们委以重任。后来秦王李世民攻打过来，降伏了薛家军，李世民早听说褚家父子才华过人，就把他们收服，安排进入文学之士聚集的文学馆。褚遂良身处浓厚的文化氛围之中，学识与日俱增，在欧阳询和虞世南两位老师的悉心指导下，书法水平也突飞猛进。

41 岁那年，褚遂良担任起居郎，专门记录皇帝的一言一行，也算是对帝王的一种监督。看到自己洗脸、睡觉都要被记录，唐太宗不禁心中发毛，生怕自己不好的言行被写下来，所以时时提醒自己要行得端、立得正。

唐太宗李世民特别喜欢收集王羲之的书法帖，但总有人鱼目混珠送来赝品，企图蒙混过关。而褚遂良对王羲之这位老前辈的书法很有研究，早就练就了火眼金睛，一眼就能辨出书法帖的真假。褚遂良临摹王羲之《兰亭序》的墨迹流传至今。

学历史长知识

王羲之《兰亭序》

王羲之是行书的祖师，《兰亭序》是王羲之书风成熟时期的杰作，素有“天下第一行书”的美誉。他的作品飘逸、空灵、自然、纵横自如。

唐太宗对褚遂良非常信任，遇到头疼的国家大事，都要向他咨询。当初唐太宗想立四儿子李泰为太子，而褚遂良和国舅长孙无忌极力劝说他立第九子李治为太子，并最终说服成功。连皇帝立储都敢干预，足以看出他位高权重。

唐太宗在弥留之际，还把长孙无忌和褚遂良这两个最信任的人叫到跟前，叮嘱他们要用心辅佐太子，永保江山社稷。

唐太宗驾崩后，褚遂良万分悲痛，一直厚待他的贤士离去了，他感到心中无限凄凉，含泪写下纪念唐太宗的《太宗哀册文》。他骑马从朝中回家，一路神情恍惚竟然走错了门，闯进别人的宅院。

唐高宗李治顺利继位后，出于对褚遂良的敬重和感恩，接连提拔他，褚遂良的仕途一路绿灯，平步青云。他在 58 岁时成为首席宰相，达到政治生涯的顶峰。

和武则天之间的斗争

就在褚遂良顺风顺水之时，一个强劲的对手出现了。唐高宗贪恋上了才貌兼备的武昭仪（武则天），在武氏的蛊惑下，高宗准备废掉王皇后，改立她为皇后。这一决策遭到褚遂良和长孙无忌的强烈反对，他们看出了这个女人的野心，拼命给唐高宗泼冷水，言辞十分激烈，把武氏气得七窍生烟。

最终武氏取得胜利，登上了皇后宝座。很快，武皇后开始清算总账，狠狠打击报复反对自己的人，褚遂良被她赶出朝廷，先后贬到偏远的潭州（今湖南长沙）和桂州（今广西桂林）。

连接出招后，武皇后还是咽不下当年的那口恶气，她又联合几个大臣诬陷褚遂良密谋反叛。倒霉的褚遂良又一次被贬，这次被贬到更远的爱州（今越南清化），这时他已是白发苍苍的老人。最终，褚遂良在爱州含恨离世，时年63岁。

勇于创新留美名

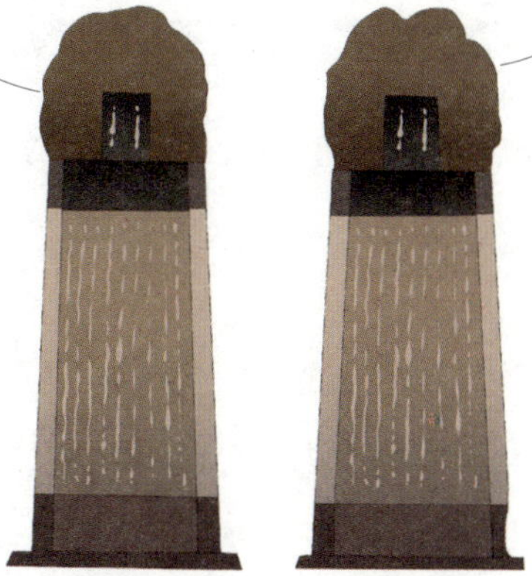

《雁塔圣教序》因为矗立于西安大雁塔而得名，分两块碑石。

褚遂良主要是以书法家的身份为后人所知。为官多年他一直孜孜不倦研习书法，《房玄龄碑》《雁塔圣教序》都是他的楷书代表作。他研习多种字体并融会贯通，最初学习欧阳询，后学习虞世南，最后学习王羲之和王献之。勇于创新的褚遂良，位列“初唐四大家”之一，他的字体世称“褚体”。

初唐的书法家中，数欧阳询、褚遂良二人最具创新精神，他们的书法既保留了隋朝遗风，又不被旧笔法所限制。

褚遂良的字，骨、肉分量均衡，清朗秀劲，刚柔并济，实现了力和美、骨和韵的完美结合，开唐楷之门户，对后世书法影响极为深远。

675年

武后称制

唐高宗	武则天	唐玄宗

生于吴郡昆山（今江苏昆山）

早年，任常熟县尉

39岁，与贺知章、包融、张若虚始称『吴中四士』

49岁，见公孙大娘舞剑器

51岁，任金吾长史

54岁，辞官游天下

56岁，与贺知章、李白等结为『饮中八仙』

62岁，与吴道子、裴旻相遇，各尽其能

67岁，书《郎官石柱记》

68岁，书《严仁墓志》

71岁，指点颜真卿

叁

张旭

醉后呼叫狂走，落笔若有神助

张旭擅长草书，喜欢饮酒，与怀素并称「颠张醉素」，与贺知章、张若虚、包融并称「吴中四士」，又与贺知章等人并称「饮中八仙」，他的草书与李白的诗歌、裴旻的剑舞并称「三绝」。传世书迹有《肚痛帖》《古诗四帖》等。

759年

唐肃宗

85岁，书《千字文》。同年去世

安史之乱爆发

天宝年间，与诗人高适、岑参等交游

酒后发威的癫狂人

张旭出身书法世家，母亲是初唐书法家陆柬之的侄女、虞世南的外孙女。在家族基因和环境熏陶的双重作用下，张旭从小就领略到了书法的乐趣，他勤于学习，刻苦努力，书艺日渐精进。

张旭为人洒脱不羁、豁达大度，并且嗜酒如命，酒醉后是他艺术创作的最佳状态。欣赏他的创作过程就像欣赏一场纯粹的行为艺术，只见他酩酊（mǐng dǐng）大醉后手舞足蹈、呼叫狂奔，继而挥笔写字，有时甚至用头发蘸着墨汁快速书写，所以有“张颠”的雅称。

张旭在常熟（今江苏常熟）做县尉时，附近有一条街，人们经常见到他浑身酒气、手拿毛笔、衣衫不整地在街上狂奔，走到哪儿写到哪儿，醉倒后就会呼呼大睡，如此疯癫，常常把人吓到。这条街也被后人称为“醉尉街”。

粗中也有细

这位“疯癫”艺术家看似粗鲁，实际上非常细心，他勤于观察，善于从大自然的万象众生之中感悟书法之道。据说，他从公主和挑夫争道的故事中构思出草书笔法，看公孙大娘舞剑时悟出草书笔法的神韵。他崇尚师法自然，将个人的思想情感，对自然、生活现象的感受，融入书写中，最终形成恢宏大气、任情肆意的“狂草”风格，开拓了全新的艺术境界。这种风格，也是对豪迈奔放、张扬洒脱的盛唐精神的精彩诠释。

张旭很有个人魅力，很多人为之折服。“画圣”吴道子十分钦慕他，曾向他求教笔法。颜真卿曾两度辞官，专心向他请教书法。当时的人们对他的书法视若珍宝，哪怕是他的一张纸一个字，都会视为传家宝，世代珍藏。

张旭的书法名噪当代，影响后世，唐文宗曾特地下诏书，将张旭的草书与李白的诗歌、裴旻的剑舞御封为“三绝”。

美名传后世

虽然在书法领域取得了非凡的成就，张旭却不自视清高，为人豁达大度。据说，一位乡邻生活困苦，知道张旭生性慷慨，就写信给他希望得到他的资助。张旭在回信中告诉他：只要说这信是张旭写的，就可以卖个好价钱。乡邻照着他的话上集市去售卖，果然不到半天就被众人抢购，乡邻拿到钱，回去后对他万分感谢。

还有一则故事，说张旭在担任常熟县尉时，有个老翁来告状，张旭给他写了一张判决书。可是没过几天，这个老翁又来求判，张旭非常恼火，责备他骚扰公堂，老翁却说只是想收藏张旭的墨宝。

张旭感到很诧异，问老人为什么喜欢书法。老头说他父亲学过书法，还有作品。张旭让他回家取来，看了后连连称叹，并从中悟到笔法的妙处。张旭虚心摹写，书法更为精进。

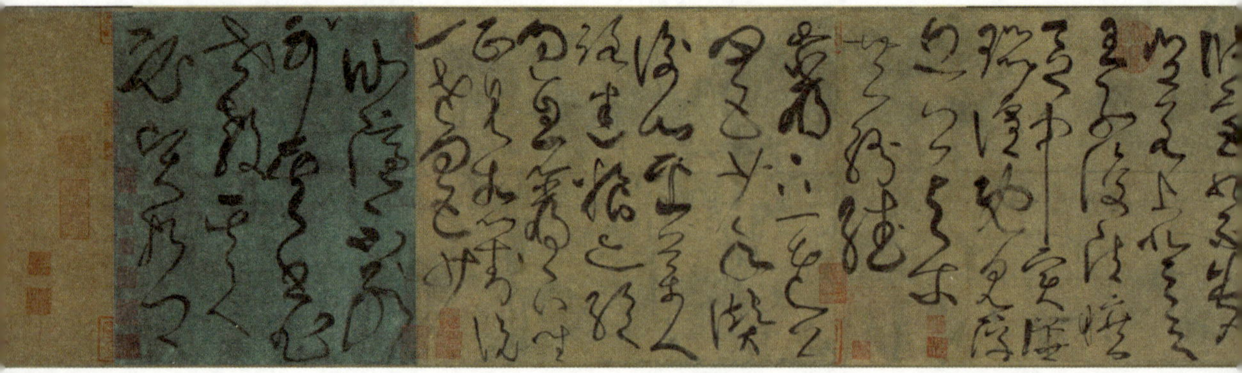

张旭擅长学习借鉴，在自然规律中摸索用笔之法，广泛吸收各家之所长，既继承传统又勇于创新。他的笔法浪漫抒情，字迹力透纸背，生龙活虎，被后人尊称为“草圣”。

> 学 历 史 长 知 识
>
> **饮中八仙歌（节选）**
>
> 杜　甫
>
> 张旭三杯草圣传，
> 脱帽露顶王公前，
> 挥毫落纸如云烟。

后来的书法评论家在评论各书法名家时，对欧阳询、虞世南、褚遂良、薛稷甚至是颜真卿、柳公权等书法大家都能提出不同意见，可是只要论到张旭，都赞叹不已，无人道其短。这是对他书艺的极高评价。比张旭晚了几十年的怀素和尚同样善写狂草，同样贪酒和疯癫，与他一脉相承，两人被并称为“颠张醉素”。

《古诗四帖》

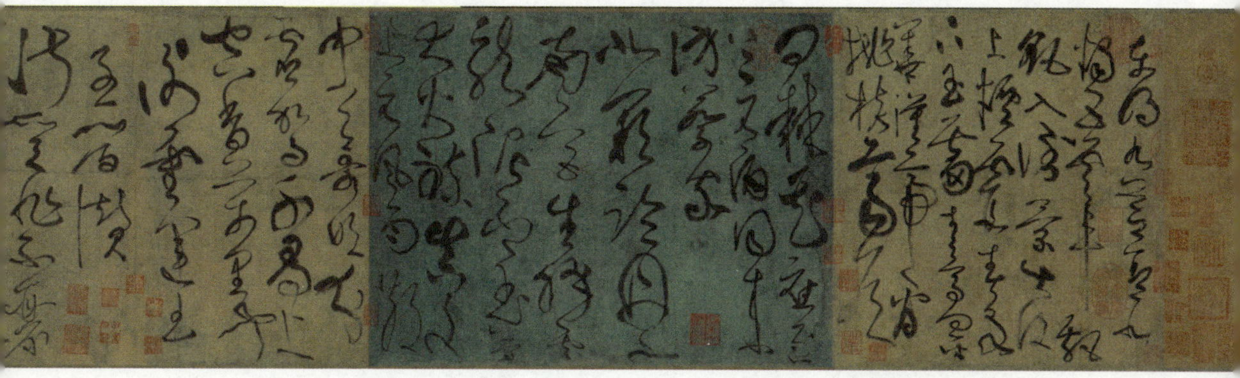

709年 生于长安（今陕西西安）

唐玄宗

26岁，中进士

28岁，中吏部关试，授职秘书省

34岁，中制举，任地方小官

39岁，升任监察御史

41岁，调东都洛阳任职

42岁，调回京任职

44岁，书《多宝塔碑》

45岁，执掌平原郡

安史之乱爆发

47岁，起兵抵御安禄山叛军

唐肃宗

49岁，投奔肃宗，后外放地方为官

50岁，书《祭侄文稿》

52岁，短暂为京官后复外放地方为官

唐代宗

54岁，赴京为官

56岁，书《争座位帖》

58岁，反对宰相元载专权，被贬为地方官

63岁，书《麻姑山仙坛记》《大唐中兴颂》

69岁，还京任职

71岁，书《颜勤礼碑》

藩镇叛乱

75岁，奉诏劝谕李希烈叛军

肆

颜真卿

筋肉丰满，浑厚有力

颜真卿是书法大家，尤其擅长行书、楷书。他的楷书端庄雄秀，被称为『颜体』，和同为『楷书四大家』之一的柳公权并誉为『颜筋柳骨』，传世墨迹、书迹有《多宝塔碑》《祭侄文稿》《颜勤礼碑》。颜真卿也是名臣，在平定安史之乱时立下大功，后被叛党所害，为国捐躯。

785年

唐德宗

77岁，被害

为官一任留美名

颜真卿的祖上有很多名人，如名儒颜之推和经学家颜师古等，称得上是名门之后。

他 3 岁时父亲离世，母亲一手把他拉扯大，对他寄予厚望，实行严格的家庭教育，每天亲自督学。颜真卿继承了祖上的良好基因，天资聪慧又勤奋好学，尤其擅长书法，因为家贫买不起纸笔，他常常用笔蘸黄土水在墙上练字。

颜真卿 26 岁时中进士，28 岁开始做官。虽然步入仕途，但是颜真卿并没有放弃练习书法。一有闲暇，他就会孜孜不倦地提笔练字，还曾在父亲生前好友——著名诗人贺知章的引荐下，向“草圣”张旭求教书法。前几次张旭就像对待众多求师者一样，哈哈大笑几声，写几页书法打发了事。

后来颜真卿携带两坛陈年老酒，亲赴洛阳，再次向张旭请教。张旭被他的真诚、恳切和谦恭打动，欣然接受了他的请求。颜真卿在张旭住处住了一个多月，每天不是听张旭讲论书法，就是临帖习书。即将告别之时，颜真卿再次毕恭毕敬地向张旭求教笔法要诀。张旭沉默良久，才郑重答应颜真卿的请求，传授楷、草笔法。从此，颜真卿的书法艺术有了很大的进步，他把这次学习经历记录了下来，写成《张长史笔法十二意》一文。

39 岁时，颜真卿升任监察御史，监察百官，巡视郡县，做了不少为百姓称道的事。

他曾到五原(今内蒙古巴彦淖尔)巡查，发现那里的衙门很久没有断案，堆积了很多冤假错案，民怨很大。颜真卿翻出成摞的案宗，出重拳大力平反冤案，还无辜者以清白，得到百姓的赞誉。神奇的是，当地连年干旱，颜真卿平反这些冤案后，天突然降下大雨，百姓都惊呼这是“御史雨”，人人称颂。

颜真卿出巡到灵武（今宁夏中部）一带，听闻郑氏三兄弟都是朝廷命官，母亲去世已经 29 年了，棺材一直在寺庙放着，兄弟间互相推诿，谁也不肯操办安葬。连母亲都不能善待的人怎么能指望他爱民如子、勤勉尽职？颜真卿立即上书朝廷，朝廷最终下诏，免去郑氏兄弟的官职，终身不予录用。这事起到了杀鸡儆猴的作用，那些道德败坏的人听了都心惊胆战。

因为性格太过刚直，从不阿谀权贵，颜真卿的仕途一直不顺，连连受挫。在京为官期间，他的仗义执言令杨国忠嫉恨不已，将他调离京师，出任平原郡（今山东德州）太守。颜真卿在遭遇排挤之后，并没有表现出愤懑不平，反而自得其乐，在地方继续发光发热，为民解忧。

忠君爱国的颜鲁公

颜真卿不仅才华横溢，还有勇有谋。当时平原郡属于安禄山管辖，颜真卿觉察到安禄山的反叛之心，于是做足了战争准备。他治下的平原郡表面上风平浪静，其实一直都在暗中修城墙、备粮草，征兵习武，把马养得膘肥体壮。安禄山曾三番五次派人暗中打探，都没有发现什么。

755 年，安禄山造反，安史之乱爆发。河北（泛指黄河以北地区）大多数郡县相继沦陷，只有颜真卿的平原郡固若金汤。

这时，他首举义旗，带领部队抵抗叛军，他的堂兄颜杲（gǎo）卿在常山（今河北正定）起义呼应。在这强大的号召力下，起义军士气大涨，附近十七郡联合起来，推举颜真卿为盟主，出兵 20 万合力击退了叛军，大获全胜。这一战，颜真卿是当之无愧的功臣，受到朝廷的大力嘉奖。

然而，这场动乱也给颜真卿带来了惨痛的打击。他的全族包括堂兄颜杲卿在内三十几口人被杀害，颜真卿悲痛万分，写下了著名的《祭侄文

稿》。文稿饱含真情实感，流露着白发人送黑发人的哀痛，字里行间全是血泪，感人肺腑。全篇书法慷慨豪迈，气势磅礴，是一部连他本人都无法再复制的杰作，成为流传后世的珍贵墨宝。

安史之乱中，颜真卿立下了赫赫功勋，他回到朝中后受到重用，被封为“鲁郡开国公”，所以人们又叫他“颜鲁公”。由于他天性耿直，加上人红是非多，屡屡得罪上司，受到其他人的合力排挤。奸臣宰相卢杞尤其嫉恨他，把他视为眼中钉、肉中刺，提起他就牙根痒痒。

当时淮西节度使李希烈造反，卢杞借机进谗言，奏请唐德宗派颜真卿去劝谕叛军。虽然知道自己遭人算计，颜真卿还是义无反顾地出发了。李希烈对颜真卿各种威逼利诱，想让他屈服于自己，结果反被骂得狗血喷头。怒火中烧的李希烈，派人将一代名臣活活缢死。颜真卿一生忠勇、刚正无畏，他死后半年，叛乱平息，唐德宗为他废朝五日，赐谥号“文忠”。

学书当学颜真卿

唐代中期社会安定，经济日渐昌盛繁荣，与世界上许多国家文化交流频繁。在国富民强的盛唐，人们的心态更加宽容、开放，崇尚雍容华贵，豪迈奔放。

颜真卿幼年秉承家教学习书法，后来接受褚遂良书风的影响，再后来几度跟随张旭学习笔法，还与怀素探讨书法，对“二王”的书法也进行过深入研究。他巧妙地吸取他们的长处，独创了恢宏雄壮、大气磅礴的“颜体”楷书。

“颜体”楷书与柳公权的楷书并称“颜筋柳骨”。“颜筋”，就是形容他的楷书筋肉丰满，浑厚有力。他善于中锋运笔，沉着饱满，浑厚圆劲，气息充沛，正气凛然，用笔凝重而又不掩锋芒。

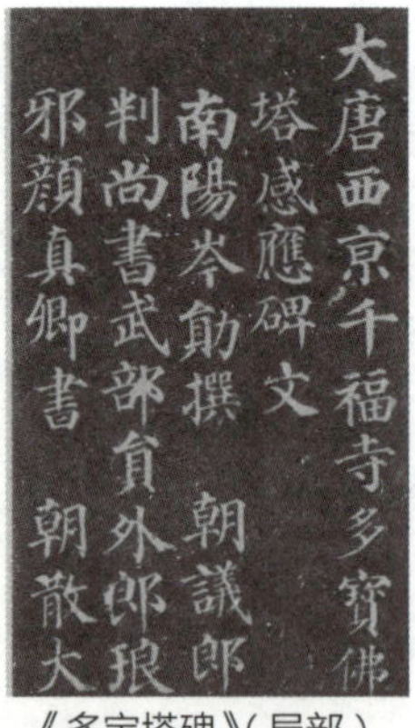

《多宝塔碑》(局部)

《颜勤礼碑》(局部)

颜真卿传世的书法作品极多。他早期的楷书代表作《多宝塔碑》浑厚刚劲，保留了初唐楷书秀美的风韵；其中期楷书代表作《大唐中兴颂》方正平稳，壮丽瑰玮；他晚期的《颜勤礼碑》在圆润丰腴中透露出豪迈气度，是“颜体”楷书炉火纯青的标志。

除了楷书，颜真卿的行书也开创了书法新气象。他的《祭侄文稿》主要追叙对安禄山叛乱的奋力抵抗和对侄子的悼念，神采飞动，笔势雄奇，变幻莫测，一泻千里，被誉为“天下行书第二”。

十分难得的是，这篇祭文墨迹被人保存下来，现珍藏在台北故宫博物院。

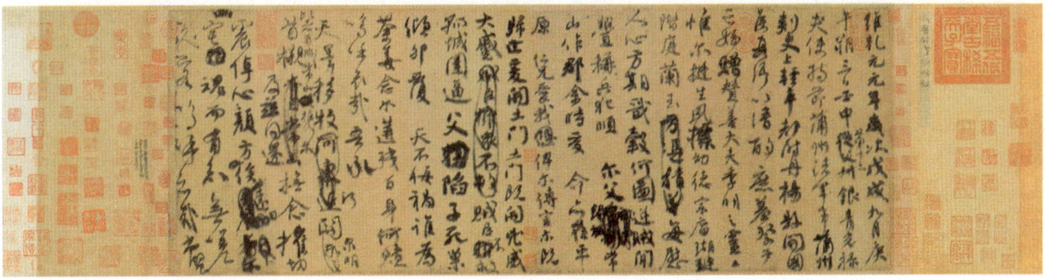

《祭侄文稿》

时代造就了颜真卿，颜真卿的书法映射出了气度恢宏的盛唐时代，也与他高尚的人格魅力相匹配，是真正的“人字合一”。

737年

生于永州零陵（今湖南零陵）

唐玄宗

11岁，出家为僧

15岁，专心练习书法

安史之乱爆发

唐肃宗

23岁，结识李白

26岁，游走湖南，求书者众

唐代宗

32岁，游历北方，名震长安

36岁，洛阳拜会颜真卿

40岁，书《自叙帖》

42岁，游历南方名山大川

唐德宗

57岁，书《食鱼帖》《圣母帖》

63岁，书《小草千字文》

64岁，自此不详

800年

伍

怀素

用笔圆劲，使转如环

怀素自幼出家为僧，他酷爱喝酒，被人称为『醉僧』。他苦练书法，后来以『狂草』闻名于世。他的草书刚劲流畅，如疾风骤雨，有万千变化，与张旭合称『颠张狂素』。传世书法作品有《自叙帖》《苦笋帖》等。

芭蕉叶下出名家

伟大的艺术家注定有不俗的一生。怀素的祖辈曾当过县令之类的官，按照他的家世，完全可以考取功名，弄个公职干干，可是他偏偏不走寻常路。

也许是冥冥中注定与佛有缘，怀素在11岁那年忽然萌生出家当和尚的想法，家人苦苦相劝也拦不住，只好任由他去。进入佛门后，怀素遇到了一位禅师。他是当地的书法名家，也是引导他走上书法道路的领路人。

怀素爱上书法后，刻苦练字，达到了痴迷忘我的程度。练字需要很多纸，可他没钱买，于是干脆在寺院的院墙上、地面上练习书法。当这些都不够用的时候，他又在寺院的空地上种了很多芭蕉树，以叶代纸。他常常等不及叶片长大，就直接站在树旁写字。怀素还做过一个漆盘和一块漆板，写了擦，擦了写，经过反复地擦写，漆盘、漆板都被写穿了。

日复一日，滴水穿石。寺院的芭蕉树被怀素写秃了，他用过的笔也堆成了小山，成为“笔冢”，笔冢旁边的一汪池水因为常年洗砚台也变成了“墨池”。

23岁那年，怀素遇到了59岁的李白，两个伟大的艺术天才一见如故，他们谈笑风生，成了忘年交。李白十分欣赏怀素的书法，挥笔写下《草书歌行》称赞他的造诣。

二十五六岁的时候，怀素已大有名气，书艺突飞猛进。但怀素并不自满，他渴望得到名师指点，想外出游历开阔眼界。

32岁时，怀素来到长安，这个繁华的国都当时聚集了很多文人墨客，怀素就像鱼儿游进大海一样眼界大开，他到处结交朋友，拜访名家，摹习钻研，领略各家书法的精奥之处。

5年后，书艺愈发精湛的怀素准备返回故乡。路过洛阳时，他特地去拜会了颜真卿，当时颜真卿已名满天下。颜真卿擅长楷书，而怀素擅长狂草，两大书法高手进行了一场书法理论的深入探讨。颜真卿对怀素的字大为赞赏，并毫无保留地将自己笔法的独到之处传授给他，鼓励他继续深造。从此，怀素进一步领略到书法的真谛，创作进入巅峰状态。

酒后狂放最不羁

纵观古今中外历史，那些伟大的艺术家往往在为人性情上有不同凡俗之处，怀素就是如此，他生性狂放，不拘小节。这个和尚不爱参禅打坐、吃斋念佛，还突破了佛家戒律，喜欢豪放饮酒、大口吃肉，甚至达到一日九醉。每次他与朋友相聚喝酒，醉了就诗兴大起，满眼都是“芭蕉叶”，在墙壁、衣物、器皿上随意挥毫泼墨，被大家称为“醉僧”。

一时之间，怀素成为声名显赫的人物。许多达官贵人为了得到他的墨宝排队邀请他赴宴，怀素统统来者不拒。请不起客的普通人也自有妙招，他们提前打听好怀素会经过的地方，穿着白衣在那里等。喝醉了的怀素看到白色就眼前一亮，跑上前就开始写，那些人虽然充当了“人形纸板”，但得到了这位疯癫和尚的墨宝，人人都喜不自禁。

善于创新笔法

怀素的成功并不是偶然的，很大程度上得益于他对生活的细心揣摩。他从夏日的风云变幻中顿悟笔意，练出行云流水的笔法；从公孙大娘徒弟的剑舞中深受启发，把剑法嫁接到笔法，不仅增添了狂草的灵动感和力度，还有了舞蹈的轻盈回转之姿，可以说是神来之笔。

怀素的书法作品是很多书法家和收藏家一生都想要得到的珍品。《自叙帖》是怀素草书的代表作，如今收藏在台北故宫博物院，通篇为苍劲狂草，笔锋有力，纵横斜直连续贯之，气势恢宏，令人拍案叫绝。

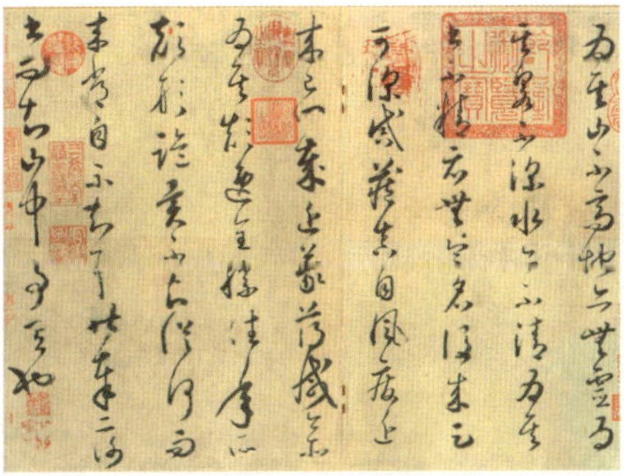

《自叙帖》（局部）

怀素师承草书大家张旭，又有所创新，形成了自己独特的风格，大有青出于蓝而胜于蓝之势。他用笔遒劲有力，流转飞舞，奔放流畅，一气呵成如疾风骤雨。怀素的草书被称为“狂草”，也符合他“醉僧”的人设，他和同样疯癫的张旭齐名，有“颠张狂素”之称，对后世影响极为深远。

怀素 64 岁以后音讯全无，也有一种说法是，他 63 岁时就在成都宝园寺圆寂了。

778年

藩镇叛乱

唐德宗

生于京兆华原（今陕西耀州）

12岁，能作辞赋，被誉为『神童』

24岁，书《李说碑》

唐宪宗

31岁，中进士、制举两科，授职秘书省

唐穆宗

42岁，到地方做幕僚

43岁，入翰林院为侍书学士，兼谏官

47岁，书《金刚经》

47岁，出翰林院，任起居郎

唐文宗

51岁，二入翰林院，再为侍书学士

54岁，出翰林院任他职

57岁，三入翰林院，仍为侍书学士

甘露之变

59岁，书《回元观钟楼铭》

唐武宗

61岁，升任翰林院首领

64岁，书《玄秘塔碑》

65岁，任职太子东宫

66岁，书《神策军碑》

唐宣宗

69岁，先后任太子宾客、太师、少师

陆

柳公权

瘦硬挺拔，骨力遒劲

柳公权自幼聪敏好学，12岁就能写诗作赋，一生大部分时间在皇帝身边从事书写工作。他自创的『柳体』书法，骨力劲健，与颜真卿并称为『颜筋柳骨』。柳公权一生最擅长和写得最多的是楷书，代表作有《玄秘塔碑》《神策军碑》等。

865年

88岁，去世

唐懿宗

77岁，任太子少傅

声名远播帝王宠

柳公权出身官宦家庭，祖父、父亲都曾身居官位，算得上是“官三代”。柳公权从小博览群书，12 岁就能出口成章。他聪慧好学，尤其喜欢书法，日复一日勤学苦练，达到废寝忘食的地步。

31 岁时，柳公权考中进士，任秘书省校书郎，因为精通书法而声名远扬。43 岁时，他进京汇报工作，因为唐穆宗在佛寺中经常见到他的笔迹，是他的“粉丝”，所以迫不及待地召见了他，对他倾诉崇拜之情，把他调回京城当官。

从此，柳公权被留在朝中，先后侍奉过穆宗、敬宗、文宗、武宗、宣宗、懿宗六任皇帝。因为才华横溢，为人有趣，他博得多位皇帝的欢心。唐文宗尤其欣赏他，曾经夸他“三步成诗”，两人常常彻夜长谈，文宗在澡堂子里洗澡时，还不忘召他前来谈论诗文和书法，君臣在一问一答中，甚至都忘记了时间的流逝。

被宠爱的结果就是被“扣押”，变成失去自由的“金丝雀”。整天陪皇帝聊天逗乐、谈诗说书，不能实现尽忠报国的远大政治理想，这让柳公权非常苦闷。

无奈接受了命运后，柳公权倒也静下心来，除了陪君王，闲暇时间就用来读书练字。所谓“失之东隅，收之桑榆”，在被当作宠物拴住的 20 多年中，他练就了扎实的书法功力。

柳公权在文学上也很有造诣，对《尚书》《诗经》《左传》《国语》《庄子》都很有研究，说起这些经典来如数家珍，每次翻阅时还要做笔记，常常写满好几页纸。

仗义执言不怕死

柳公权性格耿直，直言敢谏，有“谏臣”的美誉。唐穆宗爱玩儿，整天吃喝玩乐，懒理国事，满朝大臣没有敢反对的。一次，唐穆宗兴致勃勃地向柳公权请教用笔方法，抱怨自己总写不好字，柳公权回以“全在于用心，心正则笔正”。穆宗领会到柳公权是在用笔法进谏，大为恼怒，一度对柳公权置之不理。

还有一次，唐文宗在偏殿召见学士，向众人吹嘘自己如何贤明节俭，身上穿的衣服洗过三次还没扔。学士们赶紧连声夸赞，只有柳公权甩出硬邦邦的一句话：穿什么衣服是无足轻重的小事，治理好江山社稷才是贤明之主。旁人听了，都吓得浑身发抖。幸好文宗是个心胸宽广的君主，不仅没怪罪柳公权，还被他的话触动，夸他仗义执言，勇于进谏。

书艺精湛墨飘香

从唐宪宗时起，柳公权就已声名远扬，书法技艺也愈发精湛，一时无人能超越。不管是达官还是平民都以得到他的字为荣，全民掀起一股“追柳”热潮。

当时高官贵族为先人立碑，如果得不到柳公权亲笔写的碑文就会被认为不孝。他的名气也远播海外，连外国人也慕名拜访，专门到柳府求字，用金银珠宝或稀世器物换取他的墨宝。

柳公权在研究、继承钟繇、王羲之等人的基础上，学习颜真卿，又参照同期其他人的书法，融会贯通，自创独树一帜的“柳体”楷书。

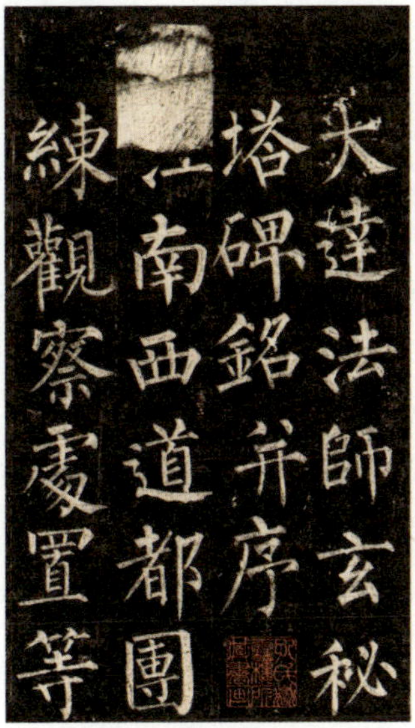

《玄秘塔碑》（局部）

柳公权的楷书用笔方圆并施，点画棱角分明，结构精妙。人们常说的“颜筋柳骨”之“柳骨”，就是形容其书法瘦硬挺拔，骨力遒劲。他的《金刚经》《玄秘塔碑》《神策军碑》被历代奉为楷模。

865 年，柳公权寿终正寝，享年 88 岁。

601 年

隋

生于雍州万年（今陕西西安）

李渊建唐

唐高祖

18岁，随兄投效秦王李世民

玄武门之变

唐太宗

26岁，奉命作《秦府十八学士图》

28岁，奉旨作《历代帝王图》

36岁，奉旨作《昭陵六骏》

40岁，奉旨作《步辇图》

43岁，奉旨作《凌烟阁二十四功臣像》

56岁，任宫室修建长官

56岁，升任工部尚书

唐高宗

68岁，任副宰相

70岁，升任宰相

673 年

73岁，去世

柒

阎立本

线条刚劲有力，人物神采飞扬

阎立本出身于显贵之家，外公是北周武帝宇文邕。入唐后，他深得帝王信任，被委以重任。他擅长绘画、建筑，尤其是历史人物画的创作。他下笔线条刚劲生动，色彩古雅厚重，人物神态精准细腻，被列为『神品』，代表作有《步辇图》《历代帝王图》。

阎伯乐慧眼识珠

阎立本出身贵族家庭，他的父亲和兄长都擅长绘画、工艺和建筑。阎立本继承了家学，尤其善于绘画。他喜欢画人物、车马、台阁，在肖像画和历史画的创作上很有建树，年纪轻轻就受到唐太宗的重用，身居要职。

难得的是他还慧眼识珠不吝推举有才能的人。唐高宗初年，担任考核官员任务的阎立本遇到了狄仁杰，认为他是难得的治世之才。

身为画家的阎立本，生性敏感，从狄仁杰的眉宇间感受到了不凡之处，见到他的第一眼就有了下笔的冲动，认为他是自己“非画不可之人”。狄仁杰当时还是一个小官，身份低微，但目光坚定，就算见到阎立本这样位高权重的人也一点都不发怵。阎立本欣赏他的沉着冷静。果不其然，狄仁杰在阎立本的举荐下被委以重任，满身抱负得以施展，最终成为一代名相。

丹青名作真不少

阎立本绘画功夫了得，深受唐太宗的重用和喜爱。据说，当时南山有猛兽伤人，唐太宗派了很多猎人前去抓捕，都失败而归。有个勇士自告奋勇前去，一箭射死了猛兽。太宗欣赏他的豪气，让阎立本把射杀猛兽的场面画下来。阎立本想象了一下场景，最终出炉的画作栩栩如生，不只是猛兽，连勇士的鞍马、仆从都跟真的一样，看过的人没有不惊叹佩服的。

阎立本曾经多次奉皇帝之命在发生重大事件时作画纪念。636 年，唐太宗为彰显建立大唐帝国的武功，命阎立本画出他征战四方时所骑的六匹战马，由阎立本的兄长阎立德刻在石屏上，立在昭陵，这就是著名的《昭陵六骏》。

此外，大名鼎鼎的凌烟阁里悬挂的“二十四功臣画像”也是阎立本奉唐太宗之命画的。

保留至今的《历代帝王图》一直被认为是阎立本的作品，这幅画表现了西汉至隋朝的13位古代帝王。西汉昭帝刘弗陵面貌文静丰颐，从容沉着；东汉光武帝刘秀两眼炯炯有神，双眉舒展，嘴角上翘，流露出自信、豁达；三国蜀汉刘备眉头紧锁，眼神中充满疑虑；南朝陈后主陈叔宝臃肿矮胖，举袖掩口，似哭似笑，手足无措……阎立本利用一刹那间的表情，勾画人物不同的内心世界、个性特征，体现了他在细节捕捉、审美认识和审美表现方面的卓越才能。

汉昭帝刘弗陵

光武帝刘秀

蜀主刘备

南朝陈后主

68岁时，阎立本被提拔为右相，做了宰相，当时的人认为他是因为画工了得而获得的高位。673年，阎立本去世，一代丹青神话就此陨落。

传世名画的出炉

阎立本最有名的画作是《步辇图》，这起源于一个著名的历史事件。640 年，吐蕃王松赞干布派遣使者来长安求亲。阎立本以此为题材，绘制了这幅歌颂汉、藏民族友好交往的作品。

画中描绘的是唐太宗李世民坐在步辇上接见求亲使者禄东赞的情景。阎立本的巧妙之处在于他的对比手法，他用使臣禄东赞的诚恳、典礼官和翻译官的恭敬、宫女们的娇小活泼，来反衬李世民的风范与威严，可以说非常用心。

全画线条刚劲有力，富有变化和表现力，色彩鲜艳浓重、古雅沉着，是唐代绘画的代表性作品，具有珍贵的历史和艺术价值，被誉为中国十大传世名画，现藏于北京故宫博物院。

线条简练健劲，人物面部刻画细致，设色单纯沉着，这些是阎立本在继承了南北朝画作优秀传统的基础上做出的新突破，他的绘画作品备受当代和后世推崇，被后世列为“神品”。

688年

武则天

生于洛州阳翟（今河南禹州）

16岁，任瑕丘（今山东兖州）县尉

17岁，浪迹东都洛阳

20岁，长安画壁

23岁，作章怀太子墓室壁画

26岁，应诏入宫

唐玄宗

30岁，与裴旻、张旭各显其能

35岁，洛阳敬爱寺作壁画

36岁，合作《金桥图》

39岁，洛阳道观作《东封图》

60岁，作《送子天王图》

天宝中，奉诏赴嘉陵江写生

62岁，洛阳玄元寺作《五圣图》

安史之乱爆发

唐肃宗

765年

78岁，客死四川资阳

吴道子

线条简练流畅，气势迅猛凌厉

吴道子幼年贫苦，但刻苦好学，年轻时就有了画名，曾任兖州县尉，后来被召入宫廷作画。他擅长画佛道、神鬼、人物、山水等，以壁画最为绝妙，笔下人物衣服飘带如迎风飘扬，后人称为『吴带当风』，代表作有《送子天王图》等。

征服帝王的两把刷子

吴道子自幼孤苦贫困，幸运的是，当时正是大唐盛世，机遇很多，他有幸跟随书法大家张旭、贺知章学习书法，后来渐渐把学习的重点转到绘画上。他刻苦好学，年纪轻轻就已经悟出绘画的精妙之处。

成年的吴道子也做过官，但没多久他就厌倦了官场，辞职后到洛阳游学。在画坛闯出名堂后，他被唐玄宗召到京都长安，任职宫廷画师，时不时地跟随玄宗巡游各地，绘制和记录当地的风土人情。

据说，有一次他随驾去东都洛阳时，遇见了将军裴旻（mǐn）和书法家张旭，三人各自表演了自己的绝技：裴旻舞剑一曲，张旭泼墨草书，吴道子奋笔作画。可以说是八仙过海，各显神通，一时间看得人眼花缭乱，美不胜收。

吴道子擅画人物。他谙熟人体结构，细心观察人物的性格特征，作品中的人物形神兼备，是中国绘画史上第一个做到此点的画家。

他一生主要从事宗教画的创作，仅在长安、洛阳两地的寺庙道观就留下壁画 300 多幅，画面千奇百怪又无一重复，让人大开眼界。吴道子也因此圈了一大批“粉丝”，据说有一次他在龙兴寺作画时，因为闻讯赶来的“粉丝”太多，整个寺庙被堵得水泄不通。

吴道子绘制的释道人物，不但生动逼真，而且极具感染力。他曾经在长安景公寺绘制过《地狱变相》，栩栩如生地描绘了人死后到地狱的经历，对正在十八层地狱遭受酷刑的细节描画尤其细致。很多屠夫们看了后无不胆战心惊，纷纷改行，洗心革面，害怕自己因为杀生遭到报应。

现藏于日本大阪博物馆的《送子天王图》是吴道子原作的临摹本，被誉为中国十大名画之一。画中用色淡雅，对于当时以重彩为主流的工笔人物画而言，是一个重大创新；画中将本属异域（天竺）的人物形象画成了中国人，对宗教画而言是一重大突破。

《送子天王图》（局部）

吴道子也擅长画山水，水墨晕染，线条磅礴而有动感，略施淡彩，与当时流行的工笔重彩山水画有很大不同，是写意山水画的开创者，山水画成为一门独立的画科始自于他。据说天宝年间唐玄宗怀念嘉陵江的风光，就专门派马车送吴道子前往蜀地观察写生，哪知道游山玩水转了一大圈的吴道子，回来后连一张草稿都没有完成，唐玄宗有些生气，吴道子全然不理会，拿起画笔，直接在宫殿墙上自由挥洒，仅一天时间就画好了。唐玄宗由生气转为疑惑，当他看到气势磅礴、雄伟壮观的画面时，不禁喜形于色，连连称好。

学历史长知识

皴法

中国画的一种技法，用于表现山石、树皮的纹理，是山水画的独有技法。

“吴带当风”传后世

中国画是以线描为主要造型手段，吴道子把草书急速奔驰、龙飞凤舞的线条，借鉴到绘画中去，他画的线，不再是单纯的匀细，而是一头粗、一头细而尖的“兰叶型”和两头尖细、中间粗的“莼菜叶型”，既产生了变化的韵律，又富有动感。吴道子用这样的线画佛道人物很是传神，尤其是画衣服飘带，自然流畅，如迎风飘扬，像真人在游走，后人称这一风格为“吴带当风”，将他独创的这种宗教图像样式称为“吴家样”。他把豪迈奔放、张扬洒脱的盛唐精神，通过画作诠释得淋漓尽致。

吴道子的有些作品，直接在粉壁上勾描，不着颜色，被称为“道子术”，意即吴道子的一套技巧。他首创的这种新画法，叫作“白描”，唐朝叫“白画”。

吴道子大约在 78 岁时去世，学画于他的弟子有不少，形成了一个极有影响力的画派。他对中国画坛有着空前绝后的影响，被后人尊称为“百代画圣”，甚至逐渐“神化”，被后世民间塑匠、画工奉为祖师。

武则天	唐玄宗

生于长安（今陕西西安）

开元年间，任宫廷画师

作《捣练图》

749~751年，作《虢国夫人游春图》

玖

张萱

线条工细劲健，色彩富丽匀净

张萱曾任史馆画直，擅长绘画贵族仕女、宫苑鞍马，他的人物画线条工细劲健，色彩富丽匀净；仕女画对后世影响深远，在画史上与中唐画家周昉并提。代表作有《虢国夫人游春图》《捣练图》等，可惜现存皆为宋摹本。

名冠画师之首

张萱是唐朝的一位宫廷画师，生卒年不详，他的艺术创作活动主要集中在开元、天宝年间，在画达官贵人、贵族仕女以及宫苑鞍马方面，可以称得上无人能及。他开创了仕女画题材，对后世的风俗画产生了极大影响。

张萱擅长勾画草图，作画时会先细细勾画草图，然后再上色铺陈。他画的草图，结构匀称，布局恰当，亭台楼阁、花鸟仆从各有各的形态，各有各的位置，整个画面意境悠远、灵动传神。

张萱尤其善于画仕女，以略带夸张的表现手法，率先创造了丰腴富态、雍容华贵的仕女形象，体现了盛唐时期富于时代特征的审美观。他笔下的女性，一个个肌肉丰满，项臂圆润，手脚壮实，体态健美，身段凹凸有致，服饰时髦多彩，妆容精致，气质端庄，充分体现了当时唐朝社会积极进取、国富民强的时代风貌。张萱也善于画婴儿。他笔下的婴儿憨态可掬，既童稚可爱，又活泼伶俐。

张萱有极高的文学修养，并且构思巧妙。据说，张萱的画作《长门怨》是根据大诗人王昌龄“金井梧桐秋叶黄”之句来揣摩构思的。画面中，深宫高墙之外，夕阳下枯井边，落叶纷飞，寂寥无边。他巧妙地运用景物营造出秋天的氛围，烘托出诗中的深意。梧桐和飘零的秋叶渲染出落寞凄凉的景象，表现出怨女们身处深宫的哀伤悲苦之心。善于以环境衬托人物的情志思绪，是张萱作品真正出众的地方，颇受当时文人雅士的赞美。

张萱一生刻苦好学，作画颇丰。北宋徽宗皇帝赵佶十分推崇张萱精细、准确的写实手法和富丽华贵的绘画风格，据说收藏了张萱的 47 件作品，还下旨让画院的画师们加以摹写，甚至自己亲自摹写。张萱流传至今的画作《捣练图》（现藏于美国波士顿博物馆）、《虢（guó）国夫人游春图》（现藏于北京故宫博物院），据古画鉴定家考鉴，就是北宋画院的高手临摹的。

仕女画创作成就高

《捣练图》展现了唐代仕女画在写实方面取得的杰出成就，整幅画构图巧妙，画面逼真生动，充满生活情趣，洋溢着富有节奏的律动和欢快的情调。

《捣练图》

另一幅《虢国夫人游春图》，描绘的是唐玄宗宠妃杨玉环的三姐虢国夫人在春天乘马出游的场面。虽然没有画景物，春日旷野的明媚春光却跃入眼帘，真有丽人出行、春风拂面、马蹄生香的感觉。

张萱以其精湛的画艺，从根本上确立了仕女画在人物画中的重要地位，是后来周昉仕女画的先导。

唐朝趣话

唐代绘画成就

唐朝是中国古代绘画全面发展的鼎盛时期，人物、山水、花鸟画都取得了新的成就。山水、花鸟画在唐时逐渐成熟并开始独立出来，人物画也进入了一个新发展时期。

人物画

人物画发展到唐代成为最重要的画科，既有道释画、仕女画、肖像画、风俗画，又有历史故事画等，题材广泛，不同时期各有名家。初唐阎立本，盛唐吴道子、张萱等人物画大师画风迥异，却都精妙绝伦。

山水画

唐代山水画已出现青绿和水墨之分，李思训、李昭道父子擅工笔重彩山水，也就是“青绿山水”，在中国山水画史上有着重要地位。诗人王维笔下的水墨山水，以诗入画，画中有诗，开创了诗情画境的美好境界。

花鸟画

唐代以前，以鞍马畜兽为主题的绘画艺术很少。唐时，花鸟画逐渐成为独立画种，画家也在技巧上不断探索和提高。以花鸟画享誉盛唐的韩干擅画马，韩滉擅画牛，二人对唐代花鸟画的成熟和发展做出了很大的贡献。

734年

约此年生于京兆万年（今陕西西安）

石堡城之战

安史之乱爆发

唐玄宗 | 唐肃宗 | 唐代宗

兄长掌管京城治安

任职东宫

任职越州（今浙江绍兴）

奉诏为章敬寺画神像

为赵纵画像

任职宣州（今安徽宣城）

建中年间，于禅定寺画北方天王

拾

周昉

用笔劲简，色彩柔艳

周昉是中唐时期著名的宗教画家兼人物画家。他出身显贵，能书会画，先后任过越州、宣州长史。擅长画人物、佛像，尤其是画贵族妇女。他笔下的人物休态丰腴端庄、衣着华丽，代表作有《簪花仕女图》等。

805年

唐德宗

约此年去世

新罗人求取其画

作《调琴啜茗图》

作《簪花仕女图》

作《挥扇仕女图》

出身显贵的公子哥

周昉（fǎng）出身高官家庭，是位家境优越的贵公子。他整天在上流社会游走，交往的都是一些达官贵人，生活也是锦衣玉食。优裕的生活，对他以后的画作风格影响很大。

周昉的哥哥周皓擅长骑马射箭，曾随一代名将哥舒翰远征吐蕃，立下汗马功劳，很受皇帝赏识，被调回京城负责长安的治安。周昉沾了哥哥的光，到太子的东宫当差，开始步入仕途。

身为贵族子弟，周昉却非目中无人之辈，他平易近人、胸襟开阔，能耐心听取别人对自己画作的意见，不管对方地位高低，这也许是他最终成为大画家的重要原因。

据记载，有一次，唐代宗让周昉为章敬寺画一幅神像。很多人听说后，都跑去看。有的人说画得好，有的人说画得不好，还挑出了毛病。周昉也不生气，反而选取有益的建议，对画像进行修改。一直改了一个多月，直到大家都说好，方才停笔。

周昉在人物画上取得非凡的成就，源于他观察人物细致，又善于通过人物言笑时的瞬间状态，来呈现人物的内在气质，在当时被誉为“古今之冠”。

周昉和当时的名画家韩干曾有过一次画艺比拼，两人都给郭子仪的女婿赵纵画肖像，众人分辨不出谁更技高一筹。后来请郭夫人来评价，她说韩干只画出了自己丈夫的五官外貌，而周昉画出了他的神韵气质。

相传，周昉在宣州（今安徽宣城）任职期间，曾为当地的禅定寺画过一幅北方天王像。画作完成后，他常常在梦中见到这位天王下凡找他。画中神仙仿佛真实存在，一时之间，他竟难以分清现实和虚幻。

精于仕女画

周昉善于画仕女，他曾学习张萱作画，不仅融会贯通创造出自己的风格，还通过人物的神情、动作刻画其精神状态。他笔下的女性曲眉丰颊，体态丰满，衣裳的线条用笔简劲，色彩柔美。他的《挥扇仕女图》，描绘身处宫廷的贵妇观看绣花、梳妆打扮以及纳凉的情景，充分表现了宫廷生活的单调寂寞。

中国十大传世名画之一的《簪花仕女图》即出自周昉之手。图中描绘的是五位贵族夫人和一名侍女春夏时节在花园赏玩、游戏于花蝶鹤犬之间的场景，展现出贵族妇女清闲的生活情景，刻画了她们内心幽怨、无聊的心理状态。

《簪花仕女图》（局部）

张萱是以旁观者的角度描绘宫廷、贵族女性的富裕生活，反映当时的盛世之景，歌颂美好的生活；而周昉则是以局中人的身份诉说自身经历，看似岁月静好实则单调寂寞，是对上层社会空虚生活的嘲讽。

鼎鼎大名传海外

除了仕女画，周昉在佛像画创作上也有独到之处。他独创体态端庄的“水月观音”，把观音画在水畔和月下，风韵幽远，极富艺术魅力。这一风格不仅被画工所仿，也成为雕塑工匠的造型模板。后人将周昉的仕女画和佛像画的造型尊为“周家样”，为历代画家所推崇。

学历史长知识

四家样

“四家样”指的是四位画家在宗教人物画上的技法。“张家样”特点是高度写实和强烈的立体感。“曹家样”特点是衣纹稠密重叠，衣服紧窄，就像刚从水中出来，衣服紧贴在身上一样。“吴家样”特点是注重整体氛围感和运动感。“周家样”特点是体态丰腴，姿彩艳丽。

“周家样”甚至传到了国外，唐朝邻国新罗（位于今朝鲜半岛）的艺术爱好者常常慕名到江淮一带求购他的画迹。传说一位新罗人用很高的价钱搜集到几十卷周昉的画，在他喜不自禁准备返程时，却发现画上的仙人、真人、男子和女子都成仙而去了，只有鞍马鸟兽、竹石草木还在画中。

除了新罗，“周家样”的声名也传播到了东瀛（今日本）。日本奈良时代（710 ~ 794 年）的佛教造像和日本仕女画的造型，完全就是按“周家样”照葫芦画瓢而成。周昉为弘扬大唐文化做出了巨大贡献，是书画界的大功臣。

723年 生于京兆长安（今陕西西安）

唐玄宗

17岁，任职京兆府

安史之乱爆发

34岁，做地方节度使幕僚

唐肃宗

安史之乱结束

唐代宗

44岁，任职吏部

49岁，改任户部，掌国家财赋

57岁，镇守江淮地区

唐德宗

晚年，作《五牛图》

泾原兵变

61岁，给落难奉天的德宗送钱送粮

64岁，入朝做宰相

787年 65岁，病逝

拾壹

韩滉

挽狂澜于既倒，擅绘人物走兽

韩滉出身优越，为人铁面无私，在镇压藩镇叛乱中立下大功，后官拜宰相。他工书法，草书得张旭笔法；又是著名画家，擅绘人物和田家风俗景物，尤其擅长摹写牛、羊、驴等动物。代表作《五牛图》是中国十大传世名画之一。

官至宰相的名臣

韩滉出身显贵，父亲曾做过唐玄宗时的宰相。受良好家风的影响，韩滉打小勤奋好学，爱好书法、绘画。凭借着门第之优，韩滉17岁时没经过科举考试，就直接步入官场。

韩滉仕途发展平稳，先后在御史台、礼部、吏部任职。49岁时，韩滉被唐代宗委以重任，与刘晏分掌天下财赋。

当时国家内忧外患，财政空虚，韩滉本人清正廉洁，又精通文簿登记事务，制定了一系列赋税收支的法规，严格要求部下。在他的严厉监管下，官吏不敢欺瞒贪污，赋税得以正常收齐。巧的是又遇连年丰收，国家仓库立刻充盈起来。

后来，韩滉被外放，先后主政晋州（今河北晋州）、苏州（今江苏苏州）、润州（今江苏镇江）等地。韩滉在任职期间为百姓分忧、平均税收，在地方上搞得有声有色。

不久，朝廷任命韩滉兼任浙江东西道节度使（今浙江北部、江苏南部）。783年，唐德宗削藩不顺，引发泾原兵变，天下大乱。国家危难之时，韩滉积极备战，加强防御，用计打跑来犯的叛军，还派兵救援被派叛军围攻的临近州郡。韩滉把朝廷急需的物资源源不断地送到唐德宗的行营。唐德宗一行人得以不愁吃喝。饿了，马上有粮食送来；冷了，御寒衣物就在路上。韩滉一时间成了朝廷的依赖。

几年后，韩滉被调回朝廷担任宰相，他开始大力整顿国家财政，大唐王朝的收支只用半年时间就补上了漏洞，之后更是节节攀升，顺利好转。眼看大唐元气大补，韩滉却耗尽心力，患病去世。唐德宗听到这消息后十分悲痛，罢朝三日来悼念这位功臣。

田园风俗画的专家

韩滉不只是为国分忧的一代名臣，还是个画艺不俗的画家。他在地方任职时，常常到百姓家里走访，了解、解决百姓的实际困难，还以画笔展现体验到的乡村生活。

当他看到农民每日在田间辛苦劳作，却要忍受艰辛困苦的生活，心里感慨万千，创作了《田家风俗图》。画作描绘了农民的四个劳作场景，配上四首与之相应的诗作，用诗词和图画相结合的方式，真实再现了农民生产劳动的细节和过程。

韩滉的画作反映了在动荡不平的社会现实下，人们渴望过上平静的生活的愿望。

韩滉是当时为数不多的、关注底层百姓并以农村生活为题材作画的画家，他的《丰稔图》《农童戏蚁图》《田家移居图》《村社图》《雪猎图》《田家风俗图》等都是描绘乡村风土人情题材的。

《五牛图》名扬四海

韩滉的田园民俗画开创了一个新的绘画品种，他对于描绘农村田园生活，尤其是画牛，是胸有成竹、笔尽其妙，作有《集社斗牛图》《古岸鸣牛图》《归牧图》《乳牛图》等以牛为题材的画，其中最为经典的作品当数《五牛图》。

《五牛图》是中国十大传世名画之一，现藏于北京故宫博物院。画中，韩滉用粗壮有力的墨线勾勒牛的轮廓，五头牛或漫步，或停驻，或回首，或昂头，各具状貌，神情生动，活灵活现，现实感十分强烈。

一头牛正在低头旁若无人地慢慢食草；另外一头牛翘首向前奔驰，好像是得到自由，回归大自然，十分激动；一头牛正在自顾自地舐舌，对周遭的一切丝毫不关心；还有一头耕牛纵趾而鸣，仿佛是呼唤远离的伙伴赶紧回到队伍中来；最后一头牛在慢慢地行走，好像它的目标是走向田头开始一天的耕作，又好像是刚耕完地归来，给人以无尽的想象与回味。

《五牛图》

武则天 | 唐玄宗 | 唐肃宗

生于洛阳（今河南洛阳）

年轻时，任地方小官

开元初，任职梨园

开元中，和兄弟合创《渭川曲》

天宝初，为李白《清平乐》谱曲

安史之乱爆发

流落江南

潭州与杜甫偶遇

770年 唐代宗 约此年去世

拾贰

李龟年

深受玄宗赏识，甚得诗人尊重

李龟年是唐玄宗的御用宫廷乐师，擅长吹筚篥（bì lì）、奏羯（jié）鼓，也擅长作曲、歌唱，深得玄宗赏识。安史之乱后，李龟年流落民间，常唱曲怀旧，后郁郁而终。他和兄弟李彭年、李鹤年创作的《渭川曲》受到了唐玄宗的极度赏识。

深得帝王心

李龟年出身宫廷乐师世家，从小耳濡目染，浑身都是艺术细胞。他不仅擅长唱歌、精于作曲，还会演奏很多乐器，尤其擅长吹筚篥、奏羯鼓。他的弟弟李彭年、李鹤年，也都有音乐天赋和专长，彭年善舞，鹤年善歌。

成年后的李龟年曾做过县丞一类的小官，但很快被召入宫，他的两位弟弟也同时被召到长安。兄弟三人共同创作了绝世好曲《渭川曲》。

才华横溢的李龟年，自然受到了唐玄宗的特殊对待，玄宗在他老家洛阳为他修造了一座豪宅，奢华程度甚至超过了一些王公大臣的府邸。

李龟年红极一时，大诗人李白、王维等都给他写过诗，著名的《相思》就是王维为他而作的。

唐玄宗的弟弟岐王李范高雅、有品位，尤其喜欢音乐，很多文人墨客常聚在他家赏乐喝酒。有一次，李龟年应邀到岐王府中做客，进门的时候乐工正在帷幕后演奏音乐。他这职业病马上就犯了，听了一下就说，这是秦音的慢板。乐工将曲目一换，他马上又评论，说这是楚音的流水板。岐王在旁边连连点头。

演出结束后，岐王奖励大家。除了给艺人赏金之外，还给前来捧场的贵宾赠送了破红绡、蟾酥纱等市面上难得一见的丝织品。大家都很高兴，忙着去领受馈赠，李龟年的注意力却一直停留在乐器上。他悄悄起身，掀起帷幕，把乐工手中的琵琶拿起来尽情弹奏，爱乐成痴已经到了目中无人的地步。那岐王也不以为忤，反而对李龟年赞赏有加。

据说，当年李龟年曾吟唱《清平调》，竟是由皇帝伴奏、贵妃伴舞、李白作词的，这待遇可以说是前无古人后无来者。

当时唐玄宗、杨贵妃正在兴庆宫花园赏牡丹，唐玄宗认为此情此景要有好诗好歌相配，就把李白叫来作词，醉醺醺的李白写出了“云想衣裳花想容”的佳句，李龟年根据词句马上谱曲，随后放声高歌，歌声响彻云霄。

靠回忆来取暖

安史之乱爆发后，宫中的乐人四处逃命，李龟年也被迫流落江南，辗转到了潭州（今湖南长沙一带）。当时，大批文士流落于此，每遇良辰美景，难免忧心国事，怀念故土。聚会时，李龟年照例被请出来唱上几曲，听歌的人没有一个不放下酒杯痛哭流涕的。他的歌声哀怨婉转，不仅表达了自己的思乡之情，还使听歌的人回忆起往日岁月，勾起对大唐盛世无穷的回味与眷恋。

李龟年还曾在一次酒宴上与旧相识杜甫重逢，此时杜甫已 58 岁，李龟年亦显老态。他乡重聚，感慨万分，杜甫即兴赋诗一首《江南逢李龟年》送给他。

有一次，李龟年在湘中采访使举办的宴会上，演唱了王维的《相思》和《伊州歌》，这两支曲子是他年轻时最爱唱的，也是他的拿手曲目。一幕幕往事在歌声中浮现，想到当年的盛世大唐和如今风烛残年的唐玄宗，他感叹世事无常，不禁悲从中来。

从此弦断天涯

据说，李龟年在湘中采访使的宴会上唱完《相思》《伊州歌》这几只曲子后，忽然觉得心头剧痛、头晕眼花，最后昏倒在地，只有耳朵里还有点热气。他的妻子不忍心安葬他，就一直放在家里。谁知，四天后他从昏迷中清醒过来，但最终仍郁郁而终。

作为一个音乐天才，李龟年多年来深受唐玄宗的恩宠，君臣之间感情深厚。他和唐玄宗心灵相通，对音乐有着共同的爱好，是世间难遇的“知音”。所以，对唐王朝一片忠心的他，在国家蒙难时的落寞和伤感也就没有良药可以医治。

李龟年前半生锦衣玉食，后半生流离失所，他的命运完全就是大唐王朝由盛转衰的缩影和真实写照。他多才多艺，多愁善感，他在歌中唱出盛唐的繁荣和江山巨变后的悲凉，是大唐文化史上扣人心弦的一枚音符。

719年 生于蜀州（今四川崇州）

10岁，父死后由洛阳的叔父领养

17岁，册立为寿王妃

22岁，出家为女道士

27岁，册立为贵妃

28岁，被遣归娘家

32岁，再次被遣归娘家

38岁，缢死于马嵬驿

756年 安史之乱爆发

唐玄宗

拾叁 杨贵妃

衣袂飘飘，出尘如仙

杨贵妃有倾国倾城之貌，体态丰腴，精通音律，擅长歌舞，唐玄宗曾为她亲谱《霓裳羽衣曲》。她本是唐玄宗儿子寿王李瑁（mào）的王妃，后被玄宗册封为贵妃，得万千宠爱。安史之乱中，她随玄宗出逃蜀中，死于马嵬驿兵变中。

多才多艺的舞蹈家

杨贵妃原名杨玉环，父亲在乐舞艺术繁荣的蜀郡（今四川）为官，她就出生在这里。天生丽质、歌舞天赋得天独厚的她，自幼受到艺术氛围的熏陶，能歌善舞。杨玉环 10 岁时父亲去世，她被洛阳的三叔收养，洛阳是当时的歌舞中心，她的歌舞艺能日益精进。

李瑁对美貌惊人、能歌善舞的杨玉环一见倾心。

17 岁时，杨玉环被册封为唐玄宗及其宠妃武惠妃之子、寿王李瑁的王妃。几年后，武惠妃去世，玄宗郁郁寡欢。在心腹高力士的精心安排下，唐玄宗“意外”欣赏到杨玉环的曼妙舞姿。昏了头的唐玄宗不顾伦理道德，一心想得到她，先令她出家为道士，5 年后又令她还俗，接入宫中正式册封为贵妃。

杨贵妃是一位丰艳又富有风韵的绝代美女，还是一位聪颖超人、多才多艺的才女，与唐玄宗的志趣相投。她是唐玄宗创作的宫廷舞曲《霓裳羽衣曲》的首演者和编舞者，曾在木兰殿为唐玄宗独舞《霓裳羽衣曲》。她身着羽衣，体态婀娜，悠然出场，亭立中央。而后翩然起舞，以借鉴自西域舞的回旋动作为主，辅以优美的“小垂手”舞法，身姿宛如鸟儿在空中自由翱翔。之后紧跟节拍加快舞蹈节奏，将整个表演推向高潮。接着随着曲子节奏的变缓而变缓，最后像鸾鸟一样收回翅膀结束了全舞。

杨贵妃能够充分理解乐曲的结构层次，在编舞中吸收了传统舞蹈“小垂手”的表现手法，又融入西域舞独特的旋转动作，舞姿飘然脱俗，将仙女演绎得惟妙惟肖，让人浮想联翩。她对乐曲的领悟之深、表现力之强，令玄宗兴奋不已，亲自为她伴奏。而后她又与唐玄宗一起，将《霓裳羽衣舞》变成双人舞和群舞，后来更是出现了几百人的大舞。

为了博得杨贵妃的欢心，唐玄宗还扩大了梨园机构，增设女乐工，梨园逐渐成为我国历史上第一个集音乐、舞蹈、戏曲于一体的综合性“艺术学院”。身为帝王的他，曾亲自训练梨园弟子。杨贵妃也经常教梨园弟子演练《霓裳羽衣舞》。在教练中，杨贵妃对弟子们每个动作、每句唱腔都细心观察、指导、点评，发现人才，热情嘉奖，从不嫉妒。她的侍女张云容在演练《霓裳羽衣舞》中舞艺超群，她极力赞赏和推荐，说她比自己有过之而无不及，还写了一首《赠张云容舞》的赞美诗，被收入了《全唐诗》。后人将其改编为《婀娜曲》，亦成为著名的宫廷舞曲。

《霓裳羽衣舞》成为唐代表演性最强的舞蹈，也是中国舞蹈史上最华丽的篇章，后人不断变换表演方式来演绎此舞，遗憾的是到五代时就只有残谱流传于世。

善弹琵琶的音乐家

杨贵妃还是一位宫廷音乐家，精通多种乐器的演奏，琵琶技艺尤其出众。有宦官出使蜀郡返回后献上一只逻沙檀木琵琶，是乐器中的精品，杨贵妃常抱着这只琵琶在梨园中弹奏，音响清越，飘然如在云端，许多公主、王妃都争着做她的弟子。

杨贵妃还是个击磬高手，唐玄宗曾特意令人为她以蓝田绿玉精琢为磬，并饰以金钿珠翠，珍贵无比。

也正是因为她的色艺双绝，博得了唐玄宗一生的宠爱，成为唐玄宗艺术上的知音、精神上的伴侣。

755 年安史之乱爆发，唐玄宗携杨贵妃西逃，在马嵬坡时禁军将士逼迫唐玄宗下诏令将杨贵妃缢死，一代佳人香消玉殒，年方 38 岁。无论历史上对她的评价如何，都不能抹杀她对中国古代乐舞艺术的繁荣做出的贡献。

唐朝趣话

胡旋舞

胡旋舞为西域民间舞代表，矫捷、明快、俊俏，与唐朝开放、向上的时代精神相吻合，受到普遍的欢迎和热爱，唐朝近 300 年间一直盛行不衰。史载唐玄宗贵妃杨玉环、节度使安禄山、外戚大臣武延秀都很会跳胡旋舞。

这舞怎么跳

顾名思义，胡旋舞就是胡人跳的旋转舞蹈。起初站在圆球上跳，后来在圆毯子上跳，动作快速又轻盈，速度之快，飘飘欲仙，令人眼花缭乱。多为独舞、双人舞，也有多人舞蹈。唐代诗人如白居易、元稹、刘禹锡等人诗文里都有过记载。

哪里能看到

在甘肃敦煌的莫高窟第 220 窟里，能看到“东方药师净土变”的壁画。两个舞者相对而舞，双臂挽着飘带，飞速旋转，很有美感，即为唐朝时的胡旋舞。另外，129、180、194 等窟都能看到胡旋舞形象的壁画。

图书在版编目（CIP）数据

你好啊　唐朝.唐艺无双/周国宝，龚道军著. —北京：中国轻工业出版社，2024.7

ISBN 978-7-5184-4836-4

Ⅰ.①你…　Ⅱ.①周…②龚…　Ⅲ.①中国历史—唐代—通俗读物　Ⅳ.①K242.09

中国国家版本馆CIP数据核字（2024）第053697号

责任编辑：罗雅琼　熊　隽　　责任终审：李建华　　封面设计：伍毓泉

策划编辑：罗雅琼　熊　隽　王雪莲　　责任校对：晋　洁　　责任监印：张　可

出版发行：中国轻工业出版社（北京鲁谷东街5号，邮编：100040）

印　　刷：艺堂印刷（天津）有限公司

经　　销：各地新华书店

版　　次：2024年7月第1版第1次印刷

开　　本：787×1092　1/16　印张：40.5

字　　数：800千字

书　　号：ISBN 978-7-5184-4836-4　定价：198.00元（全7册）

邮购电话：010-85119873

发行电话：010-85119832　010-85119912

网　　址：http://www.chlip.com.cn

Email: club@chlip.com.cn

版权所有　侵权必究

如发现图书残缺请与我社邮购联系调换

221455E2X101ZBW

你好啊唐朝

唐文百家

周国宝　龚道军　著

中国轻工业出版社

阅读指南

唐朝趣话

归纳与唐朝相关的专题 51 个，加深对唐朝的认识。

学历史长知识

分享和唐朝相关的文化知识，一边读历史，一边长知识。

唐朝趣话

凌烟阁二十四功臣

西汉宣帝令人画 11 名功臣像置于麒麟阁，开中国历史“图画功臣”之先河。此后，东汉有南宫“云台二十八将”，唐朝有“凌烟阁二十四功臣”，宋朝有“昭勋阁二十四功臣”，清朝有“紫光阁二百八十功臣”。

凌烟阁有三重：内层有功勋最高的宰辅之臣画像，中层有功高王侯之臣画像，外层有其他功臣画像。唐太宗时常前往怀旧。

学历史长知识

南园十三首·其五

（唐）李贺

男儿何不带吴钩，收取关山五十州。请君暂上凌烟阁，若个书生万户侯！

本图参照清代画家刘源的《凌烟阁功臣图》所绘。

宰辅之臣

01 长孙无忌：长孙皇后的哥哥，大唐第一功臣，文武兼备。
02 李孝恭：唐太宗的堂兄，平定南方的主要功臣。
03 杜如晦：唐太宗两大智囊之一，贞观之治的大功臣。
04 魏征：大唐第一诤臣，敢于犯颜直谏。
05 房玄龄：唐太宗两大智囊之一，贞观之治的大功臣。
06 高士廉：长孙皇后的舅舅，参谋玄武门之变，善于识人。
07 尉迟敬德：唐太宗的头号保镖，玄武门之变的主要功臣。
08 李靖：大唐第一名将，为唐朝立下赫赫战功。

功高王侯之臣

09 萧瑀（唐高祖时宰相）
10 段志玄（平王世充、窦建德的功臣）
11 刘弘基（攻取长安立大功）
12 屈突通（平王世充立大功）
13 殷开山（统一战争中立下不少战功）
14 柴绍（唐太宗的姐夫，屡立功勋）
15 长孙顺德（长孙皇后的堂叔，参与晋阳起兵）
16 张亮（为唐太宗夺位立下大功）

其他功臣

17 侯君集
18 张公谨
19 程知节
20 虞世南
21 刘政会
22 唐俭
23 李勣
24 秦叔宝

46 47

本册导读

唐朝是我国古代最辉煌的朝代，对我国政治、经济、文化的发展做出了巨大贡献。《你好啊唐朝》以轻松的笔调，有趣的插图，为读者勾画出唐朝的那些人和事。

本册书讲述的是唐朝文化领域的佼佼者以及他们的著作，包括文学、经学、史学、农学、药学、天文学等多个领域。

在本书中，你会读到“初唐四杰”之一的王勃，散文革新的陈子昂和“唐宋八大家”数一数二的韩愈、柳宗元，以及经史学者刘知几、孔颖达，还有对唐朝社会有卓越贡献的“茶圣”陆羽、农学家陆龟蒙、药学家孙思邈以及天文学家僧一行等，他们用智慧写就了自己的研究成果，对后世影响极为深远，至今仍在为人类造福。

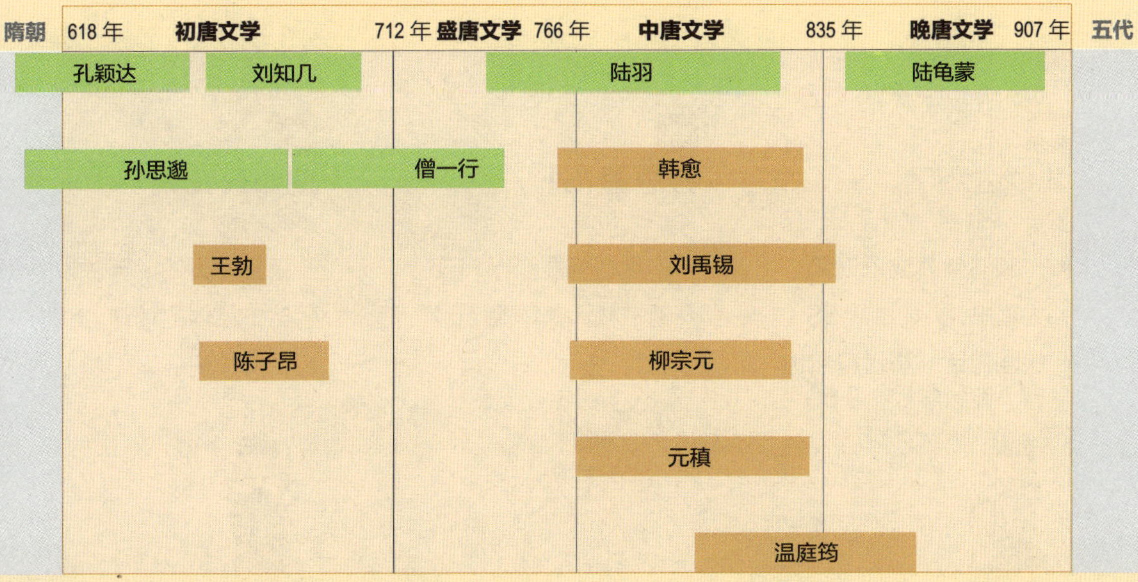

目录

618 年 初唐文学 712 年 盛唐文

唐太宗 | 唐高宗 | 武则天 | 唐玄宗

'66 年　　中唐文学　　835 年　　晚唐文学　　907 年

唐代宗　　唐宪宗　　唐武宗　　唐宣宗

676 年

27岁，溺水而亡

26岁，南下交趾探父，作《滕王阁序》

23岁，任虢州参军

20岁，漫游蜀地

20岁，逐出长安

18岁，任沛王侍读

17岁，中制科，授朝散郎

15岁，作《上刘右相书》

12岁，长安学医

9岁，作《〈汉书注〉指瑕》

6岁，能文善诗

唐高宗

650 年

生于绛州龙门（今山西河津）

壹

王勃

生如夏花，短暂而绚烂

王勃从小聪慧好学，被誉为「神童」。他17岁进士及第开始当官，后因为写了一篇《檄英王鸡文》被罢官；重新做官后又犯下命案，再次被贬。王勃与杨炯、卢照邻、骆宾王并称「初唐四杰」，他的骈文成就最高，代表作品有《滕王阁序》等。

别人家的孩子

王勃出身书香门第，他的祖父王通，是隋末大儒、著名的思想家和教育家。他的父亲一直在做官，但官职都不是很大，所以王勃虽然生于官宦家庭，但家庭条件却不是很优越，并非锦衣玉食之家。

王勃生于绛州龙门（今山西河津），他早年的人生经历可谓是“鲤鱼跳龙门”的真实写照。王勃打小聪慧过人，6岁时就能作诗写文章，展示出和两个大哥哥不相上下的文学才能，三兄弟一起被誉为“王氏三株树”。9岁时，王勃便读完了当时的大学问家颜师古释注的《汉书》，还写了十卷的《〈汉书注〉指瑕》，专门来指出书中的错误，才思之敏捷、知识之广博，令人叹服。12岁时，他跟人在长安学医，短短一年多的时间里，凭着过人的才智，把《周易》《黄帝内经》《黄帝八十一难经》等书仔细研究了个遍，打下了扎实的易学、医学功底。

学历史长知识

鲤鱼跳龙门

这个成语源自中国古代传说，传说黄河鲤鱼跳过龙门，就会变化成为真龙。比喻中举、升官等地位跃升之事。也比喻逆流前进，奋发向上。

15 岁时，王勃开始频频给权贵写信、献诗赋，希望得到他们的引荐。当朝宰相刘祥道收到他上书的《上刘右相书》，全文纵横捭阖（bǎi hé）、汪洋恣睢（zì suī）而又开阖（hé）有度、运笔自如，笔法之老练让人很难相信竟是出自一个十四五岁的少年之手。刘相被深深折服，赞赏：“此神童也！”立马给朝廷写了一封推荐信。

当时，唐高宗为打破士族门阀垄断政权的局面，特别重视科举考试。王勃 17 岁时，在刘祥道的推荐下，参加了朝廷为选拔“非常之才”而举行的非常规科考——制科考试，金榜题名，做了朝散郎，成为当时最年轻的官员。

学历史长知识

朝散郎

从七品的文散官，穿绿色官服。唐代散官是表示地位身份的，无印绶，无官署，无具体职掌。

时逢东都洛阳兴修乾元殿，王勃便向朝廷献上一篇《乾元殿颂》。文章传到了唐高宗的手上，唐高宗看他文章写得如此之好，又是一个尚未及冠的少年，惊呼“奇才”。得到皇帝亲口称赞的王勃，从此名扬四海，享誉天下。

也曾坑过爹

18 岁时，王勃经人推荐，担任了沛王府侍读，也就是唐高宗第六子、沛王李贤的“高级书僮”，陪皇子读书。因为才华横溢，又都是相差不了几岁的少年，王勃深得李贤的赏识。

少年成名，加上官场得意，王勃难免有些飘了，没过多久就惹了祸。斗鸡是当时王公贵族们喜爱的游戏，一天，沛王李贤和英王李显（即后来的唐中宗）斗鸡娱乐，王勃为了助兴，即兴写了一篇《檄英王鸡文》，讨伐英王的鸡，为沛王呐喊助威。

《檄英王鸡文》文字诙谐有趣，很快就流传开来，也传到了唐高宗的耳朵里。唐高宗因此大怒，认为王勃不怀好意，有意挑拨皇子间的关系，把

他赶出了长安城。就这样，因为“一只鸡”，20 岁的王勃大好的前程毁了。

离开长安的王勃到巴蜀游玩了几年，写了大量的诗文。接着，他又遭遇了人生中的第二次沉重打击。

23 岁时，王勃在朋友的帮助下谋得虢州（今河南灵宝）参军的职位。有个官奴犯了罪，王勃心软，偷偷把他藏了起来，后又怕走漏风声，悄悄杀了这个官奴。这件事最终被人揭发，王勃被判了死刑，幸运的是刚好遇到天下大赦，才保住一条小命。

这一罪行也连累了他的父亲王福畤。王福畤本来是雍州司功参军，管理长安附近重要州的官库、纳税以及户籍，因王勃之事被贬为交趾（今越南北部）县令，发配到蛮荒之地。让父亲受责，比让自己接受惩罚更令王勃痛苦，这件事对王勃的打击很大，身为孝子的王勃内心深深自责。

此后一年多时间里，王勃心情非常郁闷，一直在家闭门自省。这时，朝廷宣布恢复他的官职，可他已经成了惊弓之鸟，不敢再踏足官场。王勃把功名利禄都抛到脑后，一心只读圣贤书，双手著就妙诗文。

传世有名篇

这一年秋天，26 岁的王勃前往交趾看望父亲。路过洪州南昌（今江西南昌）时，赶上洪州阎都督重修的滕王阁竣工，要大宴宾客。阎都督早就听闻王勃的大名，因此便邀请王勃参加宴会。

阎都督办宴席的真实目的是捧自己的女婿，在场宾客都明白他的用意，当他假模假样请大家作序时，一个个都推辞不写。只有王勃毫不推辞，接过纸笔，思索片刻便洋洋洒洒写了起来。阎都督有点不高兴地拂袖离场。

之后，阎都督又好奇王勃到底写了什么，于是派人打探。当听说王勃写到“豫章故郡，洪都新府”时，都督一阵哂笑，认为是老生常谈；等听

到“星分翼轸，地接衡庐”时，就不再吭声了；而听到“落霞与孤鹜齐飞，秋水共长天一色”时，都督一拍大腿，连声叫绝，直呼天才！

这篇流传千古的《滕王阁序》，由滕王阁的美景，引出对人生的感慨。即便身处逆境，连番遭遇挫折，也依然斗志昂扬，心怀报国之情。

到交趾后，王勃见到贫困窘迫的父亲，心里更加羞愧不安。他失魂落魄地坐船返乡，谁知遇到惊涛骇浪，不慎掉下船溺水身亡，一代英才就此陨落。据说唐高宗读到《滕王阁序》后，大赞王勃好文采，悔恨自己当初因斗鸡文逐斥了他，得知王勃已经落水身亡，高宗连叹三声“可惜”。

王勃与杨炯、卢照邻、骆宾王合称“初唐四杰”，他为首位。他的主要成就是骈文，作品意境优美，气势宏大，叙事写景充满真情实感。他的诗也同样优秀，送别诗更是气势磅礴，著名的《送杜少府之任蜀州》，以豪迈的气势一扫离别之苦，感人肺腑，催人奋进。

659年

唐高宗

生于梓州射洪（今四川射洪）

21岁，求学国子监

24岁，中进士，授职秘书省

武后称制

唐睿宗

酷吏盛行

33岁，母死丁忧

35岁，任右拾遗

36岁，被陷害入狱

37岁，复任右拾遗

营州之乱

38岁，随武攸宜北征契丹

39岁，作《登幽州台歌》

39岁，复任右拾遗

40岁，以父老归养为由请辞

武则天

702年

44岁，死于狱中

贰

陈子昂

风骨峥嵘，旷世孤独谁人懂

陈子昂十八九岁才『弃武从文』，但他24岁就进士及第，得到武则天赏识，后升任右拾遗，但他的谏言很少被采纳。他一生仕途不顺，最终被权臣陷害冤死。他是唐代诗文革新的先驱，诗作苍劲有力、寓意深刻，代表作有《登幽州台歌》《感遇诗三十八首》。

弃武从文

陈子昂出身富庶之家，他天资聪颖，从小喜欢舞枪弄剑，为人慷慨，一身江湖侠气。长到十七八岁了，还没认真读过书。

一次，陈子昂因为耍剑不小心伤了人，差点闹出人命，父母没收了他的剑，把他送到教书先生那里去读书。陈子昂还是不好好念书，经常逃课出去玩儿。有一天，他路过一个私塾，听到老师讲“少壮不努力，老大徒伤悲”，这句话让他觉醒，从此远离狐朋狗友，开始发奋读书。陈子昂天性聪慧，用心念书后，进步神速，两三年就已学业有成。

21 岁那年，陈子昂来到长安，进入国子监学习。第二年，他参加了科举考试，信心满满的他意外落榜了。他郁闷还乡，更加刻苦读书，之后他踌躇满志，再次应试，没想到又落榜了。在遭遇接连失利后，陈子昂开始认真分析原因。

原来按照唐朝的科举制度，主试官员给考生定名次，除了详阅考卷，还会

参考平时的作品和声誉。在政治上、文坛上有地位的人，都可以推荐人才，这些人的推荐和评价对考生名次有很大的影响。因此，很多考生会在考前拜谒这些权臣显宦，献上平日所作诗文，希望得到他们的赏识、推荐，即“行卷”。陈子昂虽然有一身才华，却没有得到名家的赏识，怎么办呢？

一天，长安街头有人在卖胡琴，一把琴竟然要价百万，围观的达官贵人很多，但都只是看看，没有人买。陈子昂灵机一动，直接掏钱把琴买下，还告诉围观群众：明天大家都到宣阳里来，他会当场演奏，欢迎各位前来欣赏。当晚，整个长安都在谈论这件事。

第二天，很多人慕名前来宣阳里，招待大家用过酒菜后，陈子昂捧着胡琴说：“我是四川陈子昂，写过上百篇的诗文，来到京城有一段时间了，但是始终得不到任何赏识。至于胡琴嘛，是乐工所擅长的，哪值得我花时间心力去钻研。”说完，他当众摔碎胡琴，拿出自己的诗文分赠给大家。众人一看，果然文采飞扬。一天之内，陈子昂的名声就轰动了整个长安城。

诗文革新的引路人

陈子昂的苦心果然没有白费，24 岁时他成功地进士及第。第二年，唐高宗在洛阳驾崩，陈子昂上书主张就近葬在洛阳，引起了天后武则天的注意。

但是，陈子昂并没有因此平步青云，而是一直在秘书省做着九品小官，直到 35 岁才升官做右拾遗，专门向皇上提意见。他为人刚正，敢于发表不同观点。当时武则天任用酷吏，鼓励告密，搞得人心惶惶，他指出告密是小人做的事。武则天为得到不杀生的美名，禁止人们屠宰和捕捉鱼虾，导致很多人饿死，他上书说这是昏君才想得出的虚伪政策……他的谏词越来越大胆，终于惹恼了武则天，因某事受到株连被捕入狱。

出狱一年多后，陈子昂跟着武则天的侄子、大将军武攸宜北伐契丹，负责撰写军中一切文件。陈子昂不时为武攸宜出谋划策，使狂妄自大却能力平平的武攸宜十分反感，找了个借口将他降了职。

陈子昂本来想通过在边塞建功立业来改变自己的命运，这下他的愿望又化为了泡影，他非常失落，因此写下千古绝唱《登幽州台歌》，慨叹时光流逝，壮志难酬，抒发抱负无法实现的悲愤。

陈子昂的诗高昂清峻，雄浑苍凉，语言深沉、质朴，有汉魏之风，被称为“诗骨”。

40岁时，心灰意冷的陈子昂辞官回到射洪老家。702年，射洪县令段简受权臣武三思的指使，罗织罪名，把陈子昂打进大牢。陈子昂最后冤死狱中，年仅44岁。

陈子昂一生仕途不顺，屡屡受挫，但是这丝毫不影响他在唐朝文坛无可替代的地位。他是唐诗革新、古文运动的先驱，反对南朝齐梁以来片面追求藻饰的诗风，主张汉魏风骨，提倡风雅比兴。这一理论直接影响了整个唐代文坛，韩愈、柳宗元所倡导的古文运动，白居易、元稹所发起的新乐府运动均渊源于此。

年份	皇帝	时事	韩愈生平
824 年	唐穆宗		57岁，去世
	唐穆宗		56岁，转任京兆尹
	唐穆宗		53岁，回京任职
	唐穆宗		52岁，反对宪宗迎佛骨，贬谪至潮州
	唐宪宗		44岁，回京任职
	唐宪宗		40岁，任职东都洛阳
	唐宪宗		39岁，回京任职国子监
	唐宪宗		36岁，监察御史任上被贬为阳山县令
	唐宪宗	削藩战争	35岁，作《师说》
		永贞革新	34岁，吏部选拔为国子监四门博士
	唐德宗		32岁，作《答李翊书》
	唐德宗		29岁，做董晋幕僚
	唐德宗		25岁，中进士
	唐德宗	藩镇叛乱	
	唐代宗		3岁，父死后，由兄嫂抚养
768 年	唐代宗		生于长安（今陕西西安）

叁

韩愈

文起八代之衰，道济天下之溺

韩愈幼年孤苦，亲人相继去世。步入官场后，他担任过多种官职，政绩出色。他坚决反佛排道，大力提倡儒学。在文学上贡献巨大，作为唐朝古文运动的倡导者和领袖，他被后人尊为『唐宋八大家』之首和『百代文宗』。代表作有《论佛骨表》《师说》《进学解》。

坎坷科举路

韩愈虽然出身官宦世家，但身世凄苦，出生不到 2 个月时，母亲就去世了，3 岁时，父亲也去世了，由哥哥嫂嫂抚养长大。韩愈知道不能依靠别人，只有努力才能出头，所以勤奋好学，从不需要别人的督促和鞭策。

19 岁时，韩愈前往长安考功名。当时社会上流行的是骈体文，用词华美，但是空洞、没有思想，韩愈独特的古文风格显得格外另类，考了四次才得中。登进士第后，他参加吏部的“公务员”考试，三次都落榜了，只好回到家乡。

幸运的是韩愈得到宣武节度使董晋的赏识，29 岁那年他得了个小官职，开始宣传革新散文的主张，积极提携后进。34 岁时，韩愈终于通过了吏部考试，被任命为国子监四门博士，他发起了提倡古文、反对骈文的“古文运动”，一扫刻板腐朽的文风，轰动文坛。

为社稷义不容辞

36岁那年，韩愈晋升为监察御史。当时长安和附近几个县正闹旱灾，饿殍遍地，老百姓流离失所。京城长官李实却粉饰太平，向朝廷谎称粮食充盈，百姓安居乐业。韩愈愤怒不已，上书汇报灾情，反遭李实陷害，被贬为阳山（今广东阳山）县令。

后来韩愈重新回到长安做官，他依然秉持不惧权贵的品性。当时，平定了藩镇割据的唐宪宗开始沉迷于享乐，为了祈求长寿，把法门寺的佛骨舍利（高僧圆寂后火化产生的结晶体称为“舍利”）迎进皇宫供奉，全国兴起一股崇佛狂潮。一向以“兴儒学反佛老”为己任的韩愈写下《论佛骨表》，规劝皇帝烧毁佛骨，稳定江山社稷。宪宗大怒，要处死他，幸亏百官求情，韩愈才保住小命，被贬到偏远的潮州（今广东潮州），这一年他52岁。

韩愈在潮州任职期间一心为民，受到当地百姓的爱戴。当时潮州一条江中出现很多凶猛的鳄鱼，给过江的百姓带来极大的危险。韩愈亲自设坛祭祀，写了一篇《祭鳄鱼文》，往河里扔了一猪一羊，然后组织百姓猎杀鳄鱼，往河中倒入生石灰、硫黄等。据说鳄鱼竟然从此不见踪影，百姓们都惊呼他为神人。

唐穆宗即位后，韩愈再次调回长安。当时镇州（今河北正定）兵变，士兵杀了当时的节度使，又拥立王廷凑做节度使，唐穆宗派韩愈去传旨招抚。这是一场几乎等于送死的行程，百官都为他的安全担忧，唐穆宗也一再叮嘱韩愈先观察形势变化，不要急于深入险地。一心为朝廷分忧的韩愈义无反顾，只身前往，向王廷凑说明反逆与归顺的不同后果，极力规劝其归顺。王廷凑向朝廷承认错误，一场一触即发的战争就这么被韩愈兵不血刃地化解了。

古文运动的领袖

56岁时，韩愈升任京兆尹兼御史大夫（国都长安的最高长官、国家最高监察长官），一向无法无天、横行长安的神策军将士都不敢犯法了，不可一世的宦官们也收敛了很多。次年，操劳一生的韩愈因病去世，年仅57岁。

韩愈敢讲真话的性格和不惧权贵的傲骨也体现在他的诗文里，他的文风率真大胆、慷慨激昂，立意深刻、勇于创新。

早春呈水部张十八员外

天街小雨润如酥，
草色遥看近却无。
最是一年春好处，
绝胜烟柳满皇都。

作为唐代古文运动的倡导者，韩愈主张继承先秦两汉散文传统，反对浮华刻板的骈体文。韩愈被尊为“唐宋八大家”之首，他的文章语言生动、凝练，情感浓郁奔放，议论犀利恣肆。其代表作《师说》，论点鲜明，结构严谨，事实充分，说理透彻，气势磅礴，有极强的说服力和感染力。

唐宋八大家是唐代和宋代八位散文家的合称，分别为唐代韩愈、柳宗元和宋代欧阳修、苏洵、苏轼、苏辙、王安石、曾巩八位。他们先后掀起的古文革新浪潮，使诗文发展的陈旧面貌焕然一新。

773年 生于长安（今陕西西安）

4岁，随母识字

藩镇叛乱

唐德宗

21岁，中进士

24岁，任秘书省校书郎

26岁，中制举，授职集贤殿书院

永贞革新

31岁，任职御史台

33岁，参与永贞革新，贬谪永州（今湖南永州）

削藩战争

唐宪宗

37岁，作《永州八记》前四记

40岁，作《永州八记》后四记

42岁，作《封建论》

43岁，改贬柳州（今广西柳州）

819年 47岁，病逝

肆

柳宗元

寄情山水，为解万千孤独

柳宗元出身名门望族，20岁出头就高中进士。他参与了永贞革新，失败后被贬放外地十几年。他与韩愈共同倡导唐代古文运动，合称『韩柳』。其散文创作成就最高，是『唐宋八大家』之一，代表作有《三戒》《永州八记》《江雪》等。

忧国忧民的少年

柳宗元出身当时的名门望族——河东柳氏，不过，到他父亲这一代已经家道中落。他的母亲卢氏也出身世家，属于范阳卢氏，通晓诗书，文采不凡。柳宗元有两个姐姐，他出生时父亲已经 35 岁，属于中年得子，父母把重振家族的希望都寄托在他身上。

> 学历史长知识
>
> **河东柳氏盛衰**
>
> 河东柳氏在初唐时期达到鼎盛，柳宗元曾祖父堂兄弟柳奭（shì）任中书令，是首席宰相，柳奭的外甥女是唐高宗李治的王皇后，柳氏一族既是皇亲国戚，又是功勋重臣。武则天成为皇帝后对柳氏痛下杀手，柳氏一族自此一蹶不振。

柳宗元启蒙很早，4 岁时父亲在外地做官，他跟着母亲在长安祖宅生活，由母亲口授启蒙，受到了良好的教育。柳宗元自小聪明过人，脑子活，勤于学习，小小年纪就展示出过人的才华。

成长在这样的家庭环境下，柳宗元早熟是必然的，他很早就决心要奋发有为，以光耀门庭，对得起柳氏先人。

柳宗元生于安史之乱平定后的第十个年头，这场叛乱令长安这个曾经的国际大都会满目疮痍（chuāng yí），民生维艰。安史之乱还遗留下来一个严重问题，就是藩镇割据。柳宗元 9 岁那年，藩镇的军事叛乱出现了一个高潮。他跟着父亲宦游各地，亲身经历了藩镇叛乱的动荡，对百姓疾苦也有了更深的感受。当时社会矛盾尖锐、政治低迷、局部战争不断，朝廷上下一直在努力变革。生活在这样的时代，柳宗元最关心的是国家的前途、人民的命运。

唐朝人称爷爷为大父、阿翁或翁翁。

柳宗元父亲官位一直不高，但为人正直、疾恶如仇，曾经因为不畏权势，受到权奸的迫害。家人的影响是潜移默化的，柳宗元继承了父亲的一腔浩然正气，一身铮铮铁骨。

《为崔中丞贺平李怀光表》是今天可以看到的柳宗元最早的作品，当时他还是少年，代姓崔的中丞写的。这篇骈文措词练达，对仗工整，概述叙事颇有气势，让人很难相信是出自 13 岁的孩子之手，其行文之老练、见识之不凡可见一斑。

学历史长知识

李怀光之乱

唐德宗即位初期，藩镇接连叛乱，德宗逃到奉天。朔方节度使李怀光千里赴难，血战解围，但因奸相卢杞进谗言构陷，使君臣之间心生嫌隙，李怀光被迫发动军事叛乱，最终被围身死。

想要天地换新颜

柳宗元接下来的人生之路也是顺风顺水：21 岁时，进士及第；26 岁通过博学宏词科考试。年纪轻轻便接连及第，外加文采极佳，柳宗元在当时被誉为超级天才，声名大噪，官运一路扶摇直上，31 岁时就当上了御史台的官员，与太子侍读王叔文结为好友。

805 年，太子李诵继位为唐顺宗，在他的支持下，王叔文发起永贞革新，柳宗元和好友刘禹锡一起加入。他们废除苛捐杂税，抑制藩镇势力，惩罚贪官污吏，试图收回宦官手中的兵权，受到百姓的欢迎。

革新仅仅进行了 100 多天，就因宦官俱文珍等发动政变而失败了。33 岁的柳宗元被贬为永州（今湖南永州）司马（司马是一个没有职权的闲职，唐朝中后期经常用来安置被贬的官员）。

江雪

千山鸟飞绝，
万径人踪灭。
孤舟蓑笠翁，
独钓寒江雪。

到任后的柳宗元连个住所都没有，只好和母亲借住在破败的龙兴寺，过着苦寒辛酸的日子，在龙兴寺居住期间，先后遭受四次火灾，狼狈至极。半年后，母亲一病不起，最终撒手人寰（huán）。

此后，又有数位亲人相继逝去，被朝廷重新启用无望的柳宗元陷入身心交瘁的状态，内心感到极度的孤独。这时，他写出了表述孤独最高境界的《江雪》，这也是他的诗歌代表作。

陷入人生低谷的柳宗元并没有一直消沉下去，来永州三四年后，他振作起来，开始找事情做。他寄情山水，在永州的好山好水中游历，写下著名的游记《永州八记》。他还和远在朗州（今湖南常德）的刘禹锡相互写诗，鼓励彼此。他与韩愈也经常书信往来，两人共同倡导儒学、复兴古文。

柳宗元在永州生活了 10 年，柳宗元一生中创作了 600 余篇诗文，其中有 317 篇创作于永州，著名的寓言故事《三戒》也创作于此时期。

造福一方的父母官

43 岁那年，柳宗元接到回京的诏书，这让他非常意外，更让他格外惊喜。没想到愿望再次落空，回长安后没多久，他又被派往柳州（今广西柳州）任刺史。

柳宗元一心扑在事业上，在柳州期间干了很多实事，深受百姓爱戴。他重修文宣王庙、兴办学校、打井开荒、植树修路，宣传有病要寻医问药，改变当地用鸡骨占卜、杀牲畜祭祀鬼神等陋俗。仅仅 4 年多时间，柳州就在他的治理下焕然一新。

当时柳州有一种不近人情的风俗，人们在借钱时往往用子女作为人质抵押，如果不能按期还钱，子女就要沦为债主的奴婢。柳宗元整改了这一陋习，让奴婢用工钱抵完债后马上恢复自由。不到一年的时间，免除了奴婢身份的就有近千人，百姓齐赞柳宗元是大好官。这一政策还被推广到其他州县。

由于长期身处蛮荒之地，加上心情积郁、公务操劳，柳宗元染上了严重的疟疾，年仅 47 岁就在柳州病逝了。

柳宗元在文学上创造了光辉的成就，留下了很多优秀的诗歌、散文作品，对后世产生了深远的影响。他的散文与韩愈齐名，二人同为“唐宋八大家”。作为韩愈古文运动最有力的支持者，他的散文佳作多、体裁多样：政论剖析精辟、思理精密、词句严谨，如《封建论》；寓言短小精练、善用比喻、寄意深远，如《黔之驴》；山水游记简洁秀美、情景交融，能把握自然景物本身的特征，寄寓了幽愤之情，如《小石潭记》。

842 年

唐武宗

71岁，病逝

甘露之变

65岁，洛阳任太子宾客

唐文宗

60岁，任苏州、汝州、同州刺史

57岁，回京任职

唐穆宗

53岁，作《竹枝词》

50岁，改任夔州、和州刺史

44岁，改贬连州

43岁，作《天论》

唐宪宗

削藩战争

34岁，参与永贞革新，贬谪朗州

永贞革新

32岁，入京任监察御史

29岁，做杜佑幕僚

24岁，吏部选拔为太子校书

22岁，中进士、制科两科

唐德宗

藩镇叛乱

9岁，随皎然、灵澈学诗

772 年

生于苏州嘉兴（今浙江嘉兴）

伍

刘禹锡

任命运多舛，我自豪情不改

刘禹锡出身书香门第，性格刚直，曾参与永贞革新，在被贬期间留下名篇《陋室铭》《竹枝词》《秋词》和具有唯物主义思想的哲学著作《天论》等。他诗文俱佳，作品风格简洁明快，昂扬激越，有『诗豪』之称，与柳宗元并称『刘柳』。

少年才子志向高

刘禹锡出身一个以儒学传家的书香门第，在父亲的严格要求下，从小就开始学习儒家经典和吟诗作赋。他既聪明又努力，刻苦读书，不浪费一点时间，曾得到当时著名诗僧皎然、灵澈的悉心指点。

19 岁时，刘禹锡到长安游学，很快名声大振。22 岁时与柳宗元同中进士，两人年龄相仿、志趣相投，很快成为无话不谈的朋友。同年他又考中了博学宏词科，两年后通过了吏部考试，三年三科及第，风光一时。

32 岁时，刘禹锡当上了监察御史，官职不大但权力不小。太子侍读王叔文很赏识他，认为他是当宰相的料。当时的唐朝，国家动荡不安，内有宦官专权，外有藩镇割据。太子李诵即位后，他视为心腹的王叔文、王伾想解决这些严重的社会问题。刘禹锡、柳宗元二人的才华和志向一直深受王叔文认可，因而成为革新集团的核心人物，几人随后掀起一场声势浩大的改革浪潮，这就是历史上有名的“永贞革新”。

但是变革只维持了一百多天就宣告失败。随后，唐顺宗被迫退位，唐宪宗继位，刘禹锡、柳宗元等人被贬到边远地区做闲官。

刘禹锡被贬到朗州（今湖南常德）期间，创作了大量诗文，表达了对当朝权贵的不满和不甘沉沦的雄心。他和柳宗元频繁书信往来，探讨诗文、哲学问题……柳宗元写下一篇《天说》，刘禹锡马上回应三篇《天论》。

一首诗改变了命运

十年后，唐宪宗终于下令将刘禹锡和柳宗元召回长安。他们在玄都观赏桃花时，刘禹锡写下一首《戏赠看花诸君子》，暗讽那些当年靠排挤自己而得到提拔的朝中大臣，遭到忌恨。

结果两人板凳还没坐热，就又一同被贬。柳宗元被贬到柳州，刘禹锡被贬到更遥远的播州（今贵州遵义）。当时刘禹锡的母亲已经 80 岁高龄，柳宗元不忍心老人受苦，提出和刘禹锡调换。在宰相裴度的帮助下，刘禹锡改到稍近一点的连州（今广东连州）做刺史。

57 岁时，刘禹锡被唐文宗重新召回洛阳，他已经被贬 23 年了。这个不怕死的硬骨头故地重游，竟然又写了一首《再游玄都观》，继续嘲讽那些当朝新贵。于是刘禹锡又一次被外放，这次是到苏州（今江苏苏州）做刺史。

好在 5 年后刘禹锡被调到东都洛阳为官，生活很悠闲，常常和白居易、元稹、裴度等好友往来赋诗。71 岁时，刘禹锡病逝。

第一豁达文学家

在高手林立的中唐文坛，刘禹锡或许不是才情最盛的，但一定是最顽强、最乐观的。

在偏僻的朗州（今湖南常德），他高歌“晴空一鹤排云上，便引诗情到碧霄”。

在蛮荒的连州（今广东连州），他赞美“剡溪若问连州事，惟有青山画不如”。

在偏远的夔州（今重庆奉节），他直呼“东边日出西边雨，道是无晴却有晴”。

在前往和州（今安徽和县）的路上，他抬头感叹“遥望洞庭山水翠，白银盘里一青螺”。

面对破旧的居室，他吟出“斯是陋室，惟吾德馨”的名篇。

面对好友白居易的悲叹同情，他用“沉舟侧畔千帆过，病树前头万木春”来劝慰好友。

面对晚年病痛的折磨，他仍在高歌“莫道桑榆晚，为霞尚满天”。

读刘禹锡的诗文，总是能感受到他的豁达与豪情，他被称为“诗豪”的确是实至名归，再恰当不过了。

唐朝趣话

大唐成语达人

以韩愈、柳宗元和刘禹锡为代表的唐朝文人，给后世留下了众多诗文名篇，部分篇章至今仍是我们学习古文的范文。此外，还有很多耳熟能详的成语，也出自他们写下的不朽名篇。

驾轻就熟（韩愈）

出处：韩愈《送石处士序》：“若驷马驾轻车就熟路，而王良、造父为之先后也。”

含义：意为驾着轻便的车走熟悉的路，比喻办熟悉的事很容易。

近义词：熟能生巧、轻而易举

汗牛充栋（柳宗元）

出处：柳宗元《陆文通先生墓表》：“其为书；处则充栋宇；出则汗牛马。”

含义：运输书时牛累得出汗，存放的书可堆至家中屋顶，用来形容藏书非常多。

近义词：不计其数、浩如烟海

司空见惯（刘禹锡）

出处：刘禹锡《赠李司空伎》：“司空见惯浑闲事，断尽江南刺史肠。”

含义：司空是古代的官职名，原指招待刘禹锡的李绅。司空见惯原意指“你李司空见惯了眼前这般有酒有歌舞的奢靡日子”。后引申意为见惯了这样的情形，不觉得奇怪。

近义词：不足为奇、见怪不怪

779 年
藩镇叛乱

永贞革新
削藩战争

831 年

唐德宗	唐宪宗	唐穆宗	唐文宗

生于长安（今陕西西安）

8岁，叔父、父亲接连去世

15岁，中明经，任西河县小吏

24岁，作传奇《莺莺传》

25岁，吏部选拔为秘书省校书郎

28岁，中制举授左拾遗，后贬为河南尉

31岁，任监察御史

32岁，被贬江陵

41岁，回京任职

44岁，为相三月后贬到地方任职

53岁，病逝

陆

元稹

人道生性风流，恍国恍民几人知

元稹是北魏宗室后裔，聪明过人，少有才名，曾任监察御史、尚书左丞。他与白居易为终生诗友，世称「元白」，二人同是新乐府运动的倡导者和领导者。元稹悼亡诗写得很好，《离思五首》是他的代表作，创作的传奇《莺莺传》是唐代传奇中的名篇。

满腹诗书俊公子

元稹出生于长安，是北魏皇族后裔，祖辈世代为官。8 岁那年，父亲去世，迫于生计，母亲带着他投奔娘家，靠着娘家人的接济，把他一手带大。母亲出身书香门第，每日教他读书认字。元稹长得帅，还饱读诗书，渐渐成长为人见人爱的俊雅公子。

15 岁那年，元稹参加科考，没想到第一次考就明经科及第。在随后的日子，他没有停止学习，还爱上了杜甫的诗，开始大量创作诗文。

25 岁时，元稹参加吏部选拔考试，顺利中举。他还与一同考中的白居易成为了好朋友。虽然白居易比元稹大 7 岁，两人却志同道合，经常一起交流诗文。

贬谪生涯多困顿

28 岁那一年，元稹和白居易再次参加朝廷特招考试，双双登科及第，当时登第的有 18 人，元稹位列第一名，被任命为左拾遗，专门给皇帝纠错、提建议。他意气风发，开始施展远大抱负，积极上书议政，引起了唐宪宗的重视，受到召见。

好景不长，没过多久，他因为得罪了权贵，被贬为河南县尉。这时元稹的母亲又去世了，元稹悲痛不已，在家守孝。3 年后，元稹复出，被任命为监察御史。他尽忠职守，一心为国为民，扳倒了一批腐败官吏，平反了大量冤案，得到了百姓的一致赞誉。但是，也因此触犯了朝中很多大官的利益，结果被排挤到东都洛阳做监察御史，他在那里继续惩治贪腐。

同年，结婚才 7 年的爱妻韦丛去世，元稹伤痛不已，写下中国诗歌史上有名的悼亡组诗《遗悲怀三首》和《离思五首》。

810 年，元稹被召回京，途中夜宿一家官府驿站。恰好宦官仇士良、刘士元等人随后也来到这里，硬要争住上房。元稹据理力争，却遭到仇士良的谩骂，刘士元更是用马鞭抽打元稹，把他赶出上房。唐宪宗偏袒亲信宦官，将元稹贬官。

后来，元稹在官场起落沉浮，但他始终清正廉洁，深受百姓爱戴。53 岁时，元稹因暴病去世。

现实主义诗文大家

元稹喜欢杜甫的“三吏”“三别”等现实主义诗篇，推崇杜甫的新式乐府诗创作，和白居易一起推动了新乐府运动，主张诗歌应反映社会现实、呼喊民生疾苦。他的长篇叙事诗《连昌宫词》是新乐府运动中最成功的作品，通过连昌宫的兴衰变迁，探索安史之乱前后唐代朝政乱治的原因。

元稹在词、古文、传奇创作方面也颇有成就。元稹很早就开始了词的创作，在通州（今四川达州）任职时，他把当地民间流传的“竹枝词”融入自己的创作中，创作了大量的“竹枝词”，影响非常深远。元稹对唐朝制诰（皇帝的诏令）进行改革，扭转了制诰文体死板僵硬的文风。他还积极创作传奇，其名篇《莺莺传》推动了唐传奇的繁荣。

元稹多情，《莺莺传》据说就是他根据亲身经历写的，元朝王实甫改编成戏曲《西厢记》。

866 年

唐懿宗

55岁，贬为方城县尉，死于任所

55岁，主持秋试

54岁，任国子监助教

48岁，作《商山早行》

47岁，与李商隐唱和

45岁，在地方做幕僚

44岁，作《商山早行》

唐宣宗

唐武宗

27岁，漫游各地

25岁，与太子李永交游

甘露之变

唐文宗

19岁，漫游长安

17岁，客游扬州

9岁，父亲去世

唐宪宗

812 年

生于苏州

柒

温庭筠

放荡不羁命运舛，潜心作词成就高

温庭筠富有天赋，文思敏捷。他生性不羁，常讥讽权贵，科考屡屡不中，一生坎坷潦倒。他精通音律，善诗词骈文，词作成就最高，被尊为『花间派』鼻祖，与李商隐齐名，时称『温李』。代表作有《商山早行》《望江南》《菩萨蛮·小山重叠金明灭》等。

才华横溢温钟馗

温庭筠是唐初宰相温彦博的后人，后来家道中落。他原名叫温岐，9岁时父亲去世，养活他们兄弟姐妹四人的任务落在了母亲一人身上。幸亏父亲生前好友、当时做刑部尚书的段文昌施以援手，家里的日子还过得去，段文昌还让小温岐和自己的儿子结伴读书，接受正规教育。

段文昌去世后，温岐又短暂投靠过他的远房表兄、当时在扬州做盐铁税官的姚勖（xù）。

温岐天赋极高，打小勤奋好学，尤其擅长写诗作赋。当时的科举考诗赋，诗大多是五言律诗，赋是律赋，都要求按照《唐韵》一书押韵。考官会给考生发三根蜡烛，蜡烛燃尽就要作出八韵的诗赋。温岐参加考试，他手一叉，一韵就成了，叉八次手，就完成了八韵，得到一个美名“温八叉”。奇人有奇相，温岐才华出众，长相却奇丑，又被人称为“温钟馗”。

屡试不第有原因

19 岁时，温岐来到长安参加科举考试，几年后得缘结识了太子李永，他们白天一起出行游玩、吟诗作赋；晚上推杯换盏、吹拉弹唱。这些事情被某些有心人利用大做文章，惹得皇帝唐文宗龙颜大怒，将太子关了禁闭。温岐也受到牵连，科考落第。

后来温岐多次参加科考，都没有考中。他便改名温庭筠，依然不中。

对于自己遭受的不公正待遇，温庭筠十分不满。唐朝的科举制度并不完善，权贵举荐作用很大，所以唐朝盛行“干谒”。于是温庭筠也按照当时的惯例，拜谒权臣显宦并献诗文，希望改变现状。结果 30 多岁了科举依然不第，温庭筠开始在考场频频帮别人代作诗文，以发泄心中的不满情绪，同时证明自己的才能。结果靠他帮忙的考生不少中了进士，他也因此得一绰号“救熟人”，而他这个正主却总是名落孙山。

考官们对此很是头疼，于是想出一个办法——给温庭筠单独安排座位，让他在自己的眼皮子底下答卷，并与周围的考生隔出一段距离。哪知，温庭筠依然用暗语帮了八个人。

温庭筠长期科考不中与他放浪形骸的名声有很大关系，考官们认为不能重用他。他名气太大，京城的人争相与他交友，他自己也不加节制，经常和那些贵族公子哥一起游玩，花天酒地，被扣上了浪荡公子的帽子。

温庭筠的科考之路不顺，还和他的性格有很大关系。他是才子脾气，个性不羁，容易得罪人。温庭筠曾经栖身于宰相令狐绹的书馆，因为唐宣宗很喜欢《菩萨蛮》这首曲子，令狐绹为了迎合皇帝的爱好，私下委托温庭筠代笔作曲子词，呈给皇帝，说是自己作的。令狐绹特意叮嘱温庭筠注意保密，没想到温庭筠转身就告诉别人是他写的。

得罪了长期担任宰相的令狐绹，
也是温庭筠累举不第的原因之一。

一颗细腻男儿心

直到 54 岁那年，温庭筠的仕途才稍稍有点起色，出任国子监助教。他主持次年的秋试，大刀阔斧地改革了考试制度，将考中的人的试卷进行公示，杜绝了黑幕。但也因此得罪权贵，后来被贬为方城县尉，不久后去世。

温庭筠不仅诗文作得好，还精通音律，擅长作曲填词。虽然相貌奇丑，却有一颗柔软的心。他的诗辞藻讲究，语言清新，《商山早行》诗中“鸡声茅店月，人迹板桥霜”是不朽名句，千古流传。

望江南

梳洗罢，
独倚望江楼。
过尽千帆皆不是，
斜晖脉脉水悠悠。
肠断白蘋洲。

温庭筠是第一位专门致力于“倚声填词”的词人，他的词多以女性为主人公，多写花间月下、闺情绮怨，形成了以绮艳为特征的花间词风，被视为“花间派”鼻祖。《望江南》是他词作中的清新之作，刻画了一位满怀深情盼望丈夫归来的思妇形象，情真意切，语短情长。

北朝（北周）	隋	唐高祖	唐太宗

574年 生于冀州衡水（今河北衡水）

8岁，开蒙就学

19岁，遍访名师

李渊建唐

35岁，在洛阳舌战群儒

48岁，任秦王府文学馆学士

玄武门之变

53岁，升国子博士，充当皇帝侍臣

59岁，任国子司业兼储君之师

65岁，任国子祭酒，主编《五经正义》

70岁，年老致仕

75岁，去世

648年

孔颖达

集大成的鸿儒，敢进言的忠臣

孔颖达出身官宦人家，自幼接受传统的儒学教育。唐初时，成为秦王府十八学士之一，历任国子博士、国子祭酒等职。他主持编撰的《五经正义》总结了儒家经学，成为士子习经和科举考试的标准教科书。

一代鸿儒养成记

孔颖达出身世代书香的官宦之家，他从小受儒学耳濡目染，知书达礼，8 岁拜师学习，非常勤奋，一天能诵记千余字，还默读熟记讲解儒家礼学的《三礼义宗》。长大后，通晓《诗经》《尚书》《礼记》《周易》《春秋》五经，擅长写文章，精通推算岁时节侯的方法。

他曾去拜访名满天下的儒学大师刘焯。刘焯恃才傲物，起初并没把这个小辈放在眼里。但当孔颖达发表意见、提出疑问后，刘焯不禁眼前一亮，被他渊博的学识和不凡的谈吐所折服。

当时，隋炀帝下令召集各郡的儒学官吏到洛阳与国子监的学生一起论辩经学，孔颖达舌战群儒一举夺魁。因为年龄最小风头最劲，被他驳倒的先辈宿儒羞愧怀恨，暗中派刺客去谋害他，幸亏爱才的礼部尚书杨玄感把他藏到自己府中，才幸免于难。

到了唐初，孔颖达进入秦王府文学馆，成了著名的十八学士之一。唐太宗即位后，孔颖达任给事中，随侍皇帝左右，深受太宗信任。后来任国

子监二把手，与儒官们一起商讨历法和政治礼仪之事。因为博学多识，他的意见大多被采纳。

640 年，唐太宗亲临国子监，参加祭祀先圣孔子的盛大典礼。期间，身为国子监祭酒的孔颖达主讲《孝经》，口若悬河，声如洪钟。他非凡的风采折服了天下儒师，也得到太宗的赞许和嘉奖，称他为“关西孔子”。

唐太宗对孔颖达寄予厚望，把教育太子李承乾的重任交给他。孔颖达想尽一切办法教导太子，甚至当着太宗的面严厉批评太子。太子的乳母在背后劝阻他，孔颖达答道：“身受国家厚恩，就应该恪尽职守，为国培养储君。”直言劝谏更加恳切。

为著书倾尽心血

从 65 岁开始，孔颖达奉唐太宗之命主持编纂《五经正义》。孔颖达对各家注释进行比较，选择优秀底本，汲取众人意见，精选诸家优点，最后融会贯通。《五经正义》编著完成后，唐太宗非常高兴，对孔颖达大加赞赏。

《五经正义》融合了南北经学家的见解，集魏晋南北朝以来经学大成，被唐朝颁为经学的标准解释，成了科举考试的标准教科书，为儒学的复兴和发展做出了巨大的贡献。

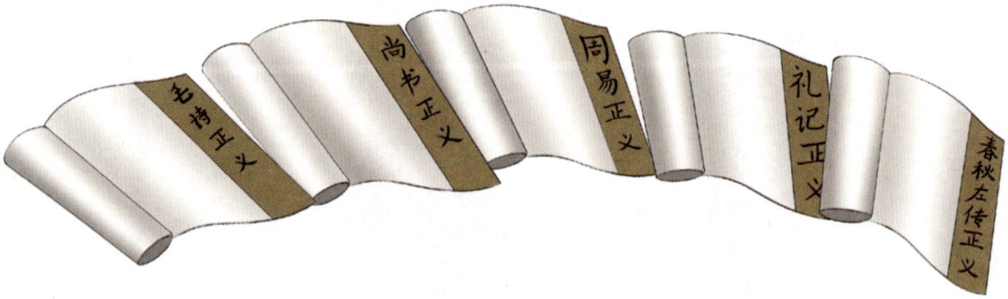

644 年，唐太宗安排在凌烟阁上为孔颖达画像，以表彰他弘扬儒家经典，为贞观之治的思想文化统治做出的贡献。648 年，孔颖达病逝，终年 75 岁，唐太宗特许他陪葬昭陵。

唐朝趣话 唐代竟然也有“专科学校”

唐代中央政府各部门根据工作的实际需要开办各类专科学校，专门培养实用型人才。如医学、音乐、天文，甚至兽医、卜筮（shì）、校书这些领域，都专门开设有官方学校。

兽医学校

太仆寺统一领导全国的畜牧业生产，为朝廷提供军马、驿马、御马和大量的牛、羊、驴、骡、驼等。饲养这些动物需要大量兽医，兽医学校应运而生。

医学学校

唐代的太医署是世界上建立时间最早、建制规模最大的医药学校，后世的医学教育都是按照唐代太医署的模式而建。太医署内设有医学和药学两个部。在医学部之下又设有医科、针科、按摩科等。

音乐学校

太乐署是唐代宫廷音乐教育、考核、管理的重要机构。太乐署的教育分“乐人”（主要学习器乐）和“音声人”（主要学习声乐）两个专业。

581年

生于京兆华原（今陕西耀州）

隋

18岁，立志学医

20岁，家乡行医

李渊建唐

唐高祖

43岁，写作《千金要方》

玄武门之变

唐太宗

47岁，定居长安

47岁，婉拒所授官职爵位

53岁，遇卢照邻

73岁，撰写《千金翼方》

玖

孙思邈

医者仁心医世人，千金药方千古传

孙思邈自小聪颖，被誉为圣童。他18岁时立志学医，终身勤奋钻研，创作了中国最早的临床医学百科全书《千金要方》和《千金翼方》。他先后拒绝多位帝王的授官，一心为百姓治病。医术高明、医德高尚的他，被后人尊为『药王』。

唐高宗

79岁，婉拒所授谏议大夫之位

94岁，请求退休

95岁，告老还乡

682年

102岁，逝世

不爱功名爱修行

孙思邈自幼家贫，但他聪明过人，深受老师喜爱。他 7 岁时就认识 1000 多个字，每天能背诵上千字的文章。因为体弱多病，孙思邈常年吃药，几乎花光了家里的钱。见周围的百姓生活贫苦，很多人因为没钱治病而死去，因此在 18 岁那年，孙思邈立下学医的志向，走上学医之路。

孙思邈学习勤奋，20 岁时，对老子、庄子的学说以及道家典籍已经无所不通，并开始尝试为乡邻治病。因为医术高明、妙手回春，他的名声渐渐传开，很多人不远千里前来找他看病。

后来为逃避世事，孙思邈来到太白山，过上了隐居生活。他遍览历代医学古籍，下苦功夫钻研医学；他走遍深山老林，采集草药，研究中草药的特性，亲身验证药效；他广泛收集民间药方，热心为乡邻治病，积累了很多宝贵的临床经验……最终，他写成了《千金要方》。

孙思邈看淡名利。相传，隋文帝曾召他任国子博士，被他婉言谢绝了。

唐太宗贞观年间，孙思邈被召入京。太宗见到面前这位健步如飞、神采奕奕的奇人，既惊羡又感叹。太宗想授予他官职，但孙思邈习惯了闲云野鹤的生活，依然拒绝了，一心为百姓治病。

到了唐高宗时，皇帝又让他入朝做官，他还是不愿意。最后实在推脱不了，他就推荐自己的徒弟刘神威，夸徒弟勤奋好学，年轻有为。高宗无奈之下，只好安排刘神威进了太医院。

著书救人医德高

唐高宗厚待孙思邈，赐给他上等好马，还让他住到已故的鄱阳公主的宅邸。当时的上流社会十分尊重他，诗人卢照邻、医学家孟诜（shēn）等以待师长的礼数侍奉他。公元 674 年，已经 94 岁高龄的孙思邈自称有病，恳请朝廷允许他返回故里。

孙思邈拥有高超的医术，却没有追求荣华富贵，回乡后一直隐居于故里五台山（今药王山），这期间他编成了《千金翼方》，作为对《千金要方》的补充。

孙思邈精通养生之术，所以年过百岁依然耳聪目明。据说，他 102 岁时才与世长辞。他在遗嘱中还特别叮嘱不要厚葬，不要宰杀牲畜，不要陪葬器物。

孙思邈撰写的医学著作《千金要方》和《千金翼方》，被誉为中国最早的临床医学百科全书。他对医学的分类，已接近现代临床医学的分类方法，是第一个倡导设立妇科和儿科的人。在针灸学方面，他创设了新的穴位，创制了彩色经络图。他还是第一位探究预防医学的人。是食疗法的积极倡导者……

孙思邈重视医德修养，在《千金要方》卷首，他以专章系统地论述了医德规范。找他治病的人，不管身份高贵低贱，他一律平等对待，全力以赴，专心救护。他出诊时不分白天黑夜，不管严寒酷暑，也不嫌脏怕臭，还叮嘱弟子在治病时，决不能趁机索要财物。

孙思邈爱护动物，从不提倡用动物入药。他认为生命没有贵贱之分，不能因为医治人的疾病就对动物滥杀无辜，救一命而损一命。这种观念即使在现在也算比较先进。

661年
生于徐州彭城（今江苏徐州）

11岁，随父学《春秋左氏传》

13岁，浏览群史

20岁，中进士，授获嘉县主簿

武后称制

31岁，上书进谏

39岁，回京任职，参修《三教珠英》

42岁，任史官，撰起居注

42岁，开始私撰《史通》

721年
61岁，贬谪安州，去世

唐高宗	唐睿宗	武则天	唐中宗	唐玄宗

拾

刘知几

博采众长修史，力倡直笔实录

刘知几从小善文辞、好史学，20岁进士及第。他曾参与编纂《三教珠英》，后担任史官，编修国史，参与了四朝天子实录的修订工作。后因宰相大臣监修时干预太多，他开始私撰《史通》。《史通》作为中国第一部史学理论专著，对后世影响极大。

喜文好史的少年才俊

刘知几出身书香传家的官宦家庭。他的曾祖、祖父和父亲都担任过高官，祖父有个堂兄弟是个史学家，父亲有个堂兄弟也颇有文名，两个哥哥也擅长写文章。这样的家庭让刘知几从小耳濡目染，受益良多。

11 岁时，父亲给他讲授《尚书》，小知几不爱听，父亲大怒，用木棍责打督促他。父亲给哥哥们讲授《春秋》，他混在中间听得津津有味，不光主动思考分析疑难问题，还评价说：“《尚书》要是像这样，我怎么会懈怠呢！”父亲很惊异，转而给他讲授《春秋左氏传》。过了一年，刘知几开始通览各种史书。

刘知几博览群书，积累了渊博的学识，他又喜欢探究，逐渐对史学形成了自己独特的看法。他不再盲目迷信前辈史家，敢于大胆提出质疑，走上了独立钻研的道路。

与史结伴的仕途

20 岁时，刘知几中进士，经吏部考试，担任获嘉县（今河南获嘉）主簿，负责一县文书事宜。公务之余，他依然潜心研究史学。京都长安和东都洛阳藏书丰富，离获嘉很近，刘知几经常往来于两地，借阅官府、私人藏书，博览群史。

痴迷史学的刘知几也关心时事，他性格刚直，敢于批判不正之风。当时是武则天统治，她为了收揽人心，不拘一格提拔官员，很多无能的人趁机鱼目混珠。刘知几大胆进谏，提出要清理不称职的官员。他还上书质疑朝廷每年一赦、一年两赦的政策，提出“节赦”的观点。

刘知几的谏言没有受到朝廷的重视，反而激怒了一些权贵，也影响了他的升迁之路。以他的博学多识，只做个九品小官实在是大材小用，他一度十分迷茫。眼见仕途发展受阻，刘知几干脆把更多的精力投入史学研究中。

做了19年获嘉主簿后，刘知几被调到京师任职。当时他已经是闻名天下的学者，武则天也认可他的才华，诏令他参与修著《三教珠英》。这是一套宣传儒佛道三教精华的书，参与者个个学识渊博。

42岁时，刘知几进入史馆，参与修撰国史、记录天子言行。在此后的日子里，他兢兢业业，修撰史书。

其间刘知几被封为秘书少监，他却提出要退出修史队伍。因为在编撰期间，兼任监修长官的宰相屡屡干扰他的工作，令他无法下笔。但因其才华出众，无人替代，他的请求并没有被批准。刘知几专职、兼职修史二十余年，共参与了高宗、武则天、中宗、睿宗四朝实录的修撰工作。

私撰《史通》

刘知几自打进入史馆修史就感受到了重重约束，于是他开始私下编撰《史通》，全书花费了9年时间。在书中，他系统总结了中唐以前史书的体例和编纂方法，论述了史籍源流与前人修史之得失。《史通》是刘知几的代表作，也是中国第一部史学理论专著，对后世影响极大。

刘知几为人刚直，他认为修史要秉笔直书，史官必须不畏强权，必须才、学、识兼备。他提倡疑古、惑经，开启后世考证辨伪之风，对史学贡献极大。他系统、全面地讨论了修史的方法和要求，把史学又向前推进了一大步。他反对华而不实的辞赋和晦涩的仿古语，主张语言要简洁、通俗易懂。他的理念启发和影响到后世散文家，是中唐古文运动的先声。

唐玄宗读到《史通》，拍案叫绝，觉得心中有愧，追封他为工部尚书。

60岁时，刘知几因长子获罪流放，上诉申辩，惹怒唐玄宗，被贬到安州（今湖北安陆）。赴任旅途的艰辛加上内心的苦闷，使得年事已高的刘知几一病不起，到达安州的第二年就去世了。

683 年

唐睿宗　武则天　唐中宗　唐玄宗

生于魏州昌乐（今河南南乐）

21岁，父母相继去世

21岁，嵩山嵩阳寺出家

28岁，游学四方

35岁，应征到长安

38岁，得密宗真传

39岁，与梁令瓒造黄道游仪

42岁，发起全国大地测量工作

43岁，与梁令瓒造成浑天仪

45岁，完成《大衍历》。同年病逝

727 年

拾壹

僧一行

爱天文的高僧，创造多项奇迹

一行是名门之后，从小博览群书，青年时以渊博的学识而闻名。后为避世，剃度为僧，后人也称他为僧一行。他精通梵文、天文历法以及阴阳五行，得佛教密宗派真传，编写了《大衍历》，在制造天文仪器、观测天象和主持天文测量等方面做出了巨大贡献。

避世为僧

僧一行的本名叫张遂。他家世代为官，曾祖是唐太宗时位列凌烟阁二十四功臣的张公瑾，后来家道中落。张遂打小就聪明过人，爱读书，擅长天文历法、阴阳五行之学。

当时，长安元都观有很多藏书，在这儿修炼的道士尹崇是个博学的人，据说张遂经常来借书看，一次他借了一部汉代扬雄的《太玄经》，没过几天就去还。尹崇说这部书深奥得很，可以多加钻研，不用着急还。谁知张遂说他已经悟透了全书，还拿出读书笔记。尹崇又惊讶又佩服，见人就称赞张遂是当世“颜子”（孔子最杰出的弟子颜回）。从此张遂名声大振。

当朝权贵、武则天的侄子武三思想结识拉拢张遂，张遂厌恶他的为人，不屑与之为伍，又怕他纠缠、加害，就在嵩山出家为僧，法名一行，这年他21岁。28岁那年，僧一行开始外出云游，遍访名山大寺，研习佛家经典、天文数学。

晓天文，知地理

僧一行为人特立独行，不喜欢被凡尘俗事侵扰。唐睿宗即位后，召僧一行入朝，僧一行谎称自己生病，推辞没去。

717 年，唐玄宗通过僧一行的堂叔、礼部郎中张洽赍（jī）强请他出山。35 岁的僧一行只好来到长安，唐玄宗多次拜访他，向他请教国事、家事，僧一行都恳切回答，不加隐瞒。居留长安时，僧一行得到了印度佛教密宗高僧真传，所以后世尊奉他为密宗教派的祖师。

39 岁时，唐玄宗命僧一行主持修编新历法。僧一行主张在实际测量的基础上修订历法。他和同样精通天文、数学的梁令瓒（zàn）一起，依靠一批工匠，设计制造了黄道游仪，观测日、月、星辰的位置和运行情况。僧一行通过观察，发现了恒星位置移动的现象，这比英国天文学家哈雷在 1718 年提出恒星自行运动的观点早了将近 1000 年。

黄道游仪

僧一行和梁令瓒还设计制造了水运浑天仪，用于演示日月星辰运动，类似于现代的天球仪。这个仪器还能自动报时，是世界上最早的计时器，比国外自鸣钟的出现早了600多年。

724年，僧一行组织人员在全国各地测量日影，以测定地球子午线的长度。他由北到南选取了13个观察点，安排人在这些地方记录每一天的日影变化，最后将这13个点的数据进行汇总和计算，得出一个准确的历法时间，推翻了“日影一寸，地差千里”的传统说法。他根据测量结果计算出地球子午线的长度，开创了科学史上用观测方法确定子午线长度的先河。

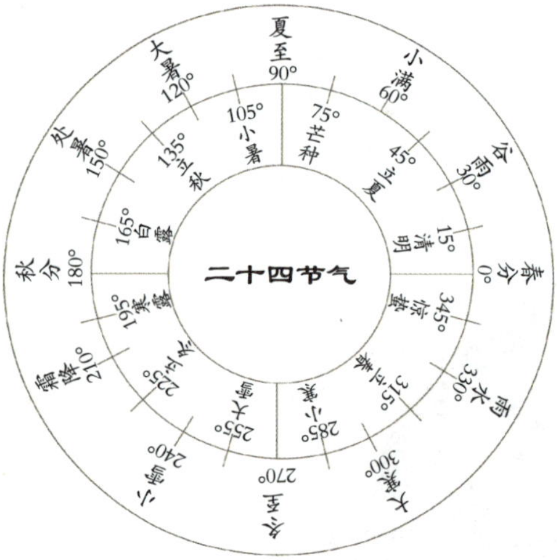

43岁时，僧一行在大规模实地观测和吸收前人研究成果的基础上，制订新历。经过两年时间编成草稿，定名为《大衍历》。根据它，可以准确地确认物候和时节，对农业生产意义重大，对当时人们认识地球、太阳和宇宙，也起到了极大的促进作用。至今人们所熟知的一年二十四个节气，就是从此开始划分的。僧一行在《大衍历》中还表现出很高的数学造诣。

不幸的是，僧一行编制《大衍历》耗费了大量精力，在完成的同年去世，年仅45岁，唐玄宗赐他谥号“大慧禅师”。

唐朝趣话

唐代天文成就

唐代朝廷设置太史局掌管天文、制定历法，诞生了如李淳风、僧一行、傅仁均等优秀的天文学家。他们大胆探索，除了僧一行对子午线的测定之外，还有更多天文学领域的成果。

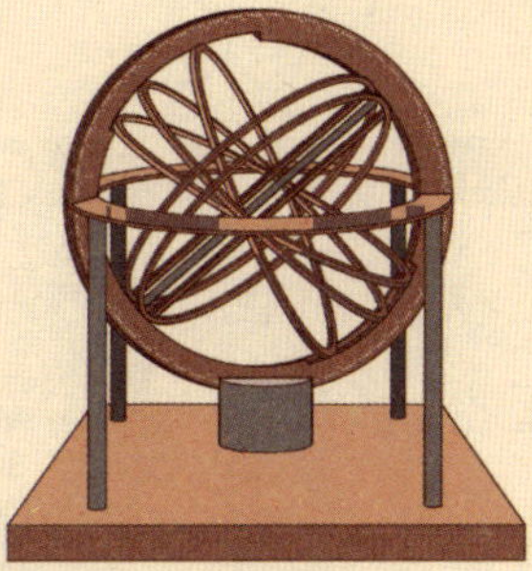

黄道游仪

改进浑天仪

浑天仪是我国古代观测天象的仪器。初唐时，李淳风打造了一架黄道铜仪，后来梁令瓒在此基础上加以改进为黄道游仪，测天象更为精确。梁令瓒和僧一行还制造了一座全新的浑天仪，利用水力转动，并安装有自动报时器。

天文观测实践

天文仪器的改进，大大提高了天文测量和天文记录的精确度，天文学研究成果层出不穷。绘制于唐中宗时期，李淳风参与制作的敦煌星图（因出土于敦煌而得名），展示了从中国上空可看的整个北半球星空，是中国天文学史上最著名的星图之一。

在历法中导入定朔法

定朔是古代中国阴阳历中，确定每月第一天（初一、朔）的一种计算方法，这种算法考虑了太阳运行和月球运行的不均等性，将出现真正新月的当天作为每月的开始，唐初傅仁均造戊寅历将其正式写入历法。

733年

唐玄宗

生于复州竟陵（今湖北天门）

12岁，逃出寺院，栖身戏班

14岁，求学隐士邹夫子

19岁，学成出山，游历西部

20岁，与竟陵司马崔国辅交游

23岁，周游考察茶事

安史之乱爆发

唐肃宗

24岁，南下避难，结识诗僧皎然

24岁，漫游江南考察茶事

28岁，隐居湖州，始作《茶经》

安史之乱结束

唐代宗

藩镇叛乱

唐德宗

48岁，朝廷征召不就

804年

72岁，去世

拾贰

陆羽

从弃婴到茶圣，看人生如何开挂

陆羽出身离奇，性格诙谐，早年跟随智积禅师学习茶艺，精于茶道，后隐居苕溪，撰写了世界上第一部茶叶专著《茶经》。他一生嗜茶，开启了一个茶的时代，为茶业发展作出了卓越贡献，被誉为『茶仙』『茶圣』。

和茶的不解之缘

陆羽身世坎坷凄凉，极富传奇色彩。733年一个深秋的清晨，竟陵龙盖寺的智积禅师路过一座小桥时，忽然听到桥下群雁发出哀鸣声，下桥去看，只见芦苇丛里几只大雁正张开翅膀为一个男婴遮挡寒风，男婴冻得瑟瑟发抖，啼哭不止。智积禅师对这个容貌丑陋的婴孩心生怜悯，就把他带回寺中抚养，为他起名“陆羽”。

智积禅师是位高僧，擅长品茶，对茶叶的种植、采摘和制茶都很有研究，还煮得一手好茶。陆羽在禅师身边侍奉茶水，在日常扫地提水、烧水烹茶间耳濡目染，慢慢学会了佛家茶技。

稍大一些的陆羽无法忍受青灯古佛的日子，不愿削发为僧，12岁时离开了龙盖寺。他先是到当地一个戏班子里混饭吃，虽然长相丑陋又有些口吃，但是很有观众缘，他凭着自己幽默机智的天分演活了一个个丑角，很受观众的喜爱。陆羽聪明过人，学艺刻苦，善于表演和歌唱，还跟着戏班里的师父学会了编剧和作曲，成了戏班的顶梁柱，他后来还编写了三卷笑话书《谑谈》。

14 岁时，陆羽得到李唐宗室、竟陵太守李齐物的赏识。李齐物赠送他诗书，还介绍他到当地火门山隐士邹夫子处读书学习。5 年后，19 岁的陆羽走出火门山时，已经是诗名远播的青年才子了。

恰好这时李齐物被调回长安，陆羽随舟同行，溯汉水北上，沿途访问茶区，考察茶事。这次远游持续近一年，他对西部地区的茶事有了充分了解。

20 岁时，礼部员外郎崔国辅因为得罪了权贵，被贬为竟陵司马，陆羽又得到一位良师益友。崔国辅诗才名冠一时，虽然比陆羽大很多，但两人志趣相投，很快成为忘年之交，经常一起吟诗唱和。

755 年，23 岁的陆羽开始了他的中原寻茶之旅。年底，安史之乱爆发，竟陵也不再太平。次年春天陆羽随同难民乘舟从长江东下，在洪州（今江西南昌）结识了皎然，两人一见如故，彼此赏识。接下来的几年，陆羽一方面继续游历名山大川访泉问茶，积累资料，一方面交往名僧高士，共研茶道。28 岁时，在皎然的帮助下，陆羽结庐于湖州（今浙江湖州）苕溪之滨，深居简出，开始了《茶经》的写作。

学历史长知识

皎然

湖州人，著名诗僧，陆羽的挚友，茶文学的开创者，俗姓谢，南朝大诗人谢灵运十世孙。

开启全新茶时代

陆羽的诚信人品以及对佛学、诗词、书法的造诣，特别是渊博的茶学知识和高超的烹茶技艺，为他在湖州官场、民间赢得了崇高的声望。特别是765年《茶经》初稿完成后，社会名流们争相传抄，好评如潮，陆羽声誉日盛。据考证，《茶经》写作过程前后经历了近20年时间，直到780年左右才最终定稿。

传说唐代宗听闻陆羽茶艺大名，曾召他入宫为自己烹茶。

相传，湖州刺史李季卿在扬子江畔遇见了陆羽，于是邀他同船而行。李季卿听说扬子江中心的南零水煮茶极佳，便令随从驾小舟前去取水。不料随从半路上不小心将一瓶水泼洒过半，便偷偷舀了江水充数。陆羽舀尝一口，立即品出不是南零水。李季卿令随从再去取水，陆羽品尝后微笑道：“这才是江中心南零水。”取水的随从急忙跪下，说出了实情，陆羽的名气更大了。

《茶经》一共三卷十篇，系统而全面地总结了种茶、制茶、饮茶、品茶的经验和技术，记载了各地名茶，形成了一套独特的茶学、茶艺和茶道思想。《茶经》是中国乃至世界现存最早、最完整、最全面介绍茶的第一部专著，被誉为茶叶百科全书。而陆羽也因为创立了中国茶道，推动了茶叶生产和中国茶文化的发展，被誉为“茶仙”“茶圣”。

陆羽在晚年依然是四处品泉问茶，先后到过绍兴、余杭、苏州、无锡、宜兴、丹阳、南京、上饶、抚州等地，最终又返回湖州。804 年，陆羽走完了皓首穷茶之路，悄然逝去，享年 72 岁。

陆羽博学多才，不仅是茶学家，还是著名诗人，又是音韵、书法、演艺、剧作、史学、旅游和地理行家。

唐朝趣话

唐人是怎么饮茶的

中国是世界上最早发现和使用茶叶的国家，起初，茶被当作药物使用，直到唐代，饮茶之风兴起。陆羽出现后，他倡导和推行的“陆氏煎茶法”，特别受到士大夫、文人雅士的追捧。一时间，唐人饮茶之风盛行。

陆羽创造煎茶法

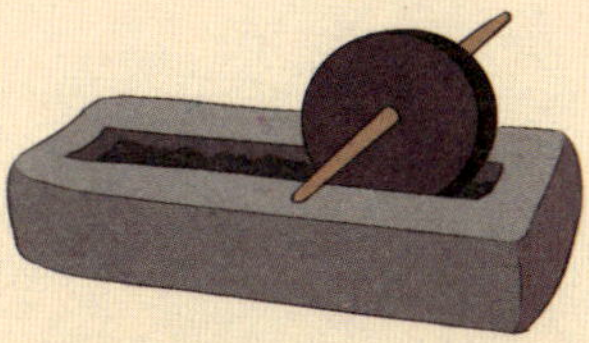

❶ 炙茶

用竹夹夹住茶饼，放在火上翻转烘烤，越干燥越好。

❷ 碾茶

用纸包好烤好的茶饼，待茶饼冷却后，放入茶碾中碾成茶末。

❸ 罗茶

将碾好的茶末用茶罗过筛，使得茶末粗细均匀，形状一致。

❹－❺ 两次投茶

烧水，第一次沸腾时，加入适量食盐调味；二沸时，用瓢舀出一勺水备用，然后一边用竹夹搅动锅中水形成旋涡，一边将茶末从旋涡中心投下，继续搅拌使茶汤表面生成白色茶沫，称为“育华”。待水再次沸腾溅沫时，将刚才舀出的水倒入锅中。

❻ 分茶

再次沸腾，茶也就煮好了。把茶沫上的一层黑色水膜去掉，分别倒入各个碗中。如何将茶水上的浮沫厚薄均匀地倒入茶杯中，是分茶好坏的关键。第一盏名为“隽永”，味道最佳，后面次之，最多分五盏，趁热喝。

841 年

约于此年生于苏州（今江苏苏州）

唐宣宗

17岁，漫游江南

裘甫起义

唐懿宗

29岁，赴京应试

庞勋起义

30岁，与皮日休唱和

32岁，做湖州刺史幕僚

唐僖宗

35岁，在庐州、苏州、湖州做幕僚

黄巢起义

38岁，移居甫里

39岁，作《耒耜经》

882 年

约42岁去世

拾叁

陆龟蒙

隐居田园忧生民，半耕半读写农书

陆龟蒙早年举进士不成，曾做过州刺史的幕僚，后来回到故乡松江甫里，过着隐居耕读的生活。他亲自参加农业生产，和当地百姓一起耕种，提倡保护自然资源。他的代表作《耒耜（lěi sì）经》是我国最早的专门记述农具的作品。他还是晚唐著名隐逸诗人。

归隐山水间

陆龟蒙出身官宦世家，祖父辈时家道衰落，但诗书传家的传统没有丢。他从小就很聪明，喜好读书，精通六经等儒家经典，也擅长写诗作文。

大概在十七八岁的时候，陆龟蒙开始了“十载江南”的漫游生活，期间曾参加科举考试。29 岁时他再次进京应试，但因为战乱，那年科考停办，从此他放弃了科举入仕，先后做过湖州、庐州、苏州刺史的幕僚。

38 岁时，陆龟蒙回到故乡，在松江旁的甫里［今江苏苏州甪（lù）直］过起了隐居生活。他经常携带书籍、茶壶、文具和钓具，乘舟荡漾在辽阔的太湖水面，沉醉在水天一色的仙境中。他的交通工具就是船，遇到喜欢的地方就多留几日，不喜欢的话起锚就走，过着随心所欲的快活日子，自称“江湖散人”。

由于甫里地势低洼，经常遭受洪涝灾害，雨季一积水就与松江连成一片，粮食颗粒无收，当地百姓常常食不果腹。陆龟蒙尝试改变这一现状，他拿着铁锸（chā）（古代翻土开沟的农具，类似今天的铁锹），身扛畚（běn）箕（运送农具，类似今天的簸箕），带领村民抗洪救灾。他还亲自参加田间劳动，耕地锄草。

虽然身处乡间，陆龟蒙却怀揣一颗爱好文学的心。他家中藏书丰富，每搜集到一本书，他都会在熟读后加以抄录。他把书视若珍宝，别人归还的图书，一旦发现有破损立刻修补复原。陆龟蒙还爱好交友，经常和同样喜欢藏书的文人一起讨论文学。

陆龟蒙在躬耕、垂钓之余写下了许多诗、赋、杂著，即使生病期间也笔耕不辍。在他自编的《笠泽丛书》中，有许多反映农事活动和农家生活的诗，充满了田园情趣。

醉心田园的农学家

陆龟蒙在农学方面有很深的造诣。他常拜访田间农人，观察记录种田方法，39 岁时撰写了《耒耜经》。这是一部描写唐朝末期江南地区农具的专著，书中共记述了四种农具，其中对唐代曲辕犁记述得最为详细准确，是研究古代耕犁最可靠的文献。

犁在中国古代农业中有着举足轻重的地位，犁的变迁反映了中国古代农业的发展，研究古代中国农业发展史的学者，言必提陆龟蒙的《耒耜经》。

作为农学家的陆龟蒙涉猎很广，除了农业器具外，他在植物保护、动物饲养等方面也很有成就。比如《蠹（dù）化》一文，记载了古代关于柑橘害虫生物防治的史料。而《禽暴》《记稻鼠》，则指出了野鸭、海鸥以及田鼠对水稻的危害，文中还记载了防治办法。

除此之外，陆龟蒙还提倡保护渔业资源，竭力反对“药鱼”的做法，提倡“种鱼”，采收鱼卵，远运繁殖，来保证渔业的兴盛。这种观念在当时是非常先进的。

唐代的饮茶风气很盛，陆龟蒙尤其喜欢饮茶，对茶具也很有研究，在他的组诗《奉和袭美茶具十咏》中有对茶具的详细叙述。他在湖州的顾渚山下有一处茶园，租给他人，不以金钱为租金，而是每年收取新茶作为田租，供自己饮用。他还写了一本关于茶的书，可惜已经失传了。

陆龟蒙诗赋成就较高，与皮日休齐名，两人经常作诗唱和，人称“皮陆”。他的诗大多数为闲散隐逸之作，诗风清丽平淡；在小品文创作上，他将闲情雅致表达得恰到好处，自成一家。

唐朝趣话

唐朝农业成就

唐朝经济空前繁荣，作为经济之本的农业也有了长足的进步和发展。

唐朝廷兴修水利，在北方修建引洛引黄灌溉工程，在南方兴建以它（tuō）山堰为代表的多处大型水利工程。南方水稻广泛采用育秧移植栽培技术，产量大大增加，江南地区成为重要的粮食产地。唐代农业生产工具比前代有所进步，农民改进了犁的构造，制成曲辕犁，还创制了新的灌溉工具——筒车。

筒车

提水灌溉装置。其工作原理是用木制的轮子架设在流水之上，利用水流冲击的力量使木轮转动，这样就可以引水上升，进行灌溉。

它山堰

我国古代四大水利工程之一。位于今浙江宁波境内，唐代太和七年（833 年），由县令王元暐（wěi）创建，是一座由大块条石叠砌而成的拦江河滚水坝，兼顾阻挡海水倒灌、储存淡水、引水泄洪的多重作用。

主要参考文献

[1] 刘昫，等．旧唐书［M］．陈焕良，文华，点校．长沙：岳麓书社，1997.
[2] 欧阳修，宋祁．新唐书［M］．陈焕良，文华，点校．长沙：岳麓书社，1997.
[3] 沈志华，张宏儒．资治通鉴：文白对照全译［M］．北京：中国改革出版社，1991.
[4] 袁枢．通鉴纪事本末：注译本［M］．李志生，等．杭州：浙江人民出版社，2019.
[5] 辛文房．唐才子传［M］．关鹏飞，译注．北京：中华书局，2020.
[6] 王定保．唐摭言［M］．阳羡生，校点．上海：上海古籍出版社，2012.
[7] 王谠．唐语林校证［M］．周勋初，校证．北京：中华书局，1987.
[8] 王仲荦．隋唐五代史［M］．上海：上海人民出版社，2021.
[9] 易中天．易中天中华史・第三部：隋唐［M］．杭州：浙江文艺出版社，2016.
[10]［英］崔瑞德．剑桥中国隋唐史［M］．北京：中国社会科学出版社，1990.
[11]［日］气贺泽保规．绚烂的世界帝国：隋唐时代［M］．石晓军，译．桂林：广西师范大学出版社，2014.
[12] 赵克尧．唐太宗传［M］．北京：人民出版社，1984.
[13] 雷家骥．武则天传［M］．北京：人民出版社，2001.
[14] 许道勋．唐玄宗传［M］．北京：人民出版社，1998.
[15] 华林甫．中华文明地图［M］．北京：中国地图出版社出版，2018.
[16] 森林鹿．唐朝穿越指南：长安及各地人民生活手册［M］．北京：北京联合出版公司，2013.
[17] 张国刚．唐代官制［M］．西安：三秦出版社，1987.
[18] 张国刚．唐代藩镇研究：增订版［M］．北京：中国人民大学出版社，2010.
[19] 李斌城．隋唐五代社会生活史［M］．北京：中国社会科学出版社，1998.
[20] 李斌城．唐代文化［M］．北京：中国社会科学出版社，2002.
[21] 翟林东，叶小兵．义务教育教科书 中国历史 七年级下册［M］．北京：人民教育出版社，2016.
[22] 刘永华．中国历代服饰集萃［M］．北京：清华大学出版社，2013.
[23] 杜石然，金秋鹏．中国科学技术史・通史卷［M］．北京：科学出版社，2003.
[24] 黄新亚．消逝的太阳：唐代城市生活长卷［M］．长沙：湖南人民出版社，2006.
[25] 郑若葵．中国古代交通图典［M］．昆明：云南人民出版社，2007.
[26] 军事科学院．中国军事通史 第十卷：唐代军事史［M］．北京：军事科学出版社，1998.
[27]［日］妹尾达彦．隋唐长安与东亚比较都城史［M］．高兵兵，等译．西安：西北大学出版社，2019.
[28] 陕西历史博物馆．花舞大唐春：何家村遗宝精粹［M］．北京：文物出版社，2003.
[29] 侯幼彬，李婉贞．中国古代建筑历史图说［M］．北京：中国建筑工业出版社，2002.
[30] 徐海荣．中国饮食史 卷三：魏晋南北朝至隋唐五代［M］．杭州：杭州出版社，2014.
[31] 左丘萌．中国妆束：大唐女儿行［M］．北京：清华大学出版社，2020.
[32] 潘吉星．中国火药史：插图珍藏版［M］．上海：上海远东出版社，2016.

[33] 袁行霈. 中国文学史. 3版 [M]. 北京：高等教育出版社，2014.
[34] 喻守真. 唐诗三百首详析 [M]. 北京：中华书局，2005.
[35] 骆祥发. 骆宾王全传 [M]. 上海：上海人民出版社，2011.
[36] 陈耀东，陈思群. 浙籍文化名人评传：唐五代卷 [M]. 杭州：浙江大学出版社，2003.
[37] 王辉斌. 孟浩然新论 [M]. 武汉：武汉大学出版社，2017.
[38] 李长之. 李白传 [M]. 杭州：浙江文艺出版社，2019.
[39] 陈铁民. 王维论稿 [M]. 北京：人民文学出版社，2006.
[40] 冯至. 杜甫传. 2版 [M]. 北京：人民文学出版社，2019.
[41] 胡问涛，罗琴. 王昌龄集编年校注 [M]. 成都：巴蜀书社，2000.
[42] 徐婷婷. 孟郊年谱 [D]. 武汉：华中科技大学，2020.
[43] 蹇长春. 白居易评传 [M]. 南京：南京大学出版社，2011.
[44] 齐文榜. 贾岛研究 [M]. 北京：人民文学出版社，2007.
[45] 张宗福. 李贺研究 [M]. 成都：巴蜀书社，2009.
[46] 缪钺. 杜牧传·杜牧年谱 [M]. 石家庄：河北教育出版社，1999.
[47] 刘学锴. 李商隐传论：增订本 [M]. 合肥：黄山书社，2013.
[48] 何炳武，何薇. 欧阳询评传 [M]. 西安：太白文艺出版社，2018.
[49] 何炳武. 褚遂良评传 [M]. 西安：太白文艺出版社，2018.
[50] 严杰. 颜真卿评传 [M]. 南京：南京大学出版社，2011.
[51] 何炳武，党斌. 柳公权评传 [M]. 太原：太白文艺出版社，2018.
[52] 何炳武，白立超. 张旭评传 [M]. 太原：太白文艺出版社，2018
[53] 王元军. 怀素评传 [M]. 西安：三秦出版社，2000.
[54] 陈赜. 阎立本 [M]. 北京：中国华侨出版社，1996.
[55] 袁有根. 吴道子研究：修订本 [M]. 北京：人民美术出版社，2014.
[56] 董文华. 张萱工笔人物画的艺术特色 [D]. 长春：吉林大学，2000.
[57] 许道勋，赵克尧. 唐明皇与杨贵妃 [M]. 北京：人民出版社，1990.
[58] 杨晓彩. 王勃研究 [M]. 北京：中国社会科学出版社，2013.
[59] 曲辰. 陈子昂传 [M]. 沈阳：辽海出版社，1998.
[60] 王力春. 韩愈 [M]. 沈阳：辽海出版社，2012.
[61] 陈为人. 柳宗元传 [M]. 太原：北岳文艺出版社，2016.
[62] 卞孝萱，卞敏. 刘禹锡评传 [M]. 南京：南京大学出版社，2011.
[63] 吴伟斌. 元稹评传 [M]. 郑州：河南人民出版社，2008.
[64] 刘学锴. 温庭筠传论 [M]. 合肥：安徽大学出版社，2008.
[65] 张鸿. 孔颖达 [M]. 昆明：云南教育出版社，2009.
[66] 许凌云. 刘知几评传 [M]. 南京：南京大学出版社，2011.
[67] 张雅晶. 孙思邈 [M]. 沈阳：辽海出版社，2011.
[68] 陈美东. 中国科学技术史 天文学卷 [M]. 北京：科学出版社，2003.
[69] 沈昱. 陆羽 [M]. 杭州：西泠印社出版社，2010.
[70] 王锡九. 江苏历代文化名人传. 陆龟蒙 [M]. 南京：江苏人民出版社，2019.

图书在版编目（CIP）数据

你好啊 唐朝. 唐文百家 / 周国宝，龚道军著. —北京：中国轻工业出版社，2024.7

ISBN 978-7-5184-4836-4

Ⅰ. ①你… Ⅱ. ①周… ②龚… Ⅲ. ①中国历史—唐代—通俗读物 Ⅳ. ①K242.09

中国国家版本馆CIP数据核字（2024）第053363号

责任编辑：罗雅琼 熊 隽　　责任终审：李建华　　封面设计：伍毓泉

策划编辑：罗雅琼 熊 隽 王雪莲　　责任校对：晋 洁　　责任监印：张 可

出版发行：中国轻工业出版社（北京鲁谷东街5号，邮编：100040）

印　　刷：艺堂印刷（天津）有限公司

经　　销：各地新华书店

版　　次：2024年7月第1版第1次印刷

开　　本：787 × 1092　1/16　印张：40.5

字　　数：800千字

书　　号：ISBN 978-7-5184-4836-4　定价：198.00元（全7册）

邮购电话：010-85119873

发行电话：010-85119832　010-85119912

网　　址：http://www.chlip.com.cn

Email: club@chlip.com.cn

版权所有 侵权必究

如发现图书残缺请与我社邮购联系调换

221455E2X101ZBW